Jean Epstein
Bonjour Cinéma
und andere Schriften zum Kino

Herausgegeben von Nicole Brenez und Ralph Eue

Aus dem Französischen von Ralph Eue

Österreichisches Filmmuseum
SYNEMA – Gesellschaft für Film und Medien

Ein Buch von SYNEMA ≡ Publikationen
Jean Epstein. Bonjour Cinéma und andere Schriften zum Kino
Band 7 der FilmmuseumSynemaPublikationen

Lektorat/Korrektur: Joe Rabl, Michael Omasta, Alexander Horwath
Grafisches Konzept, Gestaltung und Produktion: Gabi Adebisi-Schuster, Wien
Organisation: Brigitte Mayr
Druck: REMAprint
Verlags- und Herstellungsort: Wien
Umschlagfotos: BiFi/Cinémathèque Française

ISBN 978-3-901644-25-2

Das Österreichische Filmmuseum und SYNEMA – Gesellschaft für Film und Medien sind vom
Bundesministerium für Unterricht, Kunst und Kultur/Abteilung Film und Medienkunst sowie
von der Kulturabteilung der Stadt Wien geförderte Institutionen.

Inhalt

Vorwort

Illusionen, die ich über mich gehegt hatte, wurden hinfällig; ich sah mich überrascht, entblößt, herausgerissen, trocken, wahr, klar. Ich wäre weit gelaufen, um dieser Spirale zu entkommen, die mich in ein erschreckendes Zentrum meiner selbst trieb. Eine solche Lektion in Egoismus gegen den Strich ist mitleidlos. Erziehung, Unterricht, Religion hatten mich geduldig mit dem Sein versöhnt. Nun würde es nötig sein, noch einmal ganz von vorn anzufangen.

Jean Epstein, *Der Ätna,*
vom Kinematographen her betrachtet

Von den Größten des Films ist Jean Epstein der unbekannteste. Der Ort, den ihm die Standard-Filmgeschichten zuweisen – die französische Avantgarde der 1920er Jahre –, ist mit vielen prominenten Namen verknüpft, die den seinen überlagern. Aber die visionäre Energie von Epsteins Schriften und Filmen wird seit einiger Zeit wieder stärker spürbar: Seitdem er in den Kinobüchern des Philosophen Gilles Deleuze als eine wesentliche Referenz aufgetaucht ist, tritt der Name Epstein langsam, aber sicher aus dem Schatten und gesellt sich neben Eisenstein, Vertov, Godard oder Pasolini – als einer jener Autoren, die in ihren Reflexionen über das Kino wie in ihrer künstlerischen Arbeit das moderne Filmdenken miterfunden haben.

Noch ist diese Epstein-Renaissance vor allem auf den französischen Sprachraum beschränkt. Seine Filme sind außerhalb Frankreichs selten zu sehen, seine Schriften fast durchwegs unübersetzt geblieben. Umso mehr verbinden wir mit dem vorliegenden Buch die Hoffnung, dass Epsteins weit vorausschauendes Denken und sein funkelndes Schreiben bald auch in der deutschsprachigen Filmkultur und den Geistes- und Kulturwissenschaften ihren nachhaltigen Eindruck hinterlassen werden.

Dass die deutsche Erstübersetzung von ausgewählten Texten Epsteins ganze 55 Jahre nach seinem Tod erscheint, stellt der kulturpublizistischen Tradition in Deutschland, Österreich und der Schweiz kein sehr gutes Zeugnis aus; aber vielleicht sind die Bedingungen der Rezeption heute besser, als sie es 1958 oder 1978 gewesen wären. Die vielen positiven Reaktionen, die wir auf die Ankündigung dieser Publikation erhalten haben, geben jedenfalls Anlass zur Hoffnung. Wir wünschen uns, dass die Begeisterung, die Peter Nau und Ralph Eue in ihrem Gespräch am Ende des Buchs über die Entdeckung des „philosophischen Schriftstellers" Epstein artikulieren, ihr Echo bei möglichst vielen Interessierten in möglichst vielen Disziplinen finden wird.

~

Die Bücher, die in der Reihe Filmmuseum-SynemaPublikationen erscheinen, sind stets auf Programm- und Sammlungsschwerpunkte des Österreichischen Filmmuseums bezogen. Der Anlass für den vorliegenden Band war die Retrospektive *Bonjour Cinéma – Jean Epstein und das französische Kino der 20er Jahre* im November 2005. Mit Epstein als Kaleidoskop und Vergrößerungsglas nahm diese Schau eine ganze Epoche der Film(theorie)geschichte in den Blick. Im Programmheft hieß es: „Sein erstes Buch *Bonjour Cinéma* ist ein Fiebertraum vom Kino, und seine Filme setzen diesen Traum in ebenso fiebrige Taten um. Epstein kümmert sich nicht darum, ob seine Werke ‚künstlerisch‘ oder ‚kommerziell‘ genannt werden, für ihn gilt nur das ganze Kino – die wahre Poesie des Maschinenzeitalters; eine neue Philosophie von Zeit und Bewegung; eine Avantgarde, die zugleich Massenkunst sein kann.“

Die Begrifflichkeit, die hier seinen Filmen gilt, ist im Grunde seinem eigenen Schreiben geschuldet: „Keine Stillleben, sondern beseelte, lebendige Objekte. Keine festen Körper, sondern fluoreszierende Zeit, rauschhaft freigesetzte Bewegung.“ So schien es uns zwingend, nach der Filmschau auch den „literarischen Epstein“ erstmals in deutscher Sprache vorzustellen. Die Möglichkeit dazu verdanken wir Nicole Brenez und Ralph Eue, die unsere Einladung angenommen haben, dieses Buch herauszugeben.

Die Filmwissenschaftlerin und Kuratorin Nicole Brenez, die unter anderem an der Cinémathèque Française die Avantgardefilm-Programme betreut, zählt zu den Hauptfiguren im Prozess der Wiederentdeckung Jean Epsteins. Sie hat ihre umfassende Kenntnis seiner Schriften in den Dienst dieser Textauswahl gestellt, welche etwa ein Fünftel seines Gesamtwerks repräsentiert. Ihr Ziel war es, die wesentlichen Momente in Epsteins Filmdenken zu erfassen und zugleich einen historischen Bogen in seinem Werk darzustellen, der von Erinnerungen an das Kino der 1910er Jahre bis zu den Aufsätzen reicht, die er um 1950 verfasst hat und in denen manchmal schon das Fernsehen durch die Zeilen spukt.

Der Filmhistoriker, Publizist und Übersetzer Ralph Eue beschäftigt sich seit nahezu dreißig Jahren mit der Geschichte und Gegenwart der französischen Filmkultur. Im vollen Wissen um die literarische Qualität und die Komplexität der Gedankengänge Epsteins hat er sich mutig und entschlossen der Aufgabe gestellt, diese Texte ins Deutsche zu übertragen und so weit mit kommentierenden Anmerkunken auszustatten, dass auch die Fülle von Epsteins impliziten Verweisen lesbar wird. Was dabei unter anderem deutlich wird, ist die immense kulturhistorische, geistes- und naturwissenschaftliche Bildung Epsteins, die ihn dazu befähigte, das Kino im Spannungsfeld von Philosophie und Physik, im Kontext der Psychoanalyse oder gegenüber einer Kultur des Rationalismus zu lokalisieren.

Neben den beiden Herausgebern gilt unser Dank vor allem Peter Nau, der die Übersetzungsarbeiten ebenso kritisch wie emphatisch begleitet hat, und Gabriele Adebisi-Schuster, die für das schöne Erscheinungsbild des Buches verantwortlich zeichnet. Weiters danken wir Pierre-Jacques Brenez, Claudine Kaufmann, Bernard Benoliel und Linda Söffker sowie den Mitarbeitern der Bibliothèque du Film in Paris, der Cinémathèque Française und des Österreichischen Filmmuseums für ihre Unterstützung dieses Projekts.

~

Der vorliegende Band steht für den zweiten Partner von FilmmuseumSynemaPublikationen ebenfalls in einer langjährigen Tradition, sowohl aufgrund des besonderen Moments der Wiederentdeckung wie auch wegen seines inhaltlichen Reichtums. So fügt sich das Epstein-Buch in die mittlerweile respektable Reihe jener SYNEMA-Publikationen ein, die – ganz dem Vermittlungs-Aspekt als einem der Grundsätze unserer Arbeit verpflichtet – schwer erreichbare filmtheoretische Schriften wieder zugänglich machen. Der bislang aufgespannte Bogen erstreckt sich von Hugo Münsterbergs psychologischer Studie *Das Lichtspiel* (1916) über Georg Lukács' 1911 veröffentlichten Aufsatz „Gedanken zu einer Ästhetik des ‚Kino'", Erwin Panofskys ikonologischen Film-Essay „Stil und Medium im Film" aus den dreißiger Jahren oder René Fülöp-Millers Blick auf die kinematische *Phantasiemaschine* bis hin zum Beitrag neuerer philosophischer Strömungen zu aktuellen Debatten in den Film Studies, die der SYNEMA-Sammelband *Film/Denken – Film & Philosophie* vereint.

In *Bonjour Cinéma*, seinem frühen Text aus dem Jahr 1921, schreibt Epstein: „Die Philosophie des Kinos muss erst erschaffen werden." Er selbst kann am ehesten den Anspruch auf die Begründung dieser Disziplin erheben. Es ist keine einfache Gattung des Denkens. „Das Kino stürzte uns ins Nicht-Verstehen. Lange haben wir nichts verstanden. Nichts, nichts, und wieder nichts." Das hat paradoxerweise auch damit zu tun, dass beim Kino alles so offensichtlich, so „durchsichtig" zu sein scheint. Was gibt es hier zu verstehen? Ein paar Seiten weiter, immer noch 1921, versucht er eine von vielen möglichen Antworten, die abrupteste, einfachste, also auch rätselhafteste: „Ich sehe."

So ähnlich mag es den Lesern dieses Buches gehen: plötzliche Klarheit und Transparenz nach manchen Umwegen, Umkreisungen, wahren Umstürzen des Themas. Oder: die ganze Fülle eigener, wiedererkannter Kinoerfahrung angesichts einer kurzen, prägnanten Formulierung Epsteins. Oder: seine unterschiedlichen Zeitgenossenschaften – die oftmals überraschende Verbindung zwischen Jean Epstein und Autoren, die für gewöhnlich „ganz woanders" in der Theoriegeschichte angesiedelt sind. Die zufällige Beziehung zu Dziga Vertov etwa, mit dem er nicht nur fast die gleiche Lebenszeit teilt, sondern mit dem er Anfang der 1920er Jahre auch darum wetteifert, die „Intelligenz der Kinomaschine" am besten in Worte zu fassen. Oder die Tatsache, dass Epsteins späte Texte zeitgleich mit den wichtigsten Essays von André Bazin erschienen sind, der im Schlusssatz seiner „Ontologie des photographischen Bildes" (1945) wortgleich einen zentralen Satz aus Epsteins Ätna-Aufsatz (1926) wiederholt: „Andererseits ist das Kino eine Sprache". Oder gar, wie Nicole Brenez in ihrem Nachwort ausführt, Epsteins „Zeitgenossenschaft" zu Michel Foucault und Guy Debord, deren kritisches Denken bei ihm manchmal – zwanzig Jahre früher – vorformuliert erscheint.

Nun also: Jean Epstein, 2008, auf der Suche nach einer weiteren Gegenwart für seine Gedanken.

Alexander Horwath,
Brigitte Mayr, Michael Omasta
FilmmuseumSynemaPublikationen

Jean Epstein in den frühen zwanziger Jahren

Literarische Skizzen für eine Autobiografie*

Erste Kinoerlebnisse**

Der Portier, dann der Geschäftsführer näherten sich den beiden Unbekannten, die eine schwere schwarze Truhe auf der Terrasse abgestellt hatten, und zwischen den vier Männern entbrannte eine lebhafte Diskussion. Ich verstand ihr Italienisch nicht, aber ich sah, wie sie sich in eine Erregung hineinsteigerten. Das hing anscheinend mit dem Bemühen zusammen, einerseits etwas zu erklären, andererseits etwas zu verstehen, das nur etwas Ungewöhnliches sein konnte. Nicht ohne Mühe veranlasste mich Elvire schließlich, zu unserem gewohnten Spaziergang aufzubrechen, indem sie mir versprach, dass man die ungebetenen Gäste mit ihrem beunruhigenden Gepäck während unserer Abwesenheit sicher verjagen würde und wir sie nie wiedersähen.

Bei unserer Rückkehr aber stellten wir fest, dass die Beunruhigung schon dabei war, sich in der Halle einzurichten, wo die finstere Truhe und die seltsamen Instrumente, die daraus zutage gefördert wurden, einige Aufregung verursachten. Das Abendessen wurde davon beeinträchtigt, umso mehr, als die Erwachsenen von einer Überraschung sprachen, mit deren Bereitung sich die Hoteldirektion brüstete. Dabei tauchte auch die Frage auf, ob man Kindern ohne weiteres erlauben dürfe, dem Ereignis beizuwohnen. Als sich die Gesellschaft vom Tisch erhob, erlosch alsbald die Beleuchtung. Durch die Dunkelheit drang ein Lichtbalken, in dem Lichter und Schatten gebündelt waren, der, als er auf eine Wand geworfen wurde, dort zitternde Schemen erzeugte. Diese Phantome, die alles in allem gar keine Angst machten, eher lustig waren, zappelten im Rhythmus eines rohen Ratterns und stachen in die Augen, sodass man nicht wusste, ob die Tränen von dem dadurch verursachten Brennen herrührten oder vom Lachen.

Plötzlich trat das Gezappel der Bilder über die Ränder der Leinwand, machte sich auch auf den Wänden und dem Parkett breit. Mein Stuhl wurde von einem kurzen Zittern erfasst, das genügte, mich in einen Schwindel zu versetzen.

*) Diese Aufzeichnungen für seine unveröffentlicht gebliebenen Memoiren hat Jean Epstein in den letzten Monaten seines Lebens niedergeschrieben. Der Tod hat verhindert, dass er dieses Vorhaben zu Ende bringen konnte, und so berühren diese Erinnerungen nur die Jahre seiner Jugend und die Zeit seiner ersten Begegnungen mit der Welt des Kinos.

**) Die Zwischentitel wurden vom französischen Verlag Seghers gewählt, der die *Écrits sur le cinéma* 1974/75 in zwei Bänden veröffentlichte. In wenigen begründeten Fällen (wie hier) haben wir uns erlaubt, diese Überschriften zu verändern, da nach der Veröffentlichung, im Zusammenhang mit der Aufarbeitung des Nachlasses von Jean Epstein in der Cinémathèque Française, auch Hinweise aus Briefen zu einzelnen Textpassagen sowie ein Leseexemplar der *Écrits* von Marie Epstein aufgetaucht sind, die uns diese Eingriffe als legitim erscheinen lassen. Aus „Das Unmögliche und das Verbotene" haben wir „Erste Kinoerlebnisse" gemacht.

Es gab Schreie, Geräusche von Sesseln, die über den Boden schrammten, dann wurden Leuchter-Tischchen beiseite gerückt, Glas ging zu Bruch. Die Projektionslampe verlosch. In die Dunkelheit hinein sprach die Stimme des Geschäftsführers, der versuchte, das panische Durcheinander zu bändigen: Es handle sich lediglich um einen leichten Erdstoß, gänzlich harmlos und völlig normal zu dieser Jahreszeit in diesem Bereich der adriatischen Küste.

Lange musste das Kind, das ich war, Mut schöpfen, bevor es sich bereit fand, erneut in solch enge und finstere Verliese zu gehen, da doch die Bilder, die zu schauen waren, die Gefahr bargen, dass ihr Zittern aufs Mauerwerk übergriff, Häuser zum Einsturz brachte, Städte zerstörte. Elvire setzte sich als Erste diesen Gefahren aus und wurde belohnt, indem sie eine Welt zauberhafter Freiheit entdeckte, in der groteske Wesen einander jagten, alles umschmissen und nichts heil ließen: Sie warfen sich ins Wasser, ohne nass zu werden; fielen von Dächern, ohne sich zu verletzen; brachten das Unmögliche und das Verbotene zustande.

In diesem Reich der schönsten Ferien schickten sich zwei Helden an, einander den ersten Rang streitig zu machen. Die Cousins aus Versailles waren für Rigadin*, einen aufrechten Tölpel, einen Armleuchter, der immer an allem schuld war, der sich aus Angst, seiner Frau, seiner Concierge, seiner Schwiegermutter, seinem Bürovorsteher nicht genug Gehorsam entgegengebracht zu haben, in Exzesse der Dienstfertigkeit steigerte, die natürlich katastrophal endeten und ihn zusätzlich demütigten. Keine Nachsicht, sondern vielmehr Respekt forderte dagegen Max**, ein glücklicher Nichtsnutz, dem alles gelang und der sich mit herrschaftlicher Eleganz durchs Leben schlug, zynisch auftrumpfte, Ausnahmeexistenzen verkörperte und triumphal anarchisch daherkam.

Danach erschienen die Königinnen und eine seltsame Etikette sah vor, dass die vornehmen Besucher ihre Plätze in größtmöglicher Distanz einnahmen, während die Landgören sich darum rauften, einen Platz zu finden, von dem aus sie die Leinwand schon berühren konnten. So studierten sie ganz nach Belieben die berühmte Harmonie der Nase von Kleopatra. Betrachtete man dieses geschichtsträchtige Körperteil allerdings aus zu großer Nähe, so verschoben sich die Proportionen. Es verlor seine Grazilität, wurde sogar etwas hässlich, ohne indes an Faszination einzubüßen. Auf die Gefährtin des Cäsar und Antonius folgten Eunice, Sémiramis, Thaïs und die schönen Märtyrerinnen. Wie heilig, kaiserlich oder kurtisanenhaft diese Wesen aber auch sein mochten, die Kantonszeitung enthüllte ihre wahre, infernalische Natur. Mit dem Ergebnis, dass es im schweizerischen Fribourg nur wenige Menschen gab, die darauf verzichten wollten, mit eigenen Augen zu sehen, wie diese Dämonen eigentlich beschaffen waren, und so drängelte sich das Publikum Sonntag für Sonntag in den kleinen Saal, dessen Besitzer sich schließlich sogar dazu hinreißen ließ, einige Bänke mit Velours zu beziehen. Danach wagte sogar der Wirt einer Brasserie, Filme zu zeigen. Die waren noch skandalöser als die bisherigen, und in ihnen machten Francesca Bertini, Pina Menichelli und andere leidenschaftliche Gymnastikerinnen*** die Freuden und Leiden des Herzens anschaulich, indem sie sich feierlich am Boden wanden, gewagt in Ohnmacht fielen oder sich in Verrenkungen ergingen, die einem Gänsehaut verursachten.

Kino und Wahrheit

Im Jahr 1914 wurde Chaplin in Frankreich und in der Schweiz manchmal Charlot, manchmal Julot genannt; in England hatte er gar keinen eigenen Namen, und nirgendwo irgendein Recht auf die geringste Anerkennung. Er war tatsächlich nur ein ungebildeter Bursche, der die meiste Zeit betrunken war, eine Plage aus Ticks und Rülpsern, jemand, der an keiner Kippe vorbeigehen konnte, ohne sich nach ihr zu bücken, erst recht an keinem Rockzipfel, ohne ihn anzufassen. Man sah ihn ganz und gar als einen Unglücksraben an, der unfähig war, die Gebräuche einer Gesellschaft zu erlernen, sei es jener der feinen Herrschaften oder jener, in der die Taschendiebe das Sagen hatten. Er war schlicht zu unzivilisiert, um sich als Nutznießer der Gesetze über sie zu mokieren, wie etwa Max es tat. Andererseits war er aber auch zu stolz, um seine Peiniger durch Flucht in die Unterwürfigkeit milde zu stimmen, wie zum Beispiel Rigadin. Auf diese Weise widerfuhren ihm in zehn Minuten derart viele Katastrophen, dass er nicht einmal Gelegenheit hatte, darüber niedergeschlagen zu sein. Verteilte sich später aber diese Verkettung fataler Begebenheiten auf zwei Filmrollen, dann fand Charlot sogar ein bisschen Muße, entdeckte den Luxus des Liebeskummers und der Melancholie.

Drei Jahre lang war dieser Charlot die einzig interessante Figur der Leinwand unter den stimmlosen Deklamatoren, die wer weiß was von sich gaben, aber dennoch dem Kino dienten, indem sie es nach und nach aus seinen Niederungen zogen und ihm ein wenig von ihrem mondän theatralischen Glanz abtraten. Oft, freitags, verabredeten sich Studenten aus Lyon, um das Gestelzte einer Suzanne Grandais, die schönen Attitüden der Statthalter französischer Bühnenkultur oder pompöse Zwischentitel niederzupfeifen. Diese kleinen Skandale bedeuteten indes nicht im Geringsten, dass wir uns fragten, ob das Kino eine Kunst werden könne oder nicht, und wenn ja welche. Es war einfach so, dass uns diese Filme grotesk falsch erschienen. Allerdings, so wenig wir dieser Art Exotik etwas abgewinnen konnten, so wenig ließen wir uns daran hindern, allwöchentlich auch über *Les*

*) „Dieser Schauspieler des Palais-Royal Theaters, der seinen Theaternamen Charles Prince aufgegeben hatte, wurde in Deutschland und Österreich Moritz, in Italien Tartufini, in Russland Prenz, in Spanien Salustino, in England Whiffles und im Orient Prinz Rigadin genannt. Unter der etwas plumpen Leitung Georges Moncas drehte er seinen wöchentlichen Film mit bürokratischer Regelmäßigkeit. Ähnlich André Deed, jedoch im Vaudeville-Stil, spielte er die Rolle des Erstaunten, des verdutzten Einfaltspinsels, was gut zu seiner Stupsnase und zu seinem großen Gebiss passte. Man sah ihn als Bräutigam, im Haushalt, als Familienvater, als geschiedenen Gatten, als Neger, als Tugendkönigin, als Fechter, als Dieb, als Präsidenten der Republik, als Richter, als Napoleon, als Aschenbrödel." Georges Sadoul, *Geschichte der Filmkunst*, Frankfurt am Main 1982, S. 115.

**) Max Linder (1883–1925), mit bürgerlichem Namen Gabriel Leuvielle, war ab 1905 bei Pathé unter Vertrag und wurde zum populärsten Filmkomiker vor Chaplin. „Linder, mit Chapeau claque und Knaufstöckchen, in Redingote, Knopfgamaschen und hellen Handschuhen, mit Bärtchen auf der Oberlippe und patentiert französischer Galanterie, immer hinter den Frauen her", so Frieda Grafe in der *Süddeutschen Zeitung*, 28.1.1974: „Linder war ein Idol, ein Bild zum Nacheifern. Ein kleiner Mann von Welt."

***) Francesca Bertini (1892–1985) zählte, neben Lydia Borelli (1884–1959) und Pina Menichelli (1890–1984), zu den unbestrittenen Diven des frühen Kinos. Bertini wurde durch das Melodram *Assunta Spina* (Regie: Gustavo Serena, 1915) zu Italiens erstem Filmstar. Ihre Spezialität waren trauerumflorte, leidenschaftliche Schönheiten, die sich stets zwischen zwei Männern entscheiden mussten. 1918 gründete sie ihre eigene Produktionsgesellschaft, heiratete 1920 einen Schweizer Bankier und arbeitete nur mehr sporadisch im Film. Für sein Epos *1900* holte Bernardo Bertolucci sie 1976 als Schwester Desolata auf die Leinwand zurück.

Mystères de New York* herzufallen, und zwar mit leidenschaftlichem Hohngelächter.

Eines Abends gab es einen Film von William Hart, und es war, als würde sich durch ihn ein Blick auf eine andere Welt eröffnen, unabweislicher und substanzieller als die wirkliche Welt, auch als die Welt, von der wir gelesen oder gehört hatten. Und dann gab es weitere Filme, mit Charles Ray, Norma Talmadge, Sessue Hayakawa, Douglas Fairbanks, Nazimowa … Aber wer machte diese Filme und wie? Die Namen Thomas Ince, David Griffith, Mack Sennett, Victor Sjöström hörten auf, ein zu vernachlässigendes Geheimnis zu sein, als Pierre Henry in der ersten aller Filmzeitschriften, *Ciné pour tous***, anfing ihre Namen zu nennen und ihre Wichtigkeit hervorzuheben. Fortan sollten wir keine Zeit mehr mit dem Auspfeifen schlechter Filme verlieren. Es ging nunmehr darum, Zeit und Geld zu finden, um all das zu sehen, was es verdiente, gesehen zu werden. Manchmal waren das drei Vorstellungen pro Sonntag, zwischen Charpennes und Villeurbaine, zwischen la Croix-Rousse und Perrache***, wenn die Straßenbahnverbindungen es zuließen, den Nachmittag mit zwei Programmen in verschiedenen Vierteln auszufüllen. In Anbetracht all der herrlichen Bilder, die aus Amerika, aus Schweden, vielleicht gar schon aus Deutschland kamen, sah es so aus, als ob die französische Produktion keinen Wert auf kinematographische Qualität legte, deren Rezept mir doch so einfach und unerschöpflich folgenreich zu sein schien: mit Sorgfalt echte Dinge unter ihren verschiedensten und packendsten Blickwinkeln zu photographieren: wirklichen Schnee, was zur Poesie von *Herr Arnes pengar***** führte; wirkliche Pferde, die durch den wirklichen Sand eines wirklichen Wüstensturms rit-

ten, weshalb *The Aryan****** auch ein Meisterwerk wurde; einen echten Dorfkaufladen, worin der Grund für die Bezauberung lag, die von *The Lamb******* ausging. Dagegen gaben sich die französischen Filme damit zufrieden, Posen auszustellen und Kataloge von Dekorationen zu liefern. Erst die frühesten großen Werke von Abel Gance, dann Marcel L'Herbier und Louis Delluc offenbarten eine neue Tendenz. In ihnen war die Lektion des amerikanischen Realismus spürbar, ob er nun übertrieben oder unterlaufen wurde, jedenfalls erwies er sich als Gegenstand persönlicher Interpretationen oder auch Deformationen. Vor allem aber fand sich dieser Realismus solcherart mit künstlerischen Normen konfrontiert, mit allen möglichen Reminiszenzen an eine unvergessene Kultur, die französische.

Eine flüchtige Begeisterung

Damals wurden die Namen von Auguste und Louis Lumière noch beide genannt, wenn von der Erfindung des Kinos die Rede war. Seither ist es mal Louis ganz allein, mal niemand, mal jedermann. Mir allerdings fällt es schwer, mich von dem Glauben zu trennen, dass auch Auguste dabei die Finger im Spiel gehabt hatte. Im Krankenhaus von Lyon, wo ich ihm unterstellt war, habe ich ihn oft in seinen Labors gesehen. Später beauftragte er mich, mit der außerordentlichen Freundlichkeit, die ihm eigen war, wissenschaftliche Artikel aus anderen Sprachen für ihn zu übersetzen. Eines Tages fasste ich mir ein Herz, ihn aufs Kino anzusprechen. Aber welch ein Reinfall! Auguste Lumière sah in der Unzahl von Filmstreifen, die bereits die Runde um die Welt machten, nur etwas Belangloses. Nichts, woraus ihm der Ruhm eines Erfinders zukommen sollte, nur ein zufälliges Resultat ohne große Bedeutung.

„Misstrauen Sie dem Erfolg des Kinos", resümierte er, „das ist nur eine flüchtige Begeisterung. Das Publikum wird diesen hübschen Zeitvertreib ebenso schnell vergessen, wie es sich dafür begeistert hat."

Aus der Distanz von nun dreißig Jahren behaupte ich nicht, diese Unterhaltung wortwörtlich wiederzugeben, aber ich verbürge mich, dass die Worte „eine flüchtige Begeisterung" gefallen sind. Die Gegenwart widerlegt diesen Befund, und auch für die Zukunft sieht es nicht danach aus, dass er sich bewahrheiten würde, aber dennoch blieb mir diese Unterhaltung, von der ich ernsthafte Ermutigung erhofft hatte, für lange Zeit ein Gegenstand staunenden Erinnerns.

Damals wollte ich einen Aufsatz, eine literarische Vergleichsstudie schreiben, die nicht ästhetisch argumentieren und Formen des Schönen darlegen sollte (deren Abstufungen jeder Leser nur seinem eigenen Empfinden nach festzulegen vermag), sondern die Fortschritte oder Rückschritte der logischen Organisation der Stile zum Thema haben würde. Die Verfahren einiger zeitgenössischer Dichter – abgehackt, elliptisch, mit großen Analogiesprüngen – lieferten mir ein Beispiel jener schon bald einsetzenden Entwicklung des Denkens durch Beschleunigung der Gedankengänge und ihre auf intellektuelle Ermattung zurückzuführende Lockerung.*******

Ich schickte eine Skizze dieses Aufsatzes an Blaise Cendrars, dessen *Neunzehn elastische Gedichte* ich auswendig kannte.********

Sie schienen mir am besten geeignet zu sein, meine Theorie zu untermauern. Ich hegte nicht allzu große Hoffnung, eine Antwort zu bekommen; doch sie kam, und wie stimulierend sie war! Daraus folgte eine ausführliche Korrespondenz. Cendrars schlug ein Treffen vor: in Paris,

*) *Les Mystères de New York* (1915) war eine Kompilation von US-Filmserien, inszeniert von Louis Gasnier und George B. Seitz (*The Exploits of Elaine, The New Exploits of Elaine, The Romance of Elaine* usw.) mit der amerikanischen Serial Queen Pearl White in der Hauptrolle. Die Geschichte hatte Arthur B. Reeve geschrieben, die in Frankreich als Fortsetzungsroman, verfasst von Pierre Decourcelle, in der Tageszeitung *Le Matin* erschien, wöchentlich mit einer neuen Folge, um die jeweils nächste Episode des Filmserials zu begleiten. Mit dieser Serie reagierte Pathé auf den Erfolg der von Gaumont produzierten Reihe *Fantômas*. Der noch größere Erfolg von *Les Mystères de New York* wiederum führte zur Produktion von *Les Vampires*, inszeniert, wie bereits *Fantômas*, von Louis Feuillade. Die Surrealisten haben sämtliche dieser Serials hymnisch begrüßt und kommentiert.

**) *Ciné pour tous* wurde 1919 von Pierre Henry gegründet.

***) Stadtteile von Lyon.

****) *Herrn Arnes Schatz*, Regie: Mauritz Stiller, 1919.

*****) Regie: Reginald Barker, William S. Hart, Clifford Smith, 1916.

******) Regie: William Christy Cabanne, 1915.

*******) Der Begriff der intellektuellen Ermattung (fatigue intellectuelle) hat eine wissenschaftliche Konnotation, wie sie in dem Werk von Alfred Binet und Victor Henri, *La fatigue intellectuelle*, Paris 1898, dargelegt ist. Jean Epstein bedient sich dabei auch des „Überlaufs von Sinn", wie er ihm in den dadaistischen und surrealistischen Zirkeln der zwanziger und dreißiger Jahre beigegeben wurde, und nicht zuletzt der Alltagsbedeutung, wie sie in traditionellen, aber auch aktuellen Hausbüchern zur Gesundheit nachzulesen ist, nämlich als typisches Unwohlsein in den Herbst- und Wintermonaten: „Indifférence générale, perte d'intérêt, diminution de mémoire sont quelques uns des symptom de la fatigue intellectuelle."

********) Frédéric-Louis Sauser (1887–1961), der sich selbst den Namen Blaise Cendrars gab, lief mit 16 Jahren aus dem Schweizer Dorf, in dem seine Eltern lebten, fort. Mehrfach umrundete er die Erde und besuchte dabei Russland, die Mandschurei und China. Er studierte Medizin und Philosophie in Bern. 1910 kam er erstmals nach Paris, wo er mit Guillaume Apollinaire, Marc Chagall, Robert und Sonia Delaunay, Fernand Léger und Amedeo Modigliani Freundschaft schloss. Seine *Neunzehn elastischen Gedichte* schrieb er im Sommer 1913. Zu Kriegsbeginn 1914 verpflichtete er sich in der Fremdenlegion und verlor seinen rechten Arm bei einem entsetzlichen Angriff. Daraufhin erklärte er: „Es bleibt mir noch der linke! Zum Angriff!" Als er die Schlachtfelder verließ, machte er sich daran, Kampfsportarten und Kurzschrift zu erlernen. Reisen führten ihn nach Rom, Brasilien und Spanien. Die letzten zehn Jahre seines Lebens verbrachte Cendrars in Paris. Sein schriftstellerisches Werk umfasst über vierzig Bände. Cendrars versuchte sich außerdem als Imker, als Kressezüchter und als Schausteller.

in Biarritz, in Marseille, wohin ich leider nicht fahren konnte. Der Vorschlag bestärkte mich aber in meiner Bewunderung für seine Allgegenwart, die sich bereits in *Panama* und *Prosa vom transsibirischen Express* Ausdruck verschafft hatte. Schließlich kündigte Cendrars an, dass er in Lyon Station machen würde. Ich erwartete ihn bei mir, ungeduldig und auch etwas aufgeregt, weil das Einzige, was ich ihm gegenüber vorzuweisen hatte, ein unfertiger Entwurf war. Ich harrte aus bis zum Morgengrauen, doch der Besucher erschien nicht. Drei Tage später erreichte mich eine Postkarte von Cendrars aus Cannes, aus der hervorging, dass er mich die ganze Nacht gesucht hatte, in Cafés und Schankstuben, von denen er dachte, dass das Orte seien, wo sich Studenten aufhalten würden.

Blaise Cendrars

Schließlich konnte ich Cendrars mein Manuskript doch noch übergeben, und zwar in Nizza, in einer schummrigen Kammer der obersten Etage eines riesigen Hotels. Es war Nacht. All meine Erinnerungen an Cendrars verbinden sich mit der Nacht. Ein gezeichnetes Gesicht, zernarbt, von den Spuren des Lebens heimgesucht; und von einem Schatten umrahmt, von dem ich ihn nicht zu trennen vermag; ein Ärmel, in dem es weder Hand noch Arm gab, geriet manchmal in Bewegung, löste sich aus der Dunkelheit und zeigte seine schwarze Leere.

Cendrars wusste großartige Geschichten zu erzählen. Er hatte bei den Königen der Pampas in Zubern aus massivem Gold gebadet; mit wilden Bienenschwärmen im Wald von Fontainebleau hatte er Freundschaft geschlossen; er machte sich die Winde und das Glück untertan;

er duzte sich mit priesterlichen Würdenträgern ebenso wie mit Bauchaufschlitzern; er kannte alle erdenklichen Alkohol- und Tabaksorten, sämtliche Kneipen von Vancouver bis Auckland, von Haarlem bis Samarkand; er hatte sich dem Abenteuer angetraut und der weiten Welt. Vielleicht hat meine Erinnerung diese Wunder etwas geschönt, vor allem aber ist sie sehr lückenhaft. Als ich meinen Freunden von der Unterhaltung mit Cendrars berichtete, staunten sie: Konnte das alles überhaupt wahr sein? Was mich anging, so erschien mir diese Frage allerdings sinnlos, so, als würde man herauszufinden versuchen, ob La Fontaine wirklich gehört hatte, dass ein Fuchs mit einem Raben sprach, oder ob er wirklich ein Mädchen namens Perrette dabei beobachtet hatte, wie sie ihren Milchtopf zerschlug – an einem bestimmten Ort, zu bestimmter Stunde.

In Reichweite der einen ihm verbliebenen Hand hatte Cendrars übrigens immer einen riesigen Überseekoffer, der umso riesiger erschien, als das Zimmer sehr klein war. Der Dichter hob manchmal den Deckel hoch, tauchte mit seinem Arm in ein Gemenge von Papier und förderte irgendeinen Gegenstand zutage, von dem ein unwiderstehlicher Zauber ausging: ein Vokabularium der Pygmäensprache, die Urkunde eines Trappers oder ein Photo jenes Automaten, den Edison, der in einem Verlies hauste, schließlich niemandem mehr zeigen wollte.* Das Gespräch kam aufs Kino, und ich hätte gern gewusst, was Cendrars von diesem Photogénie hielt – der Begriff fing gerade an, sich einzubürgern –, das bewirkte, dass ein Objekt auf der Leinwand lebendiger erschien als in der Wirklichkeit.

„Das ist ein aufgeblasenes und pralinieres Rhododendron-Wort, aber es ist ein großes Geheimnis!'", antwortete Cendrars und fügte dem Inhalt seines Überseekoffers mein Manuskript hinzu, das ich für ziemlich unwürdig hielt, jener wundersamen Papierwust-Versammlung anzugehören.

Der Tag brach an, als ich mich auf der Promenade des Anglais wiederfand. Um acht Uhr sollte ich im Studio sein, um zum ersten Mal bei Filmaufnahmen zuzusehen. In einem Park ragte das Dekor auf, wie Überreste eines baufälligen Hauses, von dem ein Orkan das Dach weggefegt hatte und mit ihm auch die Hälfte des Gemäuers. Bis zum Mittag tat sich nichts in dieser verlassenen Ruine, außer dass es im Gebälk zu knacken begann und die Grillen in der mediterranen Sonne zirpten. Schließlich tauchten ein paar Männer in Arbeitskluft auf. An den Füßen trugen sie Sohlen aus Espartogras, versehen mit Bändern, die kreuzweise um den unteren Teil der Waden geschnürt waren. Auf eine ganz selbstverständliche Art führten diese Leute ihre Müdigkeit spazieren. Ein Kameramann setzte seinen Apparat auf einem zerlegbaren Podium ab und kauerte nahe bei seinen Materialtaschen. Er wartete darauf, dass seine Assistenten ein Sonnensegel aufbauen würden. Die Assistenten wiederum warteten auf die Bühnenarbeiter, denen es oblag, die Zuverlässigkeit der Verankerung zu gewährleisten. Der Oberbeleuchter war weggegangen, um etwas in einem Laden zu besorgen. Der Besitzer des Ladens war abwesend; es hieß, dass er bald zurückkommen würde, doch niemand vermochte verlässliche Angaben zu machen, wo er sich aufhielt, was ein Grund zur Beunruhigung hätte sein können. Plötzlich, man fragt sich, von welchem Rand des Geschehens her, tauchte eine Darstellerin am Set auf, ocker und rosa geschminkt, so hübsch wie eine dieser Gipsstatuen, die man manchmal als Teil von Altären in Dorfkirchen antrifft. Aber die Schöne begriff schnell, dass sie unnötig ihr Prestige und die Frische ihres Teints aufs Spiel setzen würde, wenn sie hier ziellos in der überheizten und halbverwüsteten Umgebung herumirrte. Mit leichtem Schritt und ohne ein Wort gesprochen zu haben, entschwand die Göttin in den Schatten eines Wäldchens. Diese Rückzugsbewegung hatte etwas so Ansteckendes, dass schließlich alle vom Set verschwanden und zum Mittagessen gingen.

*) Alle Objekte oder Requisiten, die Epstein als zum Universum von Blaise Cendrars gehörig erwähnt, sind „Misch-Phänomene", die ebenso fantastische bzw. wunderbare Züge tragen, wie sie handfeste Wirklichkeit beanspruchen können. Auch der erwähnte Automat Edisons ist von solch doppelter Art. Er stammt aus dem Buch *Eva Futura* (*Die künftige Eva*, 1886) von Auguste Villiers de L'Isle-Adam: Im Labor seines abgeschiedenen Landsitzes Manlo Park, umgeben von seltsamen Gerätschaften, brütet der legendäre Forscher Thomas Alva Edison über neuen Erfindungen. Zu dem Wissenschaftler kommt der englische Lord Ewald und klagt ihm sein Leid: Er ist unsterblich in eine junge Sängerin verliebt. Deren Körper gleicht zwar der Venus von Milo, aber ihre Seele ist so platt-gewöhnlich, dass der romantisch veranlagte Lord diese Diskrepanz nicht zu ertragen vermag. Edison bietet seine Hilfe an. Er will dem Gast einen menschlichen Automaten erschaffen, der dessen Wunschbild von der idealen Geliebten in jeder Hinsicht gerecht wird. Ein absonderliches Experiment um die Entwicklung einer frevelhaften Maschine beginnt. Das Buch, das sich vorwiegend über platonische Dialoge zwischen dem Wissenschaftler und dem jungen Adeligen entwickelt, ist die künstlerische Verdichtung eines wissenschaftlichen Aufbruchs, der es sich zum Ziel gemacht hat, der menschlichen Art ihre Unzulänglichkeiten auszutreiben – ethische Reflexionen über dieses Projekt miteingeschlossen: Man weiß, dass Cendrars ebenso ein Bewunderer von L'Isle-Adams Büchern war, wie ihn die Erfindungen des realen Edison (Schreibmaschine, Fonograf, Kinematograf) mit ihrem Traum- und Alptraum-Potenzial euphorisierten. Es wird vermutet, dass der Dichter Photographien von Produkten, die auf Edison zurückgingen, bei sich trug, um sie als Anhaltspunkte „realer Metaphysik" zu nehmen und sie als Treibstoff für seine eigene künstlerische Praxis zu nutzen. Mehr dazu in dem Buch von Dieter Daniels, *Kunst als Sendung. Von der Telegrafie zum Internet*, München 2002.

Germaine Dulac

Als der Nachmittag schon halb vorüber war, fanden sich wie durch einen Zufall die Leute wieder ein, hinlänglich arbeitswillig, sodass auch die Spielleitung erschien. Verkörpert wurde sie durch eine majestätische Frau, wohlwollend, überaus sympathisch, mit einem Lächeln, das alle ansprach, und einer rührenden Freundlichkeit. Wie durch diesen Charme animiert, begann ein Quartett aus Violinisten leise einen schmachtenden Walzer zu spielen. Germaine Dulac hatte dem Kameramann ein paar Worte ins Ohr geflüstert, worauf in dessen Augen die Freude des Verstehens aufleuchtete. Die Atmosphäre war dermaßen sanft, dass man befürchten musste, niemand, auch wenn er noch so eifrig bei der Sache war, würde den Nerv haben, überhaupt einen Finger zu rühren. Dennoch wurden einige Scheinwerfer angeschaltet. Sie sollten die Schatten abschwächen. Schließlich ließ sich auch wieder die Dame mit dem angemalten Gesicht in der Dekoration blicken. In schockierendem Kontrast zu der freundlichen Stimmung der Assistenten lag ein dickes Schmollen auf den Lippen der jungen Frau, ein mysteriöser Groll verfinsterte ihren Blick. Madame Dulac näherte sich ihrer Hauptdarstellerin, um die bösen Geister zu vertreiben, sie sanft zu beschwören. Leider jedoch hatte eine lange Erfahrung mit dieser Art Magnetismus die Schauspielerin unempfänglich dafür werden lassen. Die gelbe Sonne wechselte unaufhaltsam die Farbe zum Orange, dann zum Rosa und weiter zum Violett, ohne dass es Denise Lorys gelungen wäre – trotz der beachtlichen Anstrengungen, die sie unternahm –, den Ausdruck eines bösen Kindes auf ihrem Gesicht abzumildern.

„Geduld", hatte mir Cendrars gesagt, „ist die erste kinematographische Tugend."

Die zweite Tugend allerdings – diese Idee kam mir damals – sollte die Ungeduld sein.

Aus *La Rose du rail* wird *La Roue*

Zum Ende des Sommers hatte mich Cendrars für ein paar Tage nach Saint-Gervais eingeladen, wo er mit Abel Gance einen Teil jenes Films drehte, der damals noch den Titel *La Rose du rail* hatte. Später wurde er umbenannt in *La Roue*. Auf schönem zartblauem Papier, verziert mit einer purpurnen Rose, die zwischen den Schwellen eines Schienenstrangs wuchs und blühte, erschien mir die Einladung von Cendrars als der kostbarste aller Passierscheine, denn keine andere Ehre hätte das Privileg aufwiegen können, Abel Gance zu treffen, mit dessen *Mater Dolorosa*, *La Dixième Symphonie* und *J'accuse* das französische Kino auf triumphale Weise den Weg zur Qualität beschritten hatte.[*]

Weit entfernt vom perfekten, aber unpersönlichen Standard der Amerikaner, komponierte Gance aus einer tiefen Kenntnis des Kinos heraus beherzt seine Bilder. Ihre einzigartige Erlesenheit war umso erstaunlicher, die symbolischen Gruppierungen der Figuren und die bewusst kontrastierende Lichtsetzung umso eindrucksvoller, als sie dem Romantizismus seiner Drehbücher zu idealem Ausdruck verhalfen. Sicher gab es überall Regisseure, die – mal mehr, mal weniger – die Dinge in ihrer je eigenen, persönlichen Art zu zeigen versuchten, Abel Gance jedoch war einzigartig darin, dem Publikum zu zeigen, dass die Meister der Filmleinwand in der Lage waren, es denen der Malerei gleichzutun und Bilder zu schaffen, die es in ihrer Bewegtheit mit Gemälden von Delacroix oder Géricault aufnehmen konnten; Filmbilder, die, nicht minder als ein Gemälde von Rembrandt oder Georges de la Tour, vom Spiel der Lichter und Schatten beseelt waren. Diese Assimilation malerischer, auch literarischer Einflüsse führte schließlich – wenn auch nicht in gerader Linie – dazu, der Idee zur Durchsetzung zu verhelfen, dass das Kino eine Kunst sei, eine legitime Verwandte der anderen Künste.

Im Übrigen gab es in den Filmen von Gance nicht bloß diese Tendenz, sich auf tradierte poetische Embleme zu beziehen oder Meisterwerken der Malerei und Bildhauerkunst zu huldigen; was man bei ihm auch sehen konnte, schon vor *La Roue*, waren große und kleine Entdeckungen auf dem Gebiet dessen, was einzig und allein das Kino, unter Ausschluss aller anderen Künste und Techniken, hervorzubringen imstande ist. Auf jeden Fall erschien Gance den Leuten nicht umsonst als eine große Persönlichkeit. Damals umgab ihn eine Legende, heute ist er fast vergessen. Man erzählte sich, dass er anlässlich von Dreharbeiten ein Haus abreißen, eine Baumreihe fällen ließ, damit die von ihm ins Leben gerufenen Personen eine Umgebung vorfinden würden, welche der Befindlichkeit entspräche, die sich dort entfalten sollte; dass er, wenn im Drehbuch von einem Diamantencollier die Rede war, verlangte, dass echte Diamanten zu sehen seien, damit das Bild, das von der Leinwand strahlte, von ebenso unvergleichlicher Qualität und authentischer Pracht sei wie das wirkliche Schmuckstück.

Aber als ich in Saint-Gervais ankam, war Gance mit dem Großteil seines Teams schon abgereist. Dageblieben war nur Cendrars mit einem Zweit-Team, das von Robert Boudrioz angeleitet wurde, um einige Szenenübergänge nachzudrehen. Mir blieb nur der Trost, in der Villa wohnen zu können, die Gance hinterlassen hatte, seine Zimmer zu besichtigen, das Feldbett zu sehen, auf dem er geruht hatte. In der Villa und im Garten lagen herausgerissene Seiten aus amerikanischen Filmzeitschriften, die ich noch nicht kannte. Sorgfältig sammelte ich all diese flüchtigen Papiere. Auf der Eingangstreppe fand ich sogar ein Bild aus dem Film, das Fragment einer Probeaufnahme, eine Reliquie. In der Diele warteten Filmdosen auf einen Lastwagen. Es entströmte ihnen ein pharmazeutischer Geruch, der Geruch von Aceton; er erfüllte die Luft und kroch in die Kleidungsstücke.

Tagsüber sah ich Cendrars kaum. Er war überall dort, wo man ihn nie gesucht hätte: auf der Lokomotive der Zahnradbahn; auf dem Postamt, wo er persönlich telegrafische Botschaften übermittelte; auf dem Bossons-Gletscher, in Begleitung einer Truppe von Bergführern, auf der Suche nach einer Schminkschatulle oder anderen Requisiten, die in eine Gletscherspalte gefallen waren. Ich nahm mir also vor, mich fortzubilden, einerseits, indem ich beim Transport einer Kulisse auf den Voza-Pass half, andererseits, indem ich stundenlang zuschaute, wie Boudrioz sich vergeblich bemühte, einen Bernhardiner dazu zu bringen, vor der Kamera zu bellen.

*) An vielen Stellen hat Jean Epstein erklärt, dass er in Abel Gance (1889–1981) die treibende Kraft des französischen Kinos der zehner und zwanziger Jahre sah. Gance hielt 1953 die Grabrede bei Epsteins Beerdigung.

Louis Delluc*

Mit Louis Delluc, von dem mir damals [1920] nur die beiden Filme *La Fête espagnole* und *Le Silence* bekannt waren, stand ich bereits in Briefkontakt. Die Art, wie er sich zu diesen Filmen äußerte, war von einer erstaunlichen und spröden Wahrhaftigkeit. Was er zeigte, erschien wie eine Ansammlung von ganz gewöhnlichen Tatsachen, aber das Fenster der Leinwand gab darauf eine Sicht, die durchdringend und indiskret war. Auf den Zuschauer übertrug sich so der Eindruck, als wolle jemand – mit einer verwerflichen, zugleich aber auch prickelnden Neugier – in Erfahrung bringen, was sich gerade beim Flurnachbarn oder im Garten nebenan zuträgt. Als Schriftsteller und Journalist, mit seinem Buch *Cinéma & Cie* und auch mit seiner Zeitschrift *Cinéa*, hatte Delluc dazu beigetragen, die Filmkritik zu beflügeln, auf eine Art und Weise, wie sie von Pierre Henry nur skizziert worden war. Delluc verlieh dem, was Filmkritik heißt, den Rang eines autonomen literarischen Werkes, das von Intelligenz und Sensibilität zeugt. Noch nie zuvor hatte ein anderer in dieser Hinsicht größeres Talent bewiesen. Delluc erschien mir wie der Inbegriff des perfekten Parisers, ich fühlte mich durch ihn ziemlich eingeschüchtert.

„Da sind Sie also, der künftige große Schreiber! Gerühmt und empfohlen durch den Verleger der Stunde … und dann haben Sie sicher auch noch vor, das Honorar für Ihre Artikel in die Höhe zu treiben! Diese Artikel, die mir schlimmsten Kummer bereiten. Kummer wegen der Missachtung, mit der Sie unsere großen einheimischen Stars strafen. Wie zum Beispiel meinen Freund Gabriel Signoret**, der in fünf Minuten hier sein wird, um Ihnen die Ohren lang zu ziehen! Ach *Promenoir****, du zartes Pflänzchen, verliebt in den Skandal, du wirst ihn, Epstein, verlieren."

Aber war ich nicht bereits ein Überläufer? Dieser Ton Dellucs, der gleichermaßen schmeichlerisch wie unverschämt war, zynisch wie freundschaftlich, charmierend wie niederschmetternd, raubte mir den Atem. Ein echtes Wechselbad. Und ich glaubte zu träumen, als ich ihn fortfahren hörte: „Ernsthaft, da Sie das Kino interessiert und da Sie mich mögen … Ich werde demnächst einen Film anfangen oder etwas in der Art … Es wird nur knapp zwei Wochen dauern … Leider besitze ich weder genügend Genie noch genügend Peseten, um einen Monat lang über eine einzige Einstellung zu meditieren … Aber ich will mir doch, wie ein großer Regisseur, einen Assistenten leisten, einen Laufburschen, einen Aufnahmeleiter, einen ansatzweise berühmten Fliegenwedel … All das könnten Sie sein … Selbstverständlich werde ich Sie schlecht bezahlen, und Sie werden mich sehr bewundern … Aber im Anschluss daran haben Sie völlig freie Hand, die infamsten Gerüchte über mich zu verbreiten. In den einschlägigen Gazetten können Sie gutes Geld daraus schlagen."

---

*) Louis Delluc (1890–1924), Filmregisseur, Drehbuchautor, Schriftsteller und Filmtheoretiker, kann als Begründer der französischen Filmkritik angesehen werden. Mit seinen Artikeln beeinflusste er zeitgenössische Literatur- und Intellektuellenzirkel. 1919 wurden die Filmrezensionen, die er in der Zeitung *Paris-Midi* geschrieben hatte, unter dem Titel *Cinéma & Cie* veröffentlicht, 1920 erschien der Band *Photogénie* mit kritischen und theoretischen Abhandlungen zum Kino.

**) Französischer Schauspieler (1878–1937). Er spielte unter der Regie von Louis Delluc in *Le Silence*.

***) Dem Surrealismus und Dadaismus verpflichtete Zeitschrift, die Jean Epstein 1920 zusammen mit dem Maler Pierre Deval und dem Schriftsteller Jean Lacroix in Lyon gegründet hatte. Die sechs Ausgaben des *Promenoir* erschienen zwischen Februar 1921 und Juni 1922.

VOLUME I

NUMÉRO 6

cinéa
et CINÉ POUR TOUS *réunis*

■

LE CINÉMATOGRAPHE CONTINUE...

par
JEAN EPSTEIN

La qualité de vivre est de se dépasser. L'homme dut faire mieux que marcher ; il inventa la roue qui est autre chose que la jambe. Il dut faire mieux que nager ; d'où l'hélice qui est autre chose que le flagelle. Et obligé à mieux qu'à voir, l'homme ajouta aux systèmes micro et télescopiques le cinématographe, créant autre chose que l'œil. Car ne considérer le cinématographe que comme un spectacle, c'est réduire la navigation au yachting à Meulan. Le cinématographe est une connaissance particulière en ce qu'il représente le monde dans sa mobilité continue, et générale parce qu'on prévoit que, s'adressant bientôt à tous les sens, il leur permettra à tous de dépasser leurs limites physiologiques. Les aspects discontinus, fixes ne prévaudront plus tant parmi les bases de notre philosophie, même quotidienne. Ce n'est pas au bout de vingt années qui se passèrent en tâtonnements, que nous pouvons mesurer déjà l'importance du changement que le cinématographe, expression du mouvement extérieur et intérieur de tous les êtres, apportera à la pensée. Déjà nous corrigeons notre esprit d'après une réalité où rien ne s'arrête, où les valeurs n'existent que tant qu'elles varient, où rien n'est, mais devient, où un phénomène sans vitesse est inconcevable.

■

Il fut, il est encore très important de mobiliser à l'extrême l'appareil de prise de vues ; de le placer, automatique, dans des ballons de football lancés en chandelle, sur la selle d'un cheval galopant, sur des bouées pendant la tempête ; de le tapir en sous-sol, de le promener à hauteur de plafond. Il n'importe que dix fois ces virtuosités apparaissent excessives ; elles sont essentielles ; à la onzième fois, nous comprenons comment elles sont nécessaires et encore insuffisantes. Grâce à elles, et avant même les révélations à venir du cinématographe en relief, nous éprouvons la sensation nouvelle de ce que sont les collines, les arbres, les visages dans l'espace. Donnons-lui l'allure ou son semblant, et notre corps tout entier éprouve le relief. C'est un grand changement de vivre penché tantôt vers le centre, tantôt hors de la courbe. Depuis toujours, pour toujours, nous sommes des pro-

jectiles, formés et formant à l'infini d'autres projectiles. Mieux qu'une auto, mieux qu'un avion, le cinématographe permet quelques trajectoires personnelles, et c'est toute notre physique qui tressaille, la plus profonde intimité qui se modifie. Même habitant une ville, ce n'est pas la connaître que de ne pas l'avoir visée dans la mire du radiateur, approchée, pénétrée, développée dans l'espace et le temps, et, l'ayant eue devant soi, la laisser derrière, de côté, au-dessus, au-dessous, dans un ordre chaque fois nouveau. Ce n'est pas avoir vu la terre ni rien d'elle, que de la voir sans quitter son mouvement. Il faut tourner plus vite et moins et autrement qu'elle ; laisser fuir ce clocher, le poursuivre, le déplacer, le replacer parmi les collines qui se déplient, dans la ronde des peupliers qui jouent aux quatre coins.

■

Reproducteur du mouvement, le cinématographe permet les seules expériences dans le temps qui nous soient déjà accessibles. On admet la relativité de l'espace presqu'aussi volontiers que celle du temps, et dans cette relativité générale nous vivons plus ou moins vite. Mille intuitions nous en avertissent, et rien ne peut les infirmer puisqu'aucun point fixe de comparaison n'est même imaginable. Qu'on trouve le moyen d'explorer partiellement le temps, comme l'espace, ce n'est pas un espoir absurde et les mathématiques n'en découragent point. Le cinématographe, traitant le temps en perspective, divulgue la notion de cette quatrième dimension de l'existence, sous son jour de relation variable, plus vrai que l'apparence banale. Comme la dramaturgie n'a encore presque jamais profité des enregistrements à vitesse variée, pour une expression psychologiquement plus exacte de la vie humaine, on se rend encore mal compte combien cette technique étendra le pouvoir de signification des images animées. Déjà, des apparences en sont modifiées si gravement que les barrières entre les règnes de la nature, tombent. Lorsqu'on projettera d'une famille cette perspective temporelle où les naissances et les morts apparaîtront comme la suite que réellement elles sont, l'hérédité se révélera comme un personnage visi-

CINÉA, publication mensuelle, 39, boulevard Raspail, Paris, 7e. (R. C. Seine 161-425).
Directeurs : Jean Tedesco et Pierre Henry.
ABONNEMENTS : Un an (France : 40 fr., Etranger : 55 fr.); six mois (France : 21 fr.; Etranger : 30 fr.).

Beitrag von Jean Epstein aus dem Jahr 1930 für die Zeitschrift *Cinéa et ciné pour tous*, die auf Louis Dellucs *Cinéa* zurückging

Fernand Léger und der Esprit Nouveau

Ich verwandte einen Teil der Nacht darauf, an Cendrars, der sich damals in Rom aufhielt, zu schreiben und ihm von der beglückenden Begegnung mit Delluc zu berichten. Am nächsten Tag machte ich mich auf den Weg zu Fernand Léger, dessen geräumiges Atelier man über eine lange und steile Wendeltreppe erreichte. Sie war so eng, dass mich Beklemmung überfiel. Ich hatte Angst, stecken zu bleiben und nicht mehr in der Lage zu sein, auf- oder abwärts zu steigen. Am Ende dieses Schlauches stand man dann vor dem breitschultrigen Léger, sah sich seinen großformatigen Gemälden gegenüber, erblickte die robuste Konstitution der Roboter-Frauen, die darauf dargestellt waren, und unweigerlich

musste man an diese Schiffe in den Flaschen denken und sich fragen, wie die Bilder wohl den Weg durch diesen Flaschenhals von Treppe finden würden. So sehr einerseits Übereinstimmung herrschte zwischen dem energischen Auftreten dieses Mannes, von dem man immer die Vorstellung hatte, dass er in permanenter Bewegung sei, und der Solidität der von ihm gemalten mechanischen Formen, so unverkennbar war andererseits die Differenz zwischen der klaren Intellektualität dieser Bilder und der materiellen Wirklichkeit, die sie – aus einer Verpflichtung Légers dem Praktischen gegenüber – darstellten. Dieses Werk, in dem er sich gern auch lapidarer Formeln bediente, hatte der Maler geschaffen, um seinem Denken und Empfinden Ausdruck zu verleihen. Andere Arbeiten, Zeichnungen, denen den Vorzug zu geben ich nicht allzu offen wagte, waren ganz anders konzipiert: Sie waren von einem minutiösen Realismus, dermaßen ausgearbeitet, dass einem angst und bange werden konnte. Tatsächlich versetzte mich die Darstellung eines pflanzlichen Wesens – eines Baumstumpfs oder einer Wurzel – in Angst. Daraufhin erschien sie mir auf einmal geradezu fantastisch, wie ein Werk des Symbolismus, also deutlich anders angelegt als das, was die uns bekannte Bilderwelt Fernand Légers kennzeichnet.

Léger nahm mich mit auf die Terrasse der Brasserie Rotonde*, die damals noch eine bescheidene Lokalität war. Dort trafen wir Juan Gris, bevor es weiterging zu Brancusi, dessen Atelier von pythagoreischen Schöpfungen bevölkert war: prächtige und doch sehr schlichte Formen, Versteinerungen und Metallisierungen jener Harmonien, die der Mathematik des Lebendigen entliehen waren und vom universellen

*) Auf der Website der Brasserie heißt es: „Seit 1911 ist die Rotonde einer der mythischen Orte im Viertel von Montparnasse."

**) Im Manifest des Purismus, 1918 von Amédée Ozenfant und Charles-Édouard Jeanneret verfasst, „wurde der synthetische und orphische Kubismus scharf kritisiert und eine Reform des ursprünglich klaren Konzepts kubistischer Malerei gefordert. Sinnbildlich wurde in diesem Zusammenhang die funktionale Schönheit einer Maschine angepriesen. In Abweichung zum Kubismus strebte der Purismus mehr Bezugsnähe zum dargestellten Gegenstand an. Simple Alltagsobjekte wie Gläser oder Musikinstrumente fungierten als zentrale Bildmotive. Charakteristisch für diese Kunstrichtung ist eine strenge Formgebung sowie klar und kühl konstruierte Kompositionen. Auf die Entwicklung der Malerei in den 1920er Jahren übte der Purismus allerdings keinerlei weiteren Einfluss aus, nachdem er im Bemühen um eine von jeglicher Emotionalität befreite Abstraktion gescheitert war." www.kunstmarkt.com.

***) In dieser Passage ist Epstein ein kleiner Fehler unterlaufen. Le Corbusier wurde als Charles-Édouard Jeanneret geboren. Albert Jeanneret war sein Bruder. L'Esprit Nouveau wurde 1919 gegründet, bis 1925 erschienen 28 Ausgaben. Albert Jeanneret, Charles-Édouard Jeanneret und Amédée Ozenfant zeichneten als Herausgeber verantwortlich.

****) Jean Epstein schrieb in den Ausgaben 8 bis 15 von L'Esprit Nouveau insgesamt zehn Artikel.

Stil der Aerodynamik seither vulgarisiert worden sind.

Danach hatte ich noch einen letzten Besuch abzustatten: bei der Zeitschrift *L'Esprit Nouveau*, die von Amédée Ozenfant und Albert Jeanneret geleitet wurde, zwei Malern, die gleichzeitig Lehrmeister und einzige Repräsentanten einer Schule des absoluten Purismus waren.** Jeanneret war damals gerade im Begriff, als Erneuerer der Architektur größere Bekanntheit zu erlangen, unter dem Namen Le Corbusier.*** Ozenfants und Jeannerets bildlicher Purismus bestand in einer Art strengem Kubismus, schnurstracks und kerzengerade ausgeführt. Die puristischen Klosterbrüder, wie sie manchmal genannt wurden, waren ernster Natur und schwarz gekleidet. Ihr Büro, in dem jeder Stuhl, jedes Blatt Papier seine genau festgelegte Funktion zu erfüllen hatte, schüchterte mich sehr ein. Ich fühlte mich wie in einem Tempel der Vernunft, womöglich mit dem verdoppelten Schatten von Auguste Comte konfrontiert. Nichtsdestotrotz akzeptierten diese strengen Richter einige meiner Artikel, die ich auf Anraten von Cendrars geschrieben hatte.****

Jean Epstein, „Mémoires inachevés".
Zuerst erschienen in: Epstein, Écrits sur le
cinéma, Band 1, Paris 1974, S. 27ff.

Das Kino und die moderne Literatur

Das Kino nährt die moderne Literatur. Umgekehrt hat diese geheimnisvolle Kunst viel von der Literatur übernommen. Kinemato-literarische Projekte haben bisher, das ist richtig, vor allem zu Adaptionen in der Art von *Le Crime de Sylvestre Bonnard** und *Travail*** geführt, zu Filmen, die man nie genug wird rügen können und die die zarte Knospe einer Ausdrucksform gefährden, die sich zwar erst zögernd hervorwagt, aber doch zum Genauesten und Subtilsten zählt, was man je gekannt hat.

Wenn die Betrachtung eines beliebigen Films, dessen ignoranter Regisseur keine andere Literatur kennt als jene, die von Vertretern der Académie und ihren Konsorten geschrieben wurde, dazu verführt, dass wir uns auch die moderne Literatur vor Augen führen, und zwar trotz des Regisseurs oder sogar entgegen dessen Absichten, so liegt das daran, dass zwischen dieser Literatur und dem Kino ein wirklicher und natürlicher Austausch stattfindet, etwas, das auf mehr als nur eine Verwandtschaftsbeziehung schließen lässt.

Zunächst:
Die moderne Literatur und das Kino sind gleichermaßen Feinde des Theaters. Kein Versöhnungsversuch kann daran etwas ändern. Ausgeschlossen, dass zwei unterschiedliche Ästhetiken, analog zu zwei verschiedenen Religionen, nebeneinander existieren, ohne sich zu bekämpfen. Wenn das Theater unter dem doppelten Angriff von moderner Literatur und Kino nicht abstirbt, so ist doch eine schrittweise Schwächung absehbar – ja, sie steht im Voraus fest. Was kann dieses Theater, in dem ein guter Schauspieler gegen einen Monolog von vierzig Versen ankämpft und sich redlich, aber fälschlich bemüht, das Übergewicht des Wortschwalls mit lebendiger Kraft zu besiegen, der Leinwand entgegensetzen, wo das geringste Zucken jedweder Gesichtsfaser zum Vorschein kommt und wo schon ein Mensch, der gar nicht zu spielen braucht, mich entzückt, weil er einfach Mensch ist, das schönste Geschöpf auf Erden, das läuft, rennt, innehält und sich gelegentlich umwendet, um dem gierigen Zuschauer sein Antlitz darzubieten. So müssen die junge Literatur und das Kino, um sich gegenseitig zu unterstützen, ihre Ästhetiken gemeinsam ausrichten.

a) Ästhetik der Nähe
Die Reihung von Details, die bei den modernen Autoren die Entwicklung einer kontinuierlichen Geschichte ersetzt hat, ebenso wie die Großaufnahme, deren Entdeckung wir Griffith schulden, sind Ausdruck dieser ästhetischen Nähe.

Zwischen Schauspiel und Zuschauer keine trennende Rampe.

Man betrachtet das Leben nicht, man dringt in es ein.

Dieses Eindringen ermöglicht Intimitäten jeglicher Art. Ein Gesicht, durch die Lupe betrachtet, offenbart seine begeisternde Geografie.

Stromstöße durchzucken die Falten dieses Reliefs und springen auf mich über. Die Temperatur beträgt dreitausend Grad.

Dies ist das Wunder der realen Gegenwart, das manifeste Leben, / offen wie ein schöner Granatapfel, / aus seiner Schale gepellt, / fassbar, / roh.

Theater der Haut.

Kein Zucken verbirgt sich mir.

Kleinste Wechsel in den Einstellungen bringen mich aus dem Gleichgewicht.

Projiziert auf die Leinwand, lande ich im Zwischenraum der Lippen.

Was für ein Tal der Tränen, und stumm!

Da zittert durch den doppelten Flügel ein Reiz. Ein Schwanken, jetzt flattert er auf, entzieht sich und flieht:

Herrliche Erregung eines sich öffnenden Mundes.

Im Vergleich mit diesem Drama, bei dem man das Spiel einzelner Muskeln wie durch ein Fernglas verfolgt, muss die Armseligkeit des Sprechtheaters deutlich werden!

b) Ästhetik der Suggestion

Man erzählt nicht mehr, man deutet an. So bleibt das Vergnügen bestehen, eine Entdeckung zu machen und aus Anhaltspunkten etwas zu konstruieren. Persönlicher und ohne Fesseln organisiert sich das Bild.

Auf der Leinwand besteht die wesentliche Qualität des Gestischen darin, sich nicht bis zum Ende entfalten zu müssen. Das Gesicht soll nicht ausdrücken, wie beim Mimen, es suggeriert.

Dieses abgebrochene Lachen, wie imaginiert man es doch bereits, da es noch im Nahen begriffen ist. Und diese Handfläche, die kaum dabei ist, sich zu öffnen, zu welch reich gesäumtem Weg von Vorstellungen weist sie schon jetzt.

Warum?

Weil sich aus der detaillierten Ausführung einer Handlung, gegenüber deren intelligenter Einfädelung, keine Bereicherung ergibt. Man sieht voraus, man erahnt.

Weil für den, der die Arithmetik kennt, die Darlegung des Ausgangsmaterials hinreichend ist.

Weil es nur Verdruss schafft, über lange Strecken eine Lösung mitzuverfolgen, die man selbst schon lange gefunden hat.

Weil vor allem die Leerstelle einer Geste, die das Denken bereits mit größter Geschwindigkeit erfasst hat, diese selbst vorwegnimmt.

c) Ästhetik der Abläufe

Movies, sagen die Engländer, vielleicht weil sie verstanden haben, dass die erste Treue gegenüber dem, was das Leben ist, darin besteht, wie dieses zu wimmeln. Ein Gewimmel von Details konstituiert ein Gedicht, und im Schnitt eines Films verbinden und vermengen sich, Tropfen um Tropfen, die Ereignisse. Später kommt das in eine Zentrifuge und wird zu dem, was wir als generellen Eindruck empfangen. Im Kino wie in der Literatur: Alles ist in Bewegung. Das schnelle und kantige Nacheinander tendiert zum perfekten Kreislauf einer unmöglichen Simultaneität. Die

*) Regie: Jean Durand (1919), Verfilmung des gleichnamigen Romans von Anatole France.

**) Regie: Jean Pouctal (1920), Verfilmung des gleichnamigen Romans von Émile Zola.

physiologische Utopie des gleichzeitigen Sehens wird ersetzt durch Annäherung: schnell sehen.

d) Ästhetik der mentalen Geschwindigkeit

Es ist immerhin möglich, dass das Denktempo sich im Laufe eines Menschenlebens und im Gefolge der Generationen steigern kann. Nicht alle Menschen denken mit derselben Geschwindigkeit.

Womöglich schult uns die Geschwindigkeit des Films, geschwind zu denken. Vielleicht eine Art Erziehung.

Nach einigen Douglas-Fairbanks-Filmen verspürte ich Muskelkater, aber keinerlei Überdruss.

Diese Denkgeschwindigkeit, die vom Kino herausgefordert wird und an ihm ablesbar ist, was zum Teil die Ästhetik von Suggestion und Abfolge erklärt, findet sich auch in der Literatur. In einigen Sekunden muss man die Tür von zehn Metaphern aufbrechen, andernfalls trübt sich das Verständnis. Nicht jeder kann da folgen; wer langsam denkt, sieht sich, in der Literatur wie im Kino, ins Hintertreffen geraten und traktiert den Nachbarn unablässig mit Fragen.

In den *Illuminationen* von Rimbaud* laut gelesen: durchschnittlich ein Bild pro Sekunde.

In den *Neunzehn elastischen Gedichten* von Blaise Cendrars: im Schnitt das Gleiche. Mitunter etwas weniger.

Dagegen findet man bei Marinetti** kaum mehr als ein Bild alle fünf Sekunden.

Dieselben Unterschiede treffen wir bei Filmen an.

e) Ästhetik der Sinnlichkeit

In der Literatur bloß keine Sentimentalität, zumindest keine offensichtliche.

Im Kino ist Sentimentalität ganz unmöglich.

Unmöglich aufgrund der Großaufnahmen, aufgrund der photographischen Präzision. Was sollen noch platonische Blumen***, wenn sich uns die Haut eines Gesichts offenbart, das von vierzig Bogenlampen attackiert wird?

Die Amerikaner, die andere Seiten des Kinos ganz gut verstanden haben, stehen dieser allerdings noch immer unverständig gegenüber.

f) Ästhetik der Metaphern

Das Gedicht: ein Ritt sich bäumender Metaphern.

Abel Gance hatte als Erster die Idee der visuellen Metapher. Abgesehen von der Langsamkeit, die sie verfälscht, und dem Symbolismus, der sie verbirgt, ist sie eine Entdeckung.

Das Prinzip der visuellen Metapher beruht auf Entsprechungen zwischen Traum- und normalem Leben; auf der Leinwand drängen sich diese Entsprechungen auf.

Das Bild einer Menschenmenge. Ein Auto bahnt sich mühsam den Weg. Ovationen. Hüte werden gelüftet. Hände und Taschentücher, helle Flecken geraten über den Köpfen in Bewegung. Die Analogie zu Versen von Apollinaire ist offensichtlich:

„Auch die Hände der Menge flattern wie Blätter herum."****

Oder:

„Zu einem Himmel voll von Seen aus Licht ohne Ende / Flogen wie weiße Vögel zuweilen die Hände."

Sogleich entsteht in mir die Vorstellung oder Überblendung, aus diesen Zeilen geboren, dann sich klarer formend und plötzlich abbrechend:

Vertrocknete Blätter, die herabfallen, herumwirbeln, dann ein Vogelflug.

Aber: SCHNELL (2 Meter)*****

OHNE SYMBOLISMUS
(die Vögel sollen jedoch keine Tauben oder Raben sein, sondern einfach Vögel.)

Keine fünf Jahre mehr, und es werden kinematographische Gedichte geschrieben werden: 150 Meter und 100 Bilder. Kränze, die aus elektrisch geladenem Draht geflochten sind, und die Intelligenz folgt dessen Verlauf.

g) Ästhetik des Augenblicks

Gering an der Zahl sind die Literaturkritiker, die die Behauptung vermieden haben, dass ein schönes poetisches Bild ewig währen müsse. Diese Behauptung ist idiotisch. Zunächst: Ewig sagt gar nichts. Sagen wir dafür: auf Dauer. Ein Bild kann aber nicht dauerhaft sein. Wissenschaftlich betrachtet, ermüdet der Schönheits-Reflex: Indem es altert, wird das Bild zum Klischee. Racine musste zur Zeit von Racine seinen Zuhörern zahlreiche Bilder offerieren, überraschende Bilder. Was ist heute von ihnen geblieben? Plattitüden. Während damals der Text die Diktion nährte, rettet die Diktion heute den Text. Wie könnte ein Werk solcher Sinnverkehrung zum Trotz fortdauern? Von Racine bleibt nichts als der Rhythmus; die Hälfte dessen, was ihn ausmachte. Aus dem Klischee kann jedoch, vorausgesetzt, dass man es zuerst vergisst, ein Bild wiedergeboren werden. Vergessen wir also Racine. Sprechen wir nicht mehr von den dreihundert Jahren seither. Ein neues Ohr wird ihn wiederfinden und, schließlich aufrichtig, das Wohltuende bei ihm heraushören.

Geschriebenes altert immer, allerdings mehr oder weniger schnell. Was derzeit geschrieben wird, altert *sehr* schnell. Das soll kein Vorwurf sein. Ich weiß, es gibt Leute, die den Wert von Kunstwerken nach der Dauer ihres Erfolgs beurteilen. Sie befinden: Dieses wird bleiben oder jenes wird nicht bleiben. Sie sprechen von Nachwelt, von Jahrhunderten, von Jahrtausenden oder von der Ewigkeit als dem Allergrößten. Sie verachten die Mode. Sie ziehen ihr Vergnügen allein aus den blassen Spielen vergangener Generationen.

Doch man sollte uns die Geiselnahme unserer Gefühle ersparen. Mein Urgroßvater liebte zum Beispiel Lamartine und trug Steghosen. Sollte ich mich deshalb, nur aus Respekt, zum

*) Jean Nicolas Arthur Rimbaud (1854–1891) ist der Inbegriff des jung vollendeten, genialen und modernen Literaten. Er beteiligte sich am Aufstand der Pariser Kommune und nahm 1871 Briefkontakt zu Paul Verlaine auf, mit dem er eine leidenschaftliche erotische Beziehung hatte. Nach dem Gedichtband *Une saison en enfer* (1873) schrieb er die *Illuminationen* (1873–1875) und gab unmittelbar nach Fertigstellung dieses Werks im Alter von 21 Jahren das Schreiben auf. Bis 1880 lebte er ohne festen Wohnsitz, reiste durch Europa, Ägypten, Äthiopien und den Jemen. Er betrieb Handel mit Kaffee, Gewürzen, Gold, Elfenbein, Fellen und Waffen. 1891 starb er in Marseille im Alter von nur 37 Jahren an Knochenkrebs.

**) Emilio Filippo Tommaso Marinetti (1876–1944), italienischer Schriftsteller, der mit der Lyrikanthologie *La Conquête des Etoiles* (1902) den literarischen Durchbruch feierte. Seine durch französische Schriftsteller wie Gustave Kahn und Paul Adam entfachte Begeisterung für das „moderne Leben" resultierte in der Formulierung des ersten Manifests des „Futurismus", das er 1909 im *Le Figaro* veröffentlichte. In der Folge war Marinetti der geistige Motor und Wortführer der futuristischen Bewegung, die mit Mussolini und den italienischen Faschisten liebäugelte.

***) Eine Spitze gegen Baudelaire, der in *Die Blumen des Bösen* schreibt: „Einer Lästerung werde ich Aufschwünge zum Himmel, einer Obszönität platonische Blumen gegenüberstellen." Solch beiläufige Geringschätzung Baudelaires findet sich mehrfach bei Epstein, am deutlichsten in „Einige Gedanken zu Edgar Allan Poe", siehe S. 55 in diesem Buch.

****) Zeile aus dem Gedicht „L'Émigrant de Landor Road" („Der Auswanderer von Landor Road"). Enthalten in Apollinaires *Alcools (Alkohol)* in der deutschen Übertragung von Johannes Hübner und Lothar Klünner.

*****) Zur Verwendung des Längenmaßes „Meter" beim Film – hier spricht einer mit Praxiserfahrung; der Filmstreifen selbst ist das Maß, nicht die Zeit der Projektion.

Tragen von Steghosen verpflichtet sehen? Oder zur Lektüre von *Jocelyn*?* Man liest keine Meisterwerke, nur weil sie Meisterwerke sind, und wenn doch – was für ein Abgesang wäre das auf sie? Ein Tanz auf Grabplatten. Eine Buchseite, die Bestand hat, ist nicht allein deshalb schon als vollkommen anzusehen: Sie entspricht zu sehr einer bestimmten Regel. Gewisse Werke entsprechen so exakt dem jeweiligen Stand der literarischen Entwicklung, dass sie ihn gewissermaßen als Maßstab verbrannt haben. Aber jene Werke, die heute nur noch wie vertrocknete Haut erscheinen, welch ein Spiegel waren sie für die damaligen Zeitgenossen! Und die Erziehung zur Bildung: was den Schulmeister an Corneille ergötzt, ist genau das, was Corneille verachtete. Meinem schlimmsten Feind wünsche ich nicht, zum Klassiker und damit zum Gespött zu werden.

Die literarischen Schulen überstürzen sich. Immer schneller folgen sie aufeinander. Diejenigen, welche den Empfindungen der Menschen einen innigen Ausdruck zu geben vermochten, müssen zehn Jahre später feststellen, dass Menschen und Empfindungen sich verändert haben. Genaugenommen erscheint gerade die Literatur, die eben noch auf der Höhe der Zeit war, wie unzugängliches Gestrüpp. Der Symbolismus ist inzwischen fast schon zum Synonym für Langeweile geworden, aber es gab eine Zeit, da er Vergnügen bereitete. *Ein Stil ist nicht mehr ausreichend, um einer ganzen Generation als verbindlich zu erscheinen.* Im Lauf von zwanzig Jahren pflegt der Weg des Schönen einen neuen Bogen zu schlagen. Die Geschwindigkeit des Denkens ist erhöht. Die Ermüdungen folgen schneller aufeinander. Auf dass der Kubismus, den man nur aufs Geratewohl so genannt hat, nur ein paar Monate und nicht mehr jahrelang lebt! Das beeinträchtigt nicht sein Gewicht. Die kleinen Bahnhöfe müssen weinen. Seit fünfzig Jahren gerät die Menschheit in ihrem Bemühen, nicht den Anschluss zu verlieren, manchmal außer Atem. Für die Mehrheit ist das Anlass zum Tadel. Diesen Kampf zwischen dem Alten und dem Neuen entscheiden seit den Anfängen der Menschheit die jeweils Modernen für sich.

Der Film, wie die zeitgenössische Literatur, beschleunigt instabile Metamorphosen. Vom Herbst zum Frühling wechselt die Ästhetik. Man spricht von ewigen Richtlinien des Schönen, während schon zwei aufeinanderfolgende Kataloge des Bon Marché** dieses Geschwafel ad absurdum führen. Am modischen Wechsel der Kleidung ist dieser Wandel der Sinnengenüsse am klarsten abzulesen. Der Film leiht sich von dort einen Teil seines Charmes. So gibt er ein getreues Bild unserer flüchtigen Schwärmereien, welches aber, ist es gerade mal fünf Jahre alt, nicht mehr überzeugt als eine hübsche Jahrmarktlaterne.

*) Epos von Alphonse de Lamartine (1790–1869) in Alexandrinern. *Jocelyn* (1836), die zur Zeit der französischen Revolution spielende traurig-sentimentale Geschichte eines jungen Mannes, der seine Liebe und mit ihr die Geliebte opfert, Priester wird und sein Leben als selbstloser Menschenfreund beschließt, hatte großen Erfolg.

**) Erstes Warenhaus von Paris, eröffnet 1876. Die Handlung von Émile Zolas Roman *Au Bonheur des Dames* ist im Bon Marché angesiedelt. Das von Gustave Eiffel geplante Kaufhaus gehört auch heute noch zu den Sehenswürdigkeiten des linken Seineufers. Nach aufwändiger Renovierung in den 1990er Jahren konnte es sich wieder als Zeichen für Eleganz und Raffinesse im Viertel Saint-Germain-des-Prés durchsetzen.

*Jean Epstein, „Le Cinéma et les lettres modernes",
18. Kapitel von:* La Poésie
d'aujourd'hui, un nouvel état d'intelligence,
Paris 1921. Auch enthalten in: Écrits sur le
cinéma, *Band 1, Paris 1974, S. 66ff.*

Cover von Jean Epsteins erstmals 1921 erschienenem Buch,
Typografie und grafische Gestaltung von Claude Dalbanne

Bonjour Cinéma

Für Madame Richard Cantinelli*
August 1921

*Ebenso wie es Menschen gibt, die unempfänglich
für die Musik sind, so gibt es Menschen,
sogar in noch größerer Anzahl, die dem Photogénie
gegenüber unempfänglich sind.
Vorläufig zumindest.*

Der Sinn 1 (b)

Ich will ihm nicht den schlechten Dienst erweisen, ihn zu überschätzen. Aber was sollte ich
dazu sagen, das hinreichend wäre? Das Empfinden dafür ist da, unabhängig, wie beim Maler
oder Bildhauer. Gerade erst beginnt man sich
bewusst zu werden, dass eine Kunst entstanden
ist, mit der niemand gerechnet hatte. Vollkommen neu. Man muss sich darüber klar werden,
was das bedeutet. Die Zeichnung sah die Mam-
muts untergehen. Im Olymp konnte man
hören, wie den Musen Nummern zugeteilt wurden. Ihrer offiziellen Anzahl, deren Begrenzung
auf ein halbes Dutzend übrigens ein Bluff ist,
fügte der Mensch seither nur Stile, Interpretationen und Unterabteilungen hinzu. Menschen,
deren Empfindungsvermögen minder ausgebildet war, offenbarten ihr Befremden, als sie mit
dem Phänomen der Brandmalerei** in Berührung kamen. Sicher, auch das Buch, die Eisenbahn, das Auto lösten Verwunderung aus, aber
sie gingen aus einer Ahnenreihe hervor, waren
Abwandlungen. Nun aber haben wir eine neue,
auf geheimnisvolle Art in die Welt gekommene
Spezies.

Gegenüber dem Kino, seit es nicht mehr bloß
ein hermaphroditisches Wesen aus Wissenschaft
und Kunst war, sondern von Letzterer fortgetragen wurde, erwiesen wir uns als ratlos. In der

Zeit vor dem Kino war es fast ausschließlich darum gegangen, uns vor meisterlichen Aphorismen verstehend zu verbeugen. Wir blieben mit Muskelkater zurück, und das war's. Das Kino stürzte uns ins Nicht-Verstehen. Lange haben wir nichts verstanden. Nichts, nichts, und wieder nichts.

Vorbei aber die Zeit, da das Kino nur nachschulischer Zeitvertreib war, ein Ort, dessen Dunkelheit sich für ein Rendezvous anbot oder einen etwas schlafwandlerischen physischen Kitzel versprach. Dann dieses schreckliche Risiko, an der Nase herumgeführt zu werden. Und im Gefühl, einem Betrug auf den Leim gegangen zu sein, erklären die Vernünftigen, dass sie sich von dieser Epoche, diesem Stil, dieser Zivilisation der volkstümlichen, dummen, ja, selbstredend auch reißerischen, grausamen, unglaublichen *Mystères de New York* haben blenden lassen, die nun aber überwunden sei. Diese schönen Geschichten, die niemals endeten und immer wieder von neuem begannen: *Les trois mousquetaires*, *Fantômas*, *Du coté de chez Swann*, und dann diese Heldin, Pearl White, ganz nach amerikanischem Geschmack, extra-dry könnte man sagen: „Die am häufigsten ermordete Frau der Welt", sagt Armand Rio.***

Die Herren, in ihrem Hang zur überfeinerten Kultur, applaudierten dem „Leben der Ameisen" oder den „Metamorphosen der Larven". Und sie taten das, um die anderen, die Jugend, zu belehren.

Schließlich die Spaltung, hervorgerufen durch das abphotographierte Theater.

Das war es nicht. Es war sogar das Gegenteil. Dieser ganz und gar neuartigen Kunst, von der erst ein Vorgefühl existierte, fehlen auch heute noch die Worte, die den leider unvergessenen Bildern hätten beistehen können. Neue Poesie und Philosophie. Es bedürfte eines Radiergummis, der in der Lage wäre, die Stile auszulöschen, sodass man darauf unbefangen und naiv alles ganz neu aufbauen könnte. Sind wir noch zu solchen Operationen in der Lage? Also weder Belehrung noch Handlung, noch Theater zum Bestimmenden des Kinos zu machen? *Les Mystères de New York* (inzwischen fällt es nicht mehr so schwer, einzugestehen, dass man ein paar Folgen gesehen hat) ist nicht nur ein Wirrwarr von mechanischen und halben Auflösungen des Handlungsverlaufs. Wäre dem so, hätte Monsieur Decourcelle**** sie mit Freuden begraben. Um es zu verallgemeinern: Das Kino taugt nicht besonders für die Story. Die Vorstellung einer „dramatischen Handlung" ist ein Irrtum. Das Drama, insofern es Handlung ist, ist schon der halbe Weg zur Lösung, zur Rettung aus der Krise. Wahre Tragödie indes verbleibt im Zu-

*) Gattin des Dichters und Kunsthistorikers Richard Cantinelli (1870–1932), Direktor der Bibliothèque municipale de Lyon, seit Mitte der zwanziger Jahre Geschäftsführer der Bibliothek des Palais Bourbon sowie Herausgeber einer Reihe kommentierter Bibliografien, *Les trésors des bibliothèques de France*, und einer Monografie des Malers David. Cantinelli und Jean Epstein waren beide auch Redakteure der Lyoner Avantgarde-Zeitschrift *Le Promenoir*.

**) Pyrografie, eine traditionelle Volkskunst zur Verzierung von Holz, Leder oder anderen geeigneten Stoffen, treffend auch Brandmalerei genannt: Mit glühenden Metallstiften wurden Muster in das jeweilige Material eingebrannt, heute werden dazu meist elektrisch beheizte Brennstifte und -stempel benutzt.

***) Armand Rio war Journalist und schrieb gelegentlich auch Filmkritiken. Er übersetzte die Romane von Sir Walter Scott ins Französische.

****) Pierre Decourcelle (1856–1926) schrieb die Ciné-Romans, die die Aufführungen des Serials *Les Mystères de New York* begleiteten. Sie erschienen in 22 Fortsetzungen zwischen dem 27. November 1915 und dem 28. April 1916 in der Pariser Tageszeitung *Le Matin*.

stand der Schwebe. Die Drohung gilt allen Gesichtern. Sie sitzt in der Gardine und in der Türklinke. Aus jedem Tintentropfen an der Feder des Füllhalters kann sie erblühen. Sie löst sich im Wasserglas auf. Der ganze Raum ist gesättigt von Dramatik in all ihren Stadien. Über der Kehle des Aschenbechers schwebt die Bedrohung im Rauch der Zigarre. Verräterischer Staub. Der Teppich entfaltet gifthaltige Arabesken und die Armlehnen des Sessels erzittern. Jetzt ist die Spannung bereit zu gefrieren. Innehalten. Noch ist nichts zu erkennen, aber der tragische Kristall, aus dem der Block des Dramas erstehen wird, ist irgendwo herabgefallen. Das Beben greift um sich. Konzentrische Kreise. Übertragen sich von Welle zu Welle. Sekunden.

Da klingelt das Telefon. Alles ist verloren.

Nun aber mal wirklich,

all das, bloß damit man erfährt, ob am Ende geheiratet wird? Aber ES GIBT KEINE Filme, die schlecht enden, und wie der Zeitplan es vorsieht, tritt man in die Glückseligkeit ein.

Das Kino ist wahr; eine Geschichte ist Lüge. Das ließe sich vertreten, auch mit angemessener Überzeugungskraft. Lieber allerdings möchte ich sagen, dass ihre beiden Wahrheiten unterschiedlich sind. Auf der Leinwand sind Konventionen beschämend. Der Theatereffekt ist dort einfach nur eine Schnurre, und auch wenn Chaplin damit Tragik ausdrückt, so bleibt es eine lächerliche Tragik. Die Beredsamkeit ist umsonst; umsonst auch die Präsentation von Figuren; das Leben ist außergewöhnlich. Ich liebe die Beklommenheit in Begegnungen. Unlogisch: die Exposition. Ein Ereignis schnappt uns an den Beinen, wie eine Wolfsfalle. Die Auflösung, das Entwirren des Plots, kann nichts anderes sein als ein Übergang von Knoten zu Knoten. In der Art, dass man die Höhenlage der Emotionen nicht allzu sehr verändert. Das Drama gibt sich immerzu so, als sei es Leben. Die Gesten reflektieren das, aber weder treiben sie voran, noch verzögern sie. Warum also Geschichten erzählen, Erzählungen, in denen immer von vorgefertigten Ereignissen ausgegangen wird, einer Chronologie, der Abstufung von Fakten und Empfindungen? Die Perspektiven sind nur optische Täuschungen. Das Leben lässt sich nicht so ineinanderfügen wie diese Sets chinesischer Teetischchen, derer es genau zwölf bedarf, damit sie ineinanderpassen. Es gibt keine Geschichten. Es gab niemals Geschichten. Es gibt nur Situationen, ohne Schwanz oder Kopf; ohne Anfang, ohne Mitte und ohne Ende; ohne Vorderseite und ohne Rückseite; man kann sie rundherum betrachten; rechts wird links, ohne die Grenzen der Vergangenheit oder Zukunft, sie sind die Gegenwart.

Dem Kino fällt es schwer, sich den äußeren Gesetzen von Fortsetzung und Serie anzupassen, aber sobald es ihnen die kalte Schulter zeigt, sobald es sich nicht mehr auf die Gegebenheiten der Handlung verlässt, entfaltet es Momente eines ganz eigenen Geschmacks. *The Honor of His House** zum Beispiel ist als Geschichte unglaubwürdig: Es geht um Ehebruch und Chirurgie. Hayakawa**, ein Tragöde wie in Trance, wischt das Drehbuch beiseite. Einige halbe Minuten öffnen den Blick für die bewegte Harmonie seines herrlichen Schauspiels. Er durchquert ganz natürlich ein Zimmer, den Oberkörper ein wenig gebeugt. Er gibt einem Bediensteten seine Handschuhe. Öffnet eine Tür. Dann, nachdem er hindurchgegangen ist, schließt er sie. Photogénie, pures Photogénie, skandierte Bewegung.

Ich wünsche mir Filme, in denen nicht nichts vorgeht, sondern nichts Besonderes. Fürchten Sie sich nicht, Irrtümer sind ausgeschlossen. Das kleinste Detail schlägt den Ton des dahinter liegenden Dramas an. Ein Chronometer spielt die Vorsehung. Dieser Dornauszieher***, der mit mehr Zärtlichkeit bestäubt wurde, als der Parthenon je erwarten kann, drückt die ganze Gedankenwelt eines armen Menschen aus. Die Emotion ist ein schreckhaftes Ding. Das Gelärme eines Schnellzugs, der auf einem Viadukt entgleist, behagt ihr eher wenig. Über einem gewöhnlichen Händedruck dagegen offenbart sie vielleicht ihr schönes tränenüberströmtes Gesicht. Welch ein Regen, den die Traurigkeit auslöst! Wie dieser Bauernhof ganz Unschuld ist, wenn die Liebenden im Zimmer über einen Nachgeschmack staunen. Die Türen schließen sich wie die Schleusen einer Bestimmung. Das Auge des Türschlosses ist emotionslos. Zwanzig Jahre eines Lebens enden an einer Mauer, einer wirklichen Mauer aus Stein, und doch könnte

*) Regie: William C. DeMille (1918). – William C. DeMille (1878–1955), der ältere Bruder von Cecil B. DeMille, war als Theaterschriftsteller, Drehbuchautor, Regisseur und Produzent tätig. Gründungsmitglied der Academy of Motion Pictures Arts and Sciences (1927) und der Film School of the University of Southern California (1929).

**) Sessue Hayakawa (1889–1973) war der zweite Sohn einer Familie, die dem japanischen Schwertadel angehörte. Sein Vater war ein hoher Provinzbeamter, und um in seine Fußstapfen zu treten, strebte der junge Hayakawa eine Offizierslaufbahn in der japanischen Marine an, die er wegen eines Unfalles, von dem er Hörprobleme davontrug, dann jedoch nicht durchlaufen konnte. Enttäuscht wandte Hayakawa sich dem Schauspielberuf zu und schloss sich einem Bühnenensemble an, das 1913 eine Tournee durch die USA antrat. Dort wurde er vom Produzenten Thomas H. Ince entdeckt, der ihm die Hauptrollen in Reginald Barkers Filmen *The Wrath of the Gods* und *The Typhoon* (beide 1914) verschaffte. Hayakawa wurde durch diese beiden Filme auf Anhieb zum Star. 1915 erregte er weiteres Aufsehen mit seinem Auftritt in Cecil B. DeMilles Eifersuchtsdrama *The Cheat*, in der er einen wohlhabenden Japaner spielt, der seine sexuellen Besitzansprüche an einer weißen Frau (Fannie Ward), der er Geld geliehen hat, dadurch Nachdruck verleiht, dass er sie buchstäblich brandmarkt. Für Millionen von Amerikanerinnen – auch weißer Amerikanerinnen – wurde Hayakawa durch diese Rolle zum romantischen Idol. Als Skandal wurde der Film hingegen von den Befürwortern der Rassentrennung und von der japanisch-amerikanischen Öffentlichkeit aufgenommen; Hayakawas Popularität blieb jedoch unangefochten und in den 1910er Jahren nahm er Spitzengagen ein, wie sie sonst nur weiße Topstars wie Douglas Fairbanks, Charlie Chaplin und John Barrymore erhielten.

***) Der Dornauszieher (italienisch: Spinario) ist ein antikes Motiv der bildenden Kunst, insbesondere der Bildhauerei. Es handelt sich um einen nackten Knaben, der einen Dorn aus dem linken Fuß zieht. Mythologische Deutungen sahen im Dornauszieher Lokros, den Sohn von Maera (Tochter des Proteus) und Zeus. In der griechischen Mythologie ist Lokros Ahnherr der ozolischen Lokrer, der sich laut Legende am Fuß verletzte und in der Folge die Erfüllung einer Weissagung erkannte und zum Städtegründer wurde. Im Mittelalter wurde der Dorn als Symbol der Erbsünde angesehen und der Dornauszieher als vom richtigen Weg abgekommener Sünder gedeutet. In diesem Zusammenhang wurde das Motiv an Kapitellen, Fassaden, Stadttoren und auch auf Grabmälern vielfach weiter verwendet. Heinrich von Kleist erwähnt den Dornauszieher in seiner Schrift „Über das Marionettentheater", wo er schildert, welche Unordnungen das Bewusstsein in der natürlichen Grazie des Menschen anrichtet. Der Erzähler spricht von einem jungen Mann, „über dessen Bildung damals eine wunderbare Anmut verbreitet war". Als den Jugendlichen eine graziöse, unbewusste Bewegung an den Abguss des Dornausziehers erinnert, versucht er, sie bewusst zu wiederholen, doch dieser Versuch misslückt. „Er hob verwirrt den Fuß zum dritten und vierten, er hob ihn wohl noch zehnmal: umsonst! er war außerstand, dieselbe Bewegung wieder hervorzubringen – was sag ich? die Bewegungen, die er machte, hatten ein so komisches Element, dass ich Mühe hatte, das Gelächter zurückzuhalten: Von diesem Tage, gleichsam von diesem Augenblick an, ging eine unbegreifliche Veränderung mit dem jungen Menschen vor. Er fing an, tagelang vor dem Spiegel zu stehen; und ein Reiz nach dem anderen verließ ihn. Eine unsichtbare und unbegreifliche Gewalt schien sich, wie ein eisernes Netz, um das freie Spiel seiner Gebärden zu legen, und als ein Jahr verflossen war, war keine Spur mehr von der Lieblichkeit in ihm zu entdecken, die die Augen der Menschen sonst, die ihn umringten, ergötzt hatte."

alles noch einmal beginnen, wenn man nur den Mut dazu fände. Der Rücken von Hayakawa ist von Spannung gezeichnet, wie ein entschlossenes Gesicht. Seine Schultern drücken Ablehnung aus, leugnen, schwören ab. Die Kreuzung erscheint wie ein Keim, aus dem sich Wege in die unterschiedlichsten Richtungen entwickeln können. Charlie, der Tramp, wirbelt mit seinen großen Schuhen Staub auf. Er hat uns den Rücken zugekehrt. Über den Schultern trägt er ein Bündel, in dem er vielleicht nur einen Backstein hat, um sich im Falle unangenehmer Begegnungen verteidigen zu können. Er geht fort. Abgang.

Sagen Sie nicht: Symbole und Naturalismus. Die rechten Worte sind noch nicht gefunden. Diese jedenfalls sind unpassend. Ich wünschte, dass es gar keine gäbe. Bilder *ohne* Metapher. Die Leinwand generalisiert und determiniert von sich aus. Es geht nicht um einen Abend, sondern um *den* Abend, und der Ihre hat daran Teil. Ein Gesicht, und ich finde darin all jene wieder, die ich einmal sah, Phantome der Erinnerung. Das Leben bringt neue Individuen hervor. An Stelle *eines* Mundes, *der* Mund, die *Larve* eines Kusses, die *Essenz* des Taktes. Alles erzittert vor Verhexung. Ich beunruhige mich. In einer neuen Natur, einer anderen Welt. Die Großaufnahme verwandelt den Menschen. All mein Denken, zehn Sekunden, kreist um ein Lächeln. Arglistige und stumme Majestät, auch sie denkt und lebt. Erwartung und Drohung. Meisterschaft dieses Luft-Reptils. Es fehlen die Worte für diesen Vorgang. Sie sind schlicht noch nicht gefunden. Was hätte Paracelsus gesagt?

Die Philosophie des Kinos muss erst erschaffen werden. Die Kunst ahnt nichts von der Eruption, die ihre Grundlagen bedroht. Photogénie ist mehr als nur ein wertlos gewordenes Modewort. Es ist ein neues Treibmittel, Divident, Divisor und Quotient. Man riskiert, sich das Maul blutig zu schlagen, wenn man versucht, es zu definieren. Das Antlitz der Schönheit, es offenbart sich als der Geschmack der Dinge. Ich erkenne es, als sei es ein musikalischer Satz, der sich aus spezifischen Gefühlsandeutungen formt. Da es so verborgen ist, wird oft drauf herumgetrampelt, und es bedarf erst des Instinkts eines Milliardärs, um das unentdeckte Kohleflöz zu erahnen, das die Erde durchzieht. Unser Auge ist kaum imstande, außer durch sehr lange Übung, es direkt zu entdecken. Ein Objektiv dagegen erfasst, dräniert und destilliert es, bündelt in einem Brennpunkt das Photogénie. Wie der menschliche Blick, so hat auch dieser Blick seine eigene Optik.

Die Sinne, daran besteht kein Zweifel, vermitteln uns von der Realität lediglich Symbole, feststehende, proportionierte und isolierte Metaphern. Symbole, welche nicht aus Materie entstehen, was auch gar nicht sein kann, sondern Symbole aus Energie, das heißt aus etwas, das in sich selbst so ist, als sei es gar nicht und sich erst über die Effekte, die es auslöst, das heißt in der Berührung mit uns, realisiert. Wir sagen: *Rot*, *Sopran*, *Süß*, *Chypre**, wo es sich doch nur um Modi von Geschwindigkeit, Bewegung, Schwingung handelt. Andererseits bezeichnen wir Sachverhalte als inexistent, von denen die Stimmgabel, die photographische Platte und das Reagenzglas sehr wohl Existenzbeweise liefern.

Hier hat der Maschinismus, der die Musik einem Wandel unterzog, indem er die Freiheit des Modulierens einführte, die Malerei, indem er die darstellende Geometrie einführte, ja alle Künste und das ganze Leben, indem er die Geschwindigkeit, ein anderes Licht, andere Gehirne einführte, sein Meisterwerk geschaffen. Das Auslösen eines Verschlusses produziert einen Auftritt des Photogénies, etwas, das zuvor nicht existent war. Man sprach von der Natur, wie sie durch ein bestimmtes Temperament gesehen, oder von einem bestimmten Temperament, das durch die Natur so und so determiniert wurde. Heute gibt es eine Linse, eine Blende, eine Dunkelkammer, ein optisches System. Der Künstler sieht sich darauf reduziert, einen Mechanismus auszulösen. Seine Intention wird nur heiser, wenn sie gegen die Zufälle anschreit. Harmonie des Getriebes der Satelliten, dort befindet sich jetzt das Temperament. Auch die Natur ist eine andere. Denken Sie nur, dieses Auge sieht Wellen, die für uns nicht wahrnehmbar sind, und auf der Leinwand enthält die Liebe nun etwas, was bislang keiner Liebe je zu eigen war: ihren legitimen Anteil am Ultraviolett.

Sehen heißt idealisieren, abstrahieren und extrahieren, lesen und auswählen, transformieren. Auf der Leinwand sehen wir nun noch einmal, was das Kino bereits sah: Es geschieht also eine doppelte Transformation, oder vielmehr, indem sie sich ja mit sich selbst multipliziert, eine Transformation im Quadrat. Wir treffen eine Wahl aus einer Wahl, wir spiegeln ein Widergespiegeltes um ein weiteres Mal. Die Schönheit ist jetzt polarisiert wie Licht, ist Schönheit zweiten Grades, deren Mutter wir noch mit nackten Augen liebten und die ein Kind gebar. Zu früh allerdings und ein wenig monströs geraten.

Dies ist der Grund, warum das Kino eine Angelegenheit des Psychischen ist. Es offeriert uns eine Quintessenz, ein zweifach destilliertes Produkt. Mein Auge gibt mir die Idee einer Form; auf dem Filmstreifen lagert sich ebenfalls die Idee

einer Form ab; eine Idee, die außerhalb meines Bewusstseins ist; eine Idee ohne Bewusstsein, eine latente, geheime, aber wundervolle Idee; und was gibt mir nun die Leinwand? Eine Idee der Idee, die Idee, die mein Auge der Idee des Objektivs entlockt, eine Idee im Quadrat; die Geschmeidigkeit dieser Algebra wird deutlich: eine Idee, die die Quadratwurzel einer Idee ist.

Die Bell & Howell** ist ein Metallgehirn, standardisiert, gefertigt und verbreitet in ein paar tausend Exemplaren. Sie transformiert die Welt, die ihr äußerlich ist, in Kunst. Die Bell & Howell ist Künstler und erst dahinter befinden sich andere Künstler: Regisseur und Kameramann.

---

*) Chypre ist eine Duftkompositon aus Eichenmoos/ Patchouli und Citrus-Frische (meist Bergamotte), kein eigenständiger Duftbaustein. Der Name leitet sich von „Chypre" ab, dem ersten Parfum dieses Typs, das François Coty 1917 kreiert hatte. Benannt nach der Insel Zypern (frz. Chypre).

**) Von Donald Bell und Albert Howell, die 1907 eine Verleih- und Reparaturwerkstatt für Kameras gründeten, stammt der Filmantrieb, der bis heute an Präzision noch nicht übertroffen wurde. Erstmals zum Einsatz kam er Ende 1911 bei der Bell & Howell Standard Cinematograph Camera, Modell 2709: Der Film wird mit seiner Perforation auf konische Passstifte gesetzt. Es gibt kein Spiel. Der Presssitz bringt die Genauigkeit der Lochform zum Tragen, die weniger als ein Tausendstel Millimeter variiert. Weitere Informationen sind zu finden in einem Aufsatz von Wesley R. Lambert, „Bell & Howell 35mm Studio Motion Picture Camera 2709B. A Major Breakthrough in Cine Camera Designs" [1911], in: *Society of Operating Cameramen,* Frühjahr 1993. Bell & Howell setzte seit den 1910er Jahren Maßstäbe in der Entwicklung von Aufzeichnungs- und Vorführungsgeräten in fast allen gängigen Formaten. Prominent wurde Bell & Howell durch die Aufnahmen, die Abraham Zapruder 1963 mit seiner Bell & Howell 414 PD 8 mm Zoomatic Director Series Camera vom Mord an John F. Kennedy machte. Fortan wurden diese Aufzeichnungen auch als „Bell & Howell Images of the Dallas Assassination" bezeichnet. Seit den 1980er Jahren verkauft Bell & Howell seinen Namen überwiegend an internationale Lizenznehmer. Das Unternehmen, das 2003 mit Böwe Systec Inc. fusionierte, heißt inzwischen Böwe Bell & Howell. Firmensitz ist Whelling, Illinois.

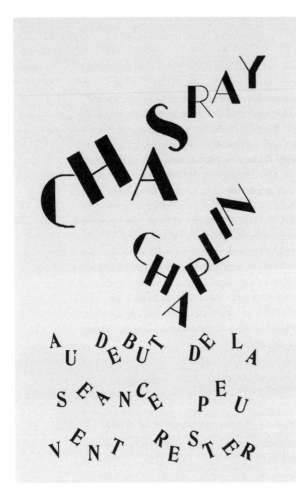

Eine Seite aus *Bonjour Cinéma*

den, in welchen Fällen das Tonmaterial einer Verformung, Erweiterung oder Isolierung unterzogen werden kann. Hat man je den Straßenlärm auf Schallplatte aufgenommen, Motoren, Bahnhofshallen? Möglicherweise wird man eines Tages erkennen, dass das Grammofon ebenso wenig für die Wiedergabe von Musik gemacht ist wie das Kino für die Darstellung von Theaterszenen – nämlich überhaupt nicht –, und dass es seinen eigenen Weg zu gehen hat. Denn man sollte sie nutzbar machen, diese unverhoffte Entdeckung eines Subjekts, das nur Objekt ist – also ohne Bewusstsein, das heißt ohne Zögern oder Skrupel, weder käuflich noch gefällig und jenseits möglicher Fehler. Ein Künstler also, von unbedingter Aufrichtigkeit. Ein Künstler, der Künstler ist und sonst nichts. Das Vorbild eines Künstlers.

Ein weiteres Beispiel. Aus den minutiösen Beobachtungen von Walter Moore Coleman[*] geht hervor, dass in einer Gruppe unterschiedlichster Wesen, die Menschen ebenso wie Tiere umfassen kann, mitunter alle Bewegungen (von einem Ort zum anderen, der Atmung, des Kauens et cetera), ohne im Geringsten synchron zu sein, einen bestimmten Rhythmus annehmen, zu einer bestimmten uniformen Frequenz tendieren oder einfachen musikalischen Regeln folgen. So stellte er eines Tages fest, dass, wenn die Löwen, die Tiger, die Bären, die Antilopen im Regent's Park Zoo entweder beim Umhergehen oder beim Verzehren ihrer Nahrung 88 Mal in der Minute eine Bewegung vollführten, auch die dort anwesenden Soldaten mit 88 Schritten pro Minute auf dem Rasen gingen, die Frequenz bei den Leoparden und Pumas betrug 132, was einem Verhältnis von 3:2 entspricht, oder dem Intervall C–G; bei rennenden Kindern waren

Lichtempfindlichkeit ist schließlich käuflich geworden, verfügbar über den Handel, Gegenstand von Zollgesetzen, ganz wie der Kaffee oder die Orientteppiche. An der Bell & Howell gemessen, muss das Grammofon als ein Fehlschlag erscheinen. Vielleicht hat man sich aber auch einfach noch nicht um die Entdeckung seiner Fähigkeiten bemüht. Es sollte erforscht wer-

34

es 116 Bewegungen, also ein Verhältnis von 3:4, oder C–F. Wir haben es hier also mit einer Art von Euphonie** zu tun, einem Sinn für Orchestrierung, für Konsonanz, deren Ursachen uns, um es gelinde auszudrücken, unklar sind. Man weiß, wie sehr Massenszenen im Kino, sofern sie Teile eines schöpferischen Prozesses sind, einen rhythmischen, poetischen, photogenischen Effekt erzeugen. Der Grund hierfür liegt darin, dass das Kino, besser und auf andere Art als unser Auge, diesen Takt freizulegen weiß; und es vermag den fundamentalen Rhythmus mitsamt seinen darauf aufbauenden Harmonien aufzuzeichnen. Erinnern Sie sich nur, wie Griffith in vielen Szenen von *True Heart Susie* [1919] seine Personen kontinuierlich in Bewegung hält, ja, wie er fast so weit geht, dass sie ihre Füße im Takt setzen. Dies ist das Feld, auf dem das Kino eines Tages seine ihm eigene Prosodie finden wird.

Den wirklichen Poeten – Apollinaire hatte gut reden – lässt das kalt. Ich verstehe es nicht. Einige wenden sich ab, wenn man ihnen diese neue Pracht darreicht. Sie stoßen sich an sogenannten Unreinheiten. Aber nein, auch Diamanten werden nicht erst seit heute geschliffen. Ich verdopple die Liebe. Alles ist aufgeladen von Erwartung. Quellen des Lebens sprudeln in Ecken, die man steril und allzu bekannt wähnte. Die Epidermis enthüllt einen zärtlichen Glanz. Der Rhythmus der Massenszenen ist wie ein Lied. Sehen Sie doch. Ein gehender Mensch, ein beliebiger, ein Passant: die heutige Realität, bewahrt für die Ewigkeit, durch Kunst. Mobile Einbalsamierung.

Ja, es gibt sie, die Verunreinigungen: das Literarische, die Intrige und der Geist – unvereinbares Beiwerk. Vor allem der Geist verkleinert das Kino. Dieses sieht groß. Vergleichen Sie nur, was das Kino mit dem Abenteuer macht, mit dem, wie dieses gleiche Abenteuer bei einem geistreichen Menschen wie Pierre Mac Orlan*** vorkommt. Auf der einen Seite eine vielschichtige, brutale, einfache, wahre Tragödie. Episoden voller Scheußlichkeit, die, als ginge es um einen leidenden Hund, unser Mitgefühl erregen. Der Untergang der zerstörten Paradiese. Dem gegenüber ein kleines, listig lächelndes Buch – im Verlag der Editions de la Sirène –, in dem die Unebenheiten, die ein Meisterwerk kennzeichnen, glattgehobelt wurden. Wirkliche Leidenschaft enthält immer auch schlechten Geschmack, weil sie allumfassend ist, drangvoll und gewaltig, abgelöst von Erziehung und Konvention. Pierre Mac Orlan frisiert sie und schminkt sie mit Geist; anstelle der schönen Hexe ist sie nun nichts weiter als eine alte Dame, auf die man ruhig pfeifen darf.

*) Walter Moore Coleman, *Mental Biology*, London (Woodbridge and Co.), o. J.

**) Der Begriff „Euphonie" meint im musikalischen Sinn „Wohlklang", in der Sprachwissenschaft „Wohllaut". Ein Beispiel aus der deutschen Sprache ist das „t" in dem Wort „hoffentlich". Das „t" ist nur aus Gründen des Wohlklanges und zur Erleichterung der Aussprache eingeschoben worden. In der Regel sind diese sogenannten Lauteinschübe (Epenthesen) nicht strikt etymologisch begründbar, weshalb neben dem leichteren Sprechfluss eben auch der bessere Wortklang als Begründung herangezogen wird. Das Gegenteil der Euphonie ist die Kakophonie.

***) Pseudonym, unter dem der französische Maler und Schriftsteller Pierre Dumarchey (1882–1970) seine Romane und Reportagen veröffentlichte. Er verbrachte mehrere Jahre in der Fremdenlegion, die sowohl als Sujet wie als persönliche Erfahrung in vielen seiner Veröffentlichungen präsent ist. Mac Orlan ist Autor von Drehbüchern und Buchvorlagen mehrerer Filme der zwanziger bis vierziger Jahre, darunter *L'Inhumaine*, *Quai des brumes* und *La Bandera*. Sein Stil wurde als Ergebnis theoretischer Überlegungen von Mac Orlan selbst „Le fantastique social" genannt. Jean Epstein bezieht sich in seiner Polemik vermutlich auf *À bord de l'étoile matutine* (1921).

Keine Malerei. Gefahr lebender Bilder im Kontrast von Schwarz und Weiß. Klischees für die Laterna magica. Impressionistische Kadaver.

Kein Text. Der wahre Film ist darüber erhaben. Schon bei *Broken Blossoms** wäre es möglich gewesen.

Aber das Übernatürliche, durchaus. Das Kino ist essenziell übernatürlich. Alles wird transformiert gemäß der vier Elemente des Photogénies. Ramon Llull** fehlte es an solch einem trefflichen Mittel, um für seine Sache Sympathie zu gewinnen. Jedes Volumen ist in Bewegung und reift heran, bis es platzt. Glühendes Leben der Atome, die Brown'sche Bewegung*** ist sinnlich wie die Hüfte einer Frau oder eines jungen Mannes. Die Hügel verhärten wie Muskeln. Das Universum ist von Nerven durchzogen. Weißes Licht. Die Atmosphäre ist angereichert mit Liebe. Ich sehe.

Erstmals veröffentlicht in zwei Ausgaben der Zeitschrift Cinéa *(Nr. 12/1921 und Nr. 13/1921). Im gleichen Jahr erschien der Text als Teil von Epsteins eigenständiger Publikation* Bonjour Cinéma *in der Reihe „Collection des tracts" des Verlags Editions de la Sirène. Auch enthalten in:* Écrits sur le cinéma, *Band 1, Paris 1974, S. 85ff.*

*) Regie: D. W. Griffith (1919), mit Lillian Gish in der Hauptrolle.

**) Der Katalane Ramon Llull (1232–1316) war Lehrer der Kinder des mallorquinischen Königshauses. Nach einem Bekehrungserlebnis (1263) gab er die gesicherte Existenz im Kreis des Hofes auf und wollte sich ganz in den Dienst Gottes stellen. Während einer Vortragsreise nach Tunis, die er im Auftrag Jakobs II. unternahm, wurde er von einer aufgebrachten Menge in Bougier, Algerien gesteinigt. Auf der Überfahrt nach Mallorca erlag er seinen Verletzungen. Llull markiert den Anfang einer Tradition, die über die Idee eines allgemeinen Glaubens- und Religionsfriedens (de pace fidei) des Kardinals Nicolaus Cusanus (1401–1464) und Lessings *Nathan der Weise* bis in die Gegenwart fortwirkt. Llulls schriftstellerische Produktivität (265 nachgewiesene Werke) und rastlose Reisetätigkeit summieren sich zu einer gewaltigen Lebensleistung. Er schrieb auf Katalanisch, Arabisch, Lateinisch. Er reiste in die Zentren von Wissen und Macht, suchte Universitäten und Konzilien, Könige und Päpste auf, die allesamt diesen charismatischen Missionar einer gewaltfreien Politik und des interreligiösen Dialogs mit Unbehagen kommen und sehr gern wieder gehen sahen. Posthum wurde Llull von der Inquisition zum Alchimisten erklärt. Erst im 15. Jahrhundert wurden von seinen verbotenen Schriften Kopien angefertigt, u. a. von Cusanus und Lorenzo de Medici.

***) 1827, bei einer mikroskopischen Untersuchung von Pollenkörnern in einer wässrigen Lösung, stellte der schottische Botaniker Robert Brown (1773–1858) eine unregelmäßige Zick-zack-Bewegung fest. Diese Beobachtung veranlasste ihn zur Hypothese, dass es sich um lebendige Materie handle. Dass seine Vermutung aber nicht stimmen konnte, zeigten ihm bald weitere Versuche: Auch Ruß- und Staubkörner, ja sogar kleine Metallsplitter bewegten sich. Die Erklärung der Brown'schen Bewegung wurde erst viel später, nämlich 1905, von Albert Einstein (1879–1955) in seinem Aufsatz „Über die von der molekularkinetischen Theorie der Wärme geforderte Bewegung von in ruhenden Flüssigkeiten suspendierten Teilchen" geliefert. Er hatte erkannt, dass die Brown'sche Bewegung eine Folge der unregelmäßigen Stöße sich ständig bewegender Atome und Moleküle ist.

Das Unbewusste, Sitz der Persönlichkeit

Das „Erkenne dich selbst" der Griechen ist nicht nur Utopie, sondern auch ein Gemeinplatz. Der größte Teil unseres Selbst ist außerhalb des Bewusstseins angesiedelt, liegt, um es banal auszudrücken, dahinter oder darunter, entzieht sich also unserem Wissen, jeglichem Empfindungs- und Vernunftwissen. Dieses Wir-Selbst, das wir völlig ignorieren, ist das Unbewusste, über das es als solches bedauerlicherweise nichts zu sagen gibt. Aber bestimmte Teile, oder, um mich erneut einer wissenschaftlichen, tradierten Ausdrucksweise zu bedienen, die obersten Schichten dieser profunden Persönlichkeit, wenngleich wir im alltäglichen Leben keine Notiz von ihnen nehmen, können sich doch in bestimmten, zwar außergewöhnlichen, jedoch keineswegs pathologischen mentalen Zuständen, in die wir alle gelangen können, dem Bewusstsein nähern, seine Schwelle übertreten und so für uns erkennbar werden. Dieses Unbewusste, das sozusagen zeitweise freigestellt und damit bewusst wird, ist das Unterbewusstsein.

Nehmen wir ein Beispiel. Sie sind in einer hitzigen Diskussion. Eine dritte Person spricht Sie mit Ihrem Namen an; Sie antworten nicht, hören diese Person noch nicht einmal. Oder es wird, während Sie in diese Diskussion vertieft sind, eine Musik gespielt, die Sie aber nicht aufnehmen, und von der Sie, wenn man Sie danach befragte, abstreiten würden, dass sie überhaupt zu hören war. Glauben Sie nur nicht, dass es Ihnen vollständig gelungen ist, diese Töne daran zu hindern, in Sie einzudringen! Sie mögen diese Illusion der Taubheit lange, vielleicht gar Ihr ganzes Leben lang bewahren, aber dennoch werden Sie eines Tages diese Melodie, in einem bestimmten Seelenzustand, unter besonderen Umständen, wenn sie Ihnen zu Ohren kommt, wiedererkennen, obwohl Sie sie doch noch nie gehört zu haben glauben. Dann vermuten Sie, eine akustische Täuschung spiele Ihrem Gedächtnis einen Streich.

An diesem Beispiel sehen wir, dass sich die Musik, in dem Moment, in dem sie zum ersten Mal an Ihr Ohr dringt, nicht als Eindruck im Bewusstsein festsetzen kann, da es restlos anderweitig beansprucht ist. Das heißt jedoch nicht, dass kein Eindruck erfolgt sei. Er existiert vielmehr im Unbewussten fort und kann eines Tages ins Bewusstsein auftauchen. Eine Unzahl solcher unbewusst aufgenommener Eindrücke bleibt, genaugenommen seit unserer Geburt, in uns aufbewahrt. Für das Bewusstsein, manchmal für immer, manchmal für mehr oder weniger lange Zeit verschlossen, bilden sie unser Unbewusstes.

Wenn einer liest, rechnet oder schreibt und ganz darin versunken ist, dann kann es ihm passieren, dass genau in dem Moment, da ein Satz

JEAN EPSTEIN

La
Lyrosophie

A PARIS
À LA SIRÈNE
Boul. Malesherbes N. 29
1922

Buchcover mit kleinem Mädchen: die Lyrosophie

oder eine Überlegung beendet wird, in dem Augenblick also, da seine Aufmerksamkeit nachlässt und die bewusstseinsmäßige Anspannung sich löst, eine Uhr die volle Stunde zu schlagen scheint. Wenn derjenige daraufhin aber zur Uhr hinsieht, dann wird er unter Umständen mit einigem Erstaunen feststellen, dass die Zeit schon zwei oder drei Minuten weiter fortgeschritten ist. Es ist also so, dass der Ton daran gehindert wurde, sogleich ins Bewusstsein zu dringen, weil es ganz von der Aufmerksamkeit auf ein anderes fest umrissenes Phänomen eingenommen war. Im Unbewussten wartete der Ton auf das Öffnen der Tür, bis die nachlassende anderweitige Aufmerksamkeit ihm Zutritt ins Bewusstsein gewährte. Aber man darf ruhig glauben, dass, wenn die Aufmerksamkeitsspanne sich ausgedehnt hätte, auch der Ton, ebenso wie im vorherigen Beispiel die Musik, noch länger, vielleicht für immer, im Unbewussten eingesperrt geblieben wäre.

In seiner großen Studie über das normale Unbewusste schreibt Edward Abramowski: „Von daher erklärt sich, dass in der psychischen Welt nichts untergeht, und dass die ganze Vergangenheit einer Person, die ganze Masse des von ihr Vergessenen, die sich nur teilweise, und von Zeit zu Zeit, als bewusste Erinnerung zu erkennen gibt, vollständig in ihrem Unterbewusstsein aufgehoben bleibt, ganzheitlich, vom Gedanken unangetastet, im Zustand der Reduktion der Vergangenheit auf das Emotionale. Dieses ist kennzeichnend für eine ganz bestimmte Dimension unserer Individualität: das Empfinden unseres Selbst, welches seine Einheit und Kontinuität trotz allem Wandel der Bedingungen des Lebens, der Gesundheit und des Denkens beibehält; hierin liegt die tief verankerte Basis unse-

res Charakters und unseres Temperaments, zu deren Errichtung die ganze Vergangenheit, alle Gegebenheiten und Eindrücke eines Lebens, beigetragen haben. Jeder erlebte Moment hinterlässt sein emotionales Äquivalent, eine im Unterbewusstsein bewahrte Spur seiner vergangenen Existenz; auf diese Weise bildet sich allmählich unser ‚Ich‘: das aktuelle Dasein der Vergangenheit. Gelegentlich gewahren wir diese Spuren durch die Aktivität des Denkens, wir sehen sie bruchstückartig aus dem Unbewussten als Erinnerung wieder auftauchen; aber auf eine unbewusste, anonyme, emotionale Art und Weise erinnern wir uns immer an alles, insofern dieses ‚unbewusste‘ Erinnern die Basis bildet für unser grundlegendes, ungeteiltes Empfinden dessen, was wir unser eigenes Ich nennen.‘‘*

Dieser Sitz ist empfindsam

Da dies ein wichtiger Punkt für die nachfolgenden Betrachtungen ist, möchte ich den emotionalen Stellenwert betonen, den jedes Element dieses Unbewussten besitzt. Man könnte statt „emotional“ auch „empfindsam“ schreiben. Das Unbewusste ist im Wesentlichen eine Domäne der Affekte, das heißt im tatsächlichen Sinn des Wortes – eine der Empfindungen. Jeder Vorstellung, die dem Unterbewusstsein entspringt, haftet eine affektive Note an, und eben sie teilt sich der Wahrnehmung mit. Dieses affektive Gepräge ist von äußerster Bestimmtheit und stellt etwas ganz spezielles, nur dem Unterbewusstsein eigenes dar. Eine ebensolche Besonderheit liegt darin, dass unter den Milliarden von ungeborenen Vorstellungen, die sich in uns regen, einzig und allein seine Energie (die des

*) Edward Abramowski, *Le subconscient normal. Nouvelles recherches expérimentales,* Paris 1914.

Unbewussten) es ist, die eine Vorstellung zu einer solchen werden lässt. Das macht diese ohne allgemeines Maß existierende Präzision der Empfindsamkeit aus, von der ich anderweitig bereits sprach. Und aus der Verkettung der Vorstellungen, welche aus dem Unterbewusstsein aufsteigen und die sich vielleicht schon dort miteinander verbinden, folgen die empfindsamen Gesetze der metaphorischen Entsprechungen und Ähnlichkeiten.

Als Domäne der Affekte ist das Unbewusste auch die bevorzugte Domäne der Rührung. Das heißt, es ist in gewissem Sinne die Domäne der Ästhetik. So sehr ist dieses Ästhetische im Unbewussten beheimatet, dass es genügt, dieses in Bewegung zu setzen, es als Ausgangspunkt zu nehmen oder als Ziel, um das Schöne zu erfassen (oder wenn man will, ein Schönes): die Emotion. Der hohe ästhetische Stellenwert der Erinnerung, ein Wert, den uns unser aller persönliche Erfahrung und alle Literatur, ja, auch das heutige Kino, mit seinen Unschärfen und Rückblenden, hundertfach pro Tag demonstrieren, ist zum Teil auf Unbewusstes zurückzuführen, welches in jeder Erinnerung enthalten ist und durch diese aufgerufen wird. Folglich handelt es sich um eine affektive Qualität, eine des Empfindens.

Noch deutlicher, weil isoliert, erscheint dieser ästhetische Charakter des Unbewussten in einem Zusammenhang, den ich selbst – wie es auch Abramowski tat – schon angeführt habe. Im Dämmern während schlafloser Nächte, in dieser mehr oder weniger a-intellektuellen mentalen Befindlichkeit, einem Zustand, in dem das Unbewusste viel näher an die Schwelle zum Bewusstsein gerückt ist als normalerweise, formt sich im Geiste gelegentlich eine Vorstellung, die einem sogleich interessant, seltsam, originell

(die Originalität ist signifikant; sie macht den spezifischen Charakter des Unbewussten aus, dessen Artikulationen eben genau dank dieser Qualität wahrgenommen werden) oder, alles in allem, genial und schön vorkommt. Beim Aufwachen, das heißt bei einer rationaleren Prüfung, erscheint die gleiche Idee (falls sie nicht sowieso schon wieder längst ins Unterbewusstsein abgetaucht ist, um sich dort für immer versteckt zu halten) vollkommen banal, manchmal absurd. Dass sie absurd erscheint, hat eigentlich kaum etwas zu sagen: Wir wissen, dass die Vernunft des Empfindens absurd ist für die Vernunft des Verstandes. Von größerem Gewicht ist, dass die Vorstellung, während sie die Schwelle vom Unbewussten zum Bewussten passierte, alles was ihr an Emotions-, Liebes- und Schönheitswerten eignete, verlor; sie ist indifferent geworden. Wir sehen uns daher zu der Schlussfolgerung veranlasst, dass dasjenige, was dieser Vorstellung einen ästhetischen Wert gab, nicht im Geringsten in der Vorstellung selbst lag, sondern ihr vom Unbewussten verliehen wurde, worin sie vordem eingetaucht war und als dessen Ausdruck sie dann erschien.

Der Fall Rimbaud

Die Erkenntnis dieser psychischen Abläufe führte mich bereits früher zu einer Erläuterung der Ästhetik des Arthur Rimbaud. Verzierte Türgesimse, idiotische Bilder, naive Dekors, Malereien von Gauklern, Schilder, populäre Miniaturen, altertümliche Literatur, Kirchenlatein, erotische Bücher ohne Worte, Ahnen- und Stammbücher, Märchen, Kinderbücher, alte Opern, alberne Kehrreime, naive Rhythmen, die Rimbaud so liebte, galten ihm als schön, wenn er sie ins Unbewusste tauchte. Das Unbewusste entdeckt dann die Schönheit einer Sache und treibt sie hervor; welcher Sache, ist dabei gleichgültig. Der Prozess gleicht jenem, den auch der Entwickler auf der photographischen Platte hervorruft, wo er das Bild aus der Gelatine herauslöst, in die es verbannt war. Diesem Abtauchen ins Unbewusste als Teil des künstlerischen Schaffensprozesses wurde der Weg gebahnt durch denjenigen, der sich als Erster darin versucht hat: Rimbaud. Diese gymnastische Übung lässt sich erlernen und geht, wie jegliche Gymnastik, in die eigenen Gewohnheiten über. Mit Übungen, die nicht länger als eine Viertelstunde pro Tag dauern müssen, brauchen wir bald nicht mehr Rimbaud zu sein, um uns auf diesen Weg zu begeben.

Das Schönheitsempfinden der Liebe

Ebenso verhält es sich mit der Liebe (in sexueller Hinsicht). Die Liebe erschüttert, sie bauscht das unbewusste Leben eines Mannes, ebenso wie sein organisches und intellektuelles Leben, in einem Maße auf, das es ihm ermöglicht, eine Frau zu finden, ganz gleich welche. Denn in Wirklichkeit liebt er eine Frau nicht, weil er sie schön findet, sondern er findet sie schön, weil er liebt, weil er, dank der organischen Verankerung der Liebe, sich dem Unbewussten genießend überlässt, welches an die Oberfläche gekommen ist und ihm erlaubt, die Frau im besonderen Licht einer unterschwelligen Wahrnehmung zu betrachten. Dieses besondere Licht macht das Schönheitsempfinden aus. So bleibt das Mysterium der Liebe als Ganzes erhalten. Da es nicht die Schönheit ist, die die Liebe bestimmt, sondern die Liebe die Schönheit, ist es völlig unerklärlich, warum wir eine bestimmte Person lieben. Vor der Liebe stünde vielleicht die Sympathie als Quell eines außergewöhnlichen Eindrucks? Aber die Gründe dieser Sympathie sind ebenfalls unbekannt, vielleicht jenseits dessen, was wir zu benennen vermögen, entstanden aus reinem Empfinden und so ungreifbar wie das Offensichtliche es eben ist.

Hier wäre festzuhalten, was Charles Lalo* dazu gesagt hat, dass es nämlich die Ästhetik ohne Liebe gar nicht gibt, weil die Ästhetik nicht nur zur Liebe gehört, sondern mehr noch, weil die Ästhetik Liebe ist. Die Schönheit oder die Emotion, die sie auslöst, liegt nicht in dem Objekt begründet, mit dem wir sie einen Augenblick später assoziieren. Die Schönheit ist eine Sache in sich, das heißt in uns. Sie kann auf praktisch alle Objekte oder Personen projiziert werden, die dann ihrerseits schön werden. Alles hängt dabei von der Qualität, der Kraft unseres Unterbewusstseins ab, worin sich für jeden von uns die Schönheit, die Anmut und die Emotion der ganzen Welt aufbewahrt finden. Als Beleg dafür mag dienen, dass im Höhepunkt der Liebe, wenn wir jeder Vernunft beraubt, ganz Beute des affektiven und ästhetisierenden Unterbewusstseins sind, uns alles (selbst die schlimmste Tiernatur) gleichermaßen schön vorkommt. Mit der Rückkehr der Vernunft bleibt von diesem gesteigerten Schönheitsempfinden nichts mehr übrig.

Bewusst und unbewusst

Die Domäne der Affekte, das Unbewusste des Menschen, ist in seiner Position gegenüber der Domäne des Bewussten, Idealen und Vernünftigen nicht in allen Augenblicken des Lebens

*) Charles Lalo (1877–1958) lehrte Ästhetik an der Sorbonne. Zu seinen Hauptwerken zählen: *Esquisse d'une Esthétique Musicale Scientifique* (1908), *L'Expression de la Vie dans l'Art* (1933), *L'Art et la Vie* (1946/47).

gleichermaßen festgelegt. Die unbewussten Vorstellungen dringen zur Schwelle des Bewusstseins vor und überschreiten sie mehr oder weniger mühelos. Es gibt Momente, und diese überwiegen, in denen wir in totaler Unwissenheit gegenüber dem Unbewussten leben. Aber daneben existieren andere, in denen unsere Vernunft einer Hemmung oder Störung unterliegt und die Affekte, ähnlich dem Rausch, in die Domäne des Gehirns eindringen. Wir haben es dann mit jenen außer-intellektuellen Zuständen zu tun, die zugegebenermaßen allzu selten von uns Besitz ergreifen. Bei diesem Wechselspiel zwischen Bewusstem und Unbewusstem ist der Rhythmus genauso wenig festgelegt wie beim Wechselspiel zwischen Schlaf und Wachzustand, mit dem es einige Verwandtschaft hat. Die gewöhnliche mentale Verfasstheit des Menschen ist offensichtlich ein Zustand, bei dem das Bewusstsein zwar dominiert, aber das Unbewusste ebenfalls seinen leisen Part spielt; man könnte ihn einen Mischzustand nennen. Je näher bei einem Menschen das Unbewusste an der Schwelle des Bewusstseins angesiedelt ist, desto mehr ist dieser Mensch für das Affektive, das Empfindsame, das Ästhetische empfänglich; das versteht sich inzwischen von selbst.

Diese variable Entfernung vom Unbewussten zur Schwelle des Bewusstseins ist eingelassen in ein Feld organischer Zusammenhänge, die dem Anschwellen des Unbewussten förderlich oder hinderlich sind. Dabei müssen wir sogleich hinzufügen, dass man nicht genau weiß, welche organischen Funktionen das sind, mit denen unsere unterschwelligen Begabungen in Beziehung stehen, aber es ist jedenfalls nicht vorstellbar, dass diese Zusammenhänge anderer als organischer Natur sind, und immerhin sind auch einige, wie wir sehen werden, schon bekannt.

Der Mensch verändert sich im Lauf der Jahrhunderte. Dies ist so offensichtlich, dass man das Gegenteil nur mit einer maßlosen Ignoranz behaupten könnte. Wenn der Mensch einer Veränderung unterliegt, so berührt das seine organische Konstitution; und wenn es auch schwierig wäre, all diese organischen Änderungen aufzuzählen, so lässt sich doch Einigkeit darüber erzielen, dass sie nur organisch sein können; einige sind durchaus bekannt, wie zum Beispiel die zunehmende Verbreitung der Kurzsichtigkeit.

So wie der Mensch sich im Ganzen veränderte, so stellen sich heute auch seine unterschwelligen Begabungen, die Nähe oder Entfernung seines Unbewussten zur Schwelle des Bewusstseins anders dar als vor tausend Jahren. Notwendig anders. Und so lassen sich dann auch Zeitumstände voraussehen, in denen das Unbewusste sogar mit großem Nachdruck, geschwind und umfassend, ins Bewusstsein – man kann auch sagen: in die Vernunft, wie die Wissenschaft – hineindringt und dort seine untergrabende, zersetzende, transformierende Kraft entfaltet.

Diese Eruption erzeugt einen mentalen Zustand, bei dem die Domäne des Affektiven und die des Vernünftigen sich ineinanderschieben, sich verflechten und untrennbar vermischen. Die Intelligenz ist also zu annähernd gleichen Teilen in der Empfindsamkeit verankert wie in der Vernunft, sie verdankt sich zweierlei Logiken, ist zweiköpfig und zweigeschlechtlich. Die Fruchtbarkeit dieses Hermaphroditen bringt ein kleines Mädchen hervor. Und dieses kleine Mädchen heißt Lyrosophie.

Jean Epstein, La Lyrosophie, *Paris 1922. Daraus die Seiten 53–67 des Kapitels „Le domaine affectif".*

Der Ätna, vom Kinematographen her betrachtet

Sizilien! Die Nacht bot dem Auge eine Fülle von Blicken. Alle Gerüche riefen zugleich. Eine Feder, die sich gelöst hatte, zwang unser Auto zum Anhalten, und das Mondlicht, das uns umhüllte, erschien wie ein Moskitonetz. Es war heiß. Schlechtgelaunt setzten die Fahrer dieser schönsten Idylle ein Ende, indem sie mit Schraubenschlüsseln die Karosserie bearbeiteten und blindgläubig Christus und seine Mutter beschimpften. Vor uns: der Ätna. Der große Schauspieler, der seine Aufführung zwei- oder dreimal im Jahrhundert losbrechen lässt, zu dem ich gekommen war, um sein neues, tragisches Stück zu filmen. Ein ganzer Berghang hatte sich bereits in eine gewaltige Feuergala verwandelt. Das Feuer kündigte sich über eine Ecke des rot verfärbten Himmels an. Über zwanzig Kilometer Entfernung drang das Getöse wellenartig zu uns wie das Echo eines fernen Triumphes, eines Beifalls Tausender, einer stürmischen Ovation. Welcher Tragöde welchen Theaters durfte jemals ein solches Erfolgsgewitter erleben; die Erde leidend, unterjocht, aber immer wieder aufbegehrend, an unterschiedlichen Stellen aufreißend. Ein trockenes Zittern durchlief plötzlich den Boden, auf den wir unsere Füße gesetzt hatten. Der Ätna telegrafierte die Gewalt seines Ausbruchs in die Ferne. Danach setzte eine große Stille ein, aus der heraus wieder das Gezeter der Fahrer drang.

Bereits an den Ausläufern des Ätna waren die Straßen vorsichtshalber gesperrt. An jeder Kreuzung wurden wir von Schwarzhemden nach unserer Fahrerlaubnis gefragt. Aber diese Soldaten konnten in der Mehrzahl nicht lesen, und der vielfarbige Reklamezettel, in den mein Aspirin-Röhrchen eingewickelt war, machte auf sie größeren Eindruck als die höchstpersönliche Unterschrift des Präfekten von Catania.

In Linguaglossa erwarteten uns die Maultiertreiber vor dem schwarzen Lavastrom, in dem purpurfarbene Adern verliefen, sodass er wie ein schöner Teppich anmutete. Der glühende Brei schob sich, immer wieder puffend, voran. Häuser, denen der Schmuck ihrer Heiligenbilder nur geringen Schutz bot, hielten dem Druck nicht stand, zerbarsten mit einem Geräusch, als würden Nüsse geknackt. Riesige Bäume, die der Strom berührte, gingen plötzlich in Flammen auf, von der Wurzel bis in die Wipfel, bullerten wie Fackeln. Der Tag brach an. Die Maultiere waren unruhig, blähten die Nüstern, legten die Ohren an. Menschen, machtlos, strichen herum.

Schöner Vulkan! Er ist der Erste unter seinesgleichen. Welch Ausdruckskraft! Der Brand hatte alles mit der gleichen farblosen Farbe überzogen, grau, matt, tot. Durch jedes Blatt jedes Baumes in Sichtweite ging der Herbst hindurch; unterwarf es seinem Farbenspiel, machte es brüchig, ließ es sich einrollen, bis es schließlich verbrannte und im Atem des Feuers fiel. Der Baum selbst, nackt, schwarz, hielt sich noch einen Augenblick aufrecht in seinem glühenden Winter. Es gab keine Vögel mehr, auch keine Insekten. Wie die Fahrbahn einer Brücke unter einem sehr schweren Lastwagen erzittert, so wanderte auch durch die von kleinen Rissen durchzogene Erde ein ununterbrochenes Kribbeln. Die Lava toste, als würden Millionen von Tellern gleichzeitig zerbrechen. Gasblasen warfen sich auf, platzten leise und zischten schlangenhaft. Der geruchlose Atem des Flammenmeeres machte sich beißend bitter im Mund bemerkbar, und sein Gift schlich sich bis tief in die Brust. Unter dem Himmel, bleich und trocken, herrschte der wahre Tod. Militärs, Beamte, Ingenieure, Geologen betrachteten einen imposanten Natur-Charakter, der ihnen, allesamt Demokraten, eine Vorstellung von der Absolutheit des göttlichen Rechts übermittelte.

Als wir neben dem Lavastrom her, von Mauleseln getragen, zum aktiven Krater hinaufstiegen, musste ich an Sie denken, Canudo*, der den Dingen so viel Beseeltheit zusprach. Sie waren, glaube ich, der Erste, der empfand, dass das Kino alle Gewalten der Natur in einer einzigen zu bündeln weiß, derjenigen der umfassendsten Lebendigkeit. Das Kino setzt überall

Gott ein. Ich selbst habe erlebt, wie in Nancy, in einem mit dreihundert Personen besetzten Saal, ein lautes Raunen aufbrauste, als die Leinwand das Keimen eines Weizenkorns sichtbar machte. So plötzlich, wie sich darin das wahre Gesicht des Lebens und des Todes offenbarte, entriss es den Menschen eine geradezu religiöse Bestürzung. Welche Kirchen aber, wenn wir sie denn zu errichten wüssten, wären in der Lage, diesem Schauspiel, in dem das Leben selbst sich offenbart, Herberge zu bieten? Unvermutet, wie zum ersten Mal, sämtliche Dinge unter ihrem göttlichen Blickwinkel zu entdecken, mit ihrem symbolischen Profil, ihren unerschöpflichen Analogien, einem Ausdruck persönlichen Lebens, darin besteht die große Freude des Kinos – zweifellos vergleichbar den Schauspielen der Antike oder den Mysterienspielen des Mittelalters, die gleichermaßen Ehrfurcht einflößten und zum Vergnügen einluden. Im Wasser wachsen Kristalle, schön wie die Venus, geboren wie sie, voller Anmut, Symmetrie und geheimsten inneren Zusammenhängen. Spiele des Himmels, so fallen Welten – von woher? – in einen Raum aus Licht. Ebenso die Gedanken und die Worte. Alles Leben ist durchzogen von Merkzeichen. Bei Steinen, wie sie wachsen und sich vereinigen, finden sich schöne und regelmäßige Gesten, sodass es scheint, als wären teure Erinnerungen einander begegnet. Engel der Unterwasserwelt, Organe der Wollust, geheime Medusen tanzen. Insekten erscheinen groß wie Panzer, grausam wie die Intelligenz, einander verschlingend. Ach, ich fürchte, dass die Futuristen, von unbändiger Lust getrieben, die wahren Dramen durch falsche zu ersetzen, sich darüber hermachen werden, wie sie es schon häufig getan haben: Die Luftfahrt für das innere

*) Ricciotto Canudo (1879–1923). Der italienische Intellektuelle lebte seit 1903 als Korrespondent der italienischen Tageszeitung *Il Corriere* in Paris. Befreundet mit Apollinaire, Ravel, Braque und Picasso, war er, etwa zeitgleich mit Louis Delluc, der erste Schriftsteller, der regelmäßig über Filme und das Kino schrieb. 1911 veröffentlichte er das Buch *Naissance d'un sixième art,* worin er das Kino als die Synthese der Künste des Raums – Architektur, Malerei und Skulptur – mit denen der Zeit – Musik und Tanz – pries. Später, 1919, sollte er den Terminus vom Kino als der siebten Kunst prägen. 1921 erschien sein *Manifest des sept arts.*

Feuer und die geweihten Hostien gehen im Weltkrieg auf. Ich fürchte, dass sie den Kristallen und Medusen des Kinos mit einem Schauspielerdrama beikommen wollen. Aber wozu diese Erfindung? Die Hufe unserer Maultiere scharrten im Boden einer tatsächlichen Tragödie. Die Erde erschien wie ein hartnäckig widerstrebender menschlicher Körper. Wir fühlten uns, als sei bereits etwas in unserer Mitte, das wir doch erst erwarteten. Das Lachen und Rufen unserer acht Maultiertreiber war verstummt. Wir gingen durch die Stille, die von einem gemeinsamen Gedanken erfüllt war, von dem ich den Eindruck hatte, er begleite uns wie eine elfte und sehr mächtige Person. Um welche Person es sich dabei handelte? Vielleicht um einen alten und mächtigen Mann, in Eile, kurzsichtig und schwerhörig. Sie erwarten, dass er Ihnen antwortet, aber Sie verstehen ihn noch weniger als er Sie, zweifellos weil Ihre Sprachen sich unterscheiden und Ihre jeweiligen Gedanken einander fremd sind. Ich hatte einmal einen Chinesen zum Freund. Er war in hohem Maße europäisiert. Eines Morgens studierten wir Pflanzen im botanischen Garten: Plötzlich wurde mein Kollege von einem Zorn aus heiterem Himmel ergriffen. Nie ist es mir gelungen, hinter seine Wut und den Kummer zu kommen, die er unüberwindlich, wie die große Mauer seines Landes, um sich herum errichtet hatte. So bleibt uns oft die innere Ursache einer Gefühlsaufwallung, ja manchmal gar die ganze Seele eines Wesens verborgen. Und ähnlich ausgeschlossen kam ich mir vor, als ich dem Ätna gegenüberstand.

Zu den überwältigendsten Eigenschaften des Kinos gehört sein Animismus. Auf der Leinwand gibt es kein Stillleben. Die Dinge verhalten sich. Die Bäume gestikulieren. Die Berge, wie dieser Ätna, bedeuten. Jedes Detail wird zu einer handelnden Person. Schauplätze lösen sich auf, und jedes Stück von ihnen nimmt einen eigenen Ausdruck an. Ein erstaunlicher Pantheismus ersteht wieder und erfüllt die Welt bis zum Platzen. Steppengras wird zum lächelnden und femininen Genie. Anemonen, voller Rhythmus und Persönlichkeit, entwickeln sich mit der Majestät von Planeten. Die Hand trennt sich vom Menschen, führt ein Eigenleben, leidet und empfindet Vergnügen. Und der Finger trennt sich von der Hand. Ein ganzes Leben verdichtet sich auf einmal und findet seinen zugespitztesten Ausdruck in dieser Klaue, die ganz mechanisch einen Füllfederhalter, angefüllt mit einem Gewitter, traktiert. Es gab eine Zeit, die noch nicht allzu weit zurückliegt, da kein amerikanisches Drama ohne jene Szene auskam, in der ein Revolver langsam aus einer halbgeöffneten Schublade geholt wurde. Wie ich diesen Revolver liebte. Er erschien wie das Symbol Tausender von Möglichkeiten. Die Wünsche und Verzweiflungen, die er repräsentierte. Die unzähligen Kombinationen, zu denen er den Schlüssel darstellte; alle Enden, alle Anfänge, die man sich ausmalen konnte. All das verlieh ihm eine Art von Freiheit und die Eigenschaften einer juristischen Person. Solche Freiheit, solche Beseeltheit, ist sie von geringerer Bedeutung als jene, die wir für uns selbst beanspruchen? Und schließlich, wenn der Mensch als Ganzes erscheint, wird er erstmals durch ein Auge gesehen, welches eben ein nichtmenschliches Auge ist.

Der Ort, der mir eingab, diese geliebteste der lebenden Maschinen zu denken, war jene quasi absolute Todeszone, die mit einem Radius von einem oder zwei Kilometern die ersten Krater umgab. Selbst die sorgfältigsten Chirurgen sind genügsamer, wenn sie sterile Zonen für ihre Operationen anlegen. Ich war über und über mit Asche bedeckt, einem lauwarmen Etwas, das sich auch noch bewegte, als sei es das Fell eines großen Tieres. In zweihundert Metern Entfernung sprudelten aus einem annähernd kreisrunden Schlund Feuerfontänen, wälzten sich den Hang hinab und bildeten einen Fluss, der so rot war wie reife Kirschen und so breit wie die Seine bei Rouen. Die Dämpfe hatten den gesamten Himmel in ein Porzellanweiß gehüllt. Kleine, ebenso heftige wie stinkende Windböen hoben Aschewolken auf, die dicht über dem Boden wirbelten, seltsamen Möwen gleich, die an den Ufern des Flammenmeeres lebten. Die Maultiertreiber hielten ihre Tiere an den Nüstern. Sie konnten nirgendwo angebunden werden und versuchten, sich loszureißen. Guichard*, mein Kameramann, um den mir bange war, als wäre er eines dieser Kinder, die zu nahe am Feuer spielen, arbeitete an einer Überblendung, deren Wert, glaube ich, niemand erahnte. Im Rauch zeichnete sich plötzlich die Silhouette eines langen Mannes ab, der mit einer unglaublichen Kühnheit und mit großen Sätzen von Fels zu Fels sprang. Vom Rand des Kraters kam er auf uns zu und schien einerseits wie ein bizarrer Engel, andererseits wie der Wächter dieses Orts. Wer hätte besser geeignet sein können als er, um sich magischen Mutmaßungen zu überlassen? Er war alt und staubig, und die Asche hatte jedes einzelne Haar seines Bartes überzogen. Er hatte stark gerötete Augen, hier und da war seine Kleidung versengt, und insgesamt hatte er das Aussehen eines Teufels. Ich bin mir nicht sicher, ob er nicht vielleicht wirklich der Teufel war; er jedenfalls behaup-

tete, ein schwedischer Geologe zu sein. Als er mit mir sprach, fuchtelte er mit einem metallischen Thermometer von der Länge eines Regenschirms herum. Seit einer Woche hatte sich dieser Mann ganz unbekümmert den Vulkan zu seinem unmittelbaren und einzigen Begleiter gewählt. Nicht weit von dort kampierte er unter einer Plane, unter der man tagsüber so viel sehen konnte wie des Nachts und unter der, dank des Zitterns der Erde, ein ständiger Luftzug herrschte. Seine Taschen hatte er mit Lavagestein und Zetteln vollgestopft, jetzt zog er seine Uhr heraus und notierte die genaue Uhrzeit unseres Treffens. Er formte mit der Hand einen Schalltrichter und schrie Worte in mein Ohr, die ich nur annähernd verstand: „Es scheint, dass heute alles ruhig bleibt. Aber gestern ist ein italienischer Journalist halb verrückt geworden." Das wusste ich schon; unsere Wege hatten sich gekreuzt, als wir hinaufstiegen und er von seinen Führern, die ebenso erschüttert wie geschwätzig waren, hinuntergebracht wurde. Wo wir gerade standen, war ein Lärm, als würden hundert Schnellzüge über eine Metallbrücke donnern. Nach einigen Minuten aber wird ein solches Getöse identisch mit der Stille und wirkt sich günstig auf die Vorstellungskraft aus. Und über alles legte sich Asche.

Zwei Tage zuvor, als ich morgens das Hotel für diese Reise verließ, steckte der Aufzug seit halb sieben zwischen der dritten und vierten Etage fest. Der Portier vom Nachtdienst, der schon seit drei Stunden in der Kabine gefangen war, schüttelte seine beklagenswerte Figur und flüsterte dem Teppich seine Klagen. Um hinunterzukommen, musste ich die große Treppe nehmen, die noch ohne Geländer war, und begegnete Arbeitern, die Spottgesänge gegen Mussolini intonierten. Die immense Spirale von Stufen verhieß Schwindelgefühle. Die gesamte rundlaufende Wand war verspiegelt. Ich ging die Treppe hinab, von mir selbst umgeben, von Reflexen, Widerspiegelungen meiner Bewegungen, Projektionen. Jede Drehung überraschte mich unter einem anderen Winkel. Es gibt so viele unterschiedliche und unabhängige Positionen zwischen einem Profil und einer Dreiviertelansicht des Rückens, wie es Tränenerscheinungen in den Augen gibt. Jedes dieser Bilder lebte nur einen Augenblick; kaum fand es sich erblickt, war es auch schon wieder vergangen, ersetzt durch ein neues. Vermochte meine Erinnerung gelegentlich eines aus der Unendlichkeit festzuhalten, gingen dafür zwei andere wieder verloren. Es gab Bilder über Bilder. Drittbilder wurden aus Zweitbildern geboren. Die Algebra und die darstellende Geometrie der Gesten mischten sich ins Spiel. Einige Bewegungen fanden sich durch diese Wiederholungen geteilt, andere multipliziert. Ich bewegte den Kopf und sah rechts im Blickfeld nur eine Wurzel dieser Geste, während sie links achtfach potenziert war. Indem ich erst die eine betrachtete, dann die andere, erschloss sich mir ein anderes Bewusstsein meiner eigenen Erscheinung. Eindrücke formten sich in exakter Parallelität, traten in Wechselbeziehung, verstärkten sich, breiteten sich aus wie ein Echo – jedoch mit einer weit höheren Geschwindigkeit, als es bei akustischen Phänomenen der Fall ist. Winzigste Gesten wurden sehr groß, ganz wie in der Latomia del Paradiso, wo aufgrund der Sensibilität des Felsens auch die leisesten Worte im Ohr von Dionysios dem Tyrannen** zu einem gewaltigen Tosen anschwollen, das ihm fast den Kopf zerplatzen ließ. Diese Treppe war also das

Auge eines anderen Tyrannen, nur noch verräterischer. Ich stieg darin hinab wie durch die optischen Facetten des Komplexauges eines riesigen Insekts. Andere Bilder erschienen aufgrund der Winkel, in denen sie zueinander standen, zerschnitten, ja amputiert; sie setzten mich herab, zerlegten mich, demütigten mich. Denn das ist der außergewöhnliche moralische Effekt eines solchen Schauspiels. Jeder Eindruck birgt eine verwirrende Überraschung, die auch beleidigt. Noch nie hatte ich mich so vielfach gesehen, und ich betrachtete mich mit Entsetzen. Ich verstand plötzlich die Hunde, die vor einem Spiegel bellen, oder die Affen, die vor Wut sabbern. Ich glaubte, ich sei so und so, erblickte mich aber ganz anders; dieses Spektakel zerbrach alle Lügen der Gewohnheit, mit denen ich gelebt hatte. Jeder dieser Spiegel präsentierte mir eine pervertierte Abbildung meiner selbst, eine Ungenauigkeit der Hoffnung, die ich in mir trug.

*) In Paul Guichards Arbeitsbiografie sind zwischen 1922 und 1933 über zwanzig Filme nachgewiesen, u. a. mit Léonce Perret (*L'Ecuyière*, 1922), René Clair (*Paris qui dort*, 1925), Marcel L'Herbier (*Feu Mathias Pascal*, 1926), Germaine Dulac (*L'Invitation au voyage*, 1928). Mit Jean Epstein arbeitete Guichard dreimal zusammen. Das im Juni 1923 gedrehte Material für Epsteins Ätna-Reportage, *La Montagne infidèle*, ist nicht erhalten.

**) Latomien sind große Steinbrüche nahe Syrakus, aus denen die Sklaven das Material für die antiken Bauwerke herausschlugen. Thukydides war der Ansicht, dass sie auch als Gefängnisse dienten. Das wird von Cicero bestätigt, der außerdem ihre Tiefe und Herrlichkeit pries. In der Latomia del Paradiso befindet sich eine 65 Meter tiefe, 23 Meter hohe und fünf bis elf Meter breite S-förmig gewundene Höhle. Diese Höhle wurde in der griechischen Antike angelegt und hat die akustische Merkwürdigkeit, dass auch sehr leise gesprochene Wörter von einer am Eingang stehenden Person vernommen werden. Die Klänge werden zirka 16-fach verstärkt. Seitdem Michelangelo da Caravaggio die Form der Höhle bei einem Besuch mit dem menschlichen Ohr verglichen hat, wird sie das Ohr des Dionysios, L'Orecchio di Dionigi, genannt, und es wird erzählt, der griechische Tyrann Dionysios habe dort Gespräche von Gefangenen belauscht.

Diese Schaugläser nötigten dazu, mich mit ihrer Gleichgültigkeit, ihrer Wahrheit zu betrachten. Ich erschien mir in einer Netzhaut, die ohne Bewusstsein und ohne Moral sieben Etagen hoch existierte. Illusionen, die ich über mich gehegt hatte, wurden hinfällig; ich sah mich überrascht, entblößt, herausgerissen, trocken, wahr, klar. Ich wäre weit gelaufen, um dieser Spirale zu entkommen, die mich in ein erschreckendes Zentrum meiner selbst trieb. Eine solche Lektion in Egoismus gegen den Strich ist mitleidlos. Erziehung, Unterricht, Religion hatten mich geduldig mit dem Sein versöhnt. Nun würde es nötig sein, noch einmal ganz von vorn anzufangen.

Der Kinematograph liefert uns, viel besser noch als ein Arrangement versetzter Spiegel, solche unerwartete Begegnungen mit uns selbst. Die Beunruhigung, die unser kinematographisches Abbild bei uns auslöst, ist plötzlich und umfassend. Einer Anekdote zufolge, die inzwischen allgemein bekannt ist, fingen kleine amerikanische Millionärsgattinnen an zu weinen, als sie sich das erste Mal auf der Leinwand sahen. Und jene, die nicht weinten, waren bestürzt. Wer darin nur den Effekt einer übersteigerten Einbildungskraft oder Eitelkeit sieht, hat vermutlich die Mission des Kinos nicht wirklich verstanden. Sinn und Zweck des Aufnahmegeräts besteht darin, wie Apollinaire es genannt hat, einer Über-Realität zur Erscheinung zu verhelfen (was nicht das Geringste mit dem zu tun hat, was heute als Surrealismus bezeichnet wird), insofern wir es bei ihm mit einem Auge zu tun haben, das mit analytischen außermenschlichen Fähigkeiten begabt ist. Es ist ein Auge ohne Vorurteile, ohne Moral, unabhängig von zufälligen Einflüssen; eines, das in einem Gesicht oder in Bewegungen Züge zu sehen versteht, die wir, belastet durch Sympathien und Antipathien, Gewohnheiten und Erwägungen, gar nicht mehr zu sehen in der Lage sind. Allein diese Feststellung genügt, um jeden Vergleich zwischen Theater und Kino hinfällig werden zu lassen. Die beiden Ausdrucksweisen sind von ihrem Kern her verschieden. Die andere primäre Eigenschaft des kinematographischen Objektivs besteht in seiner analytischen Kraft. Ja, die Kunst der Kinematographie wird hier entschieden werden.

Wenn die erste Regung vor der kinematographischen Abbildung unseres Körpers eine Art von Entsetzen ist, dann deshalb, weil wir, die wir zivilisiert sind, uns neun von zehn Mal selbst belügen (ohne dass man dafür die Theorien von Jules de Gaultier* oder von Sigmund Freud heranziehen müsste). Wir lügen, weil wir es nicht besser wissen. Unvermittelt treibt uns dieser gläserne Blick der Helligkeit seines elektrischen Tages zu. In dieser analytischen Stärke ruht die unerschöpfliche Quelle der Zukunft der Kinematographie. Villiers** konnte eine solche Maschine der Seelenbefragung noch nicht einmal erträumen, und ich sehe schon, wie künftige Inquisitionen erdrückende Beweise aus Filmaufnahmen eines Beschuldigten gewinnen, weil er durch sie – ganz und gar unparteiisch – ertappt, gehäutet, minuziös überführt wird, einzig durch diesen subtilen Blick aus Glas.

Über einige Eigenschaften des Photogénies ***
Das Kino erscheint mir wie siamesische Zwillingsbrüder, die am Bauch miteinander verwachsen, das heißt durch die niederen Notwendigkeiten des Überlebens aneinandergefesselt sind, aber mit zwei unterschiedlichen Herzen ausgestattet, also getrennt voneinander, wenn es

um die höheren Bereiche der Gefühle geht. Einer dieser Brüder ist die Kunst der Kinematographie, der zweite die Kinoindustrie. Es bedarf eines Chirurgen, der in der Lage ist, die beiden brüderlichen Feinde voneinander zu trennen, ohne sie zu töten, oder eines Psychologen, der fähig ist, die Unvereinbarkeit zwischen diesen beiden Herzen aufzulösen.

Ich werde es unternehmen, zu Ihnen nur von der Kunst der Kinematographie zu sprechen. Die Kunst der Kinematographie ist von Louis Delluc als Photogénie bezeichnet worden. Das Wort ist treffend, man sollte es beibehalten. Was ist Photogénie? Als photogen bezeichne ich jeden Aspekt der Dinge, Wesen oder Seelen, welcher durch die kinematographische Reproduktion an moralischer Qualität gewinnt. Dagegen hat alles, was durch die kinematographische Reproduktion keine Erhöhung oder Bereicherung erfährt, keinen Anteil an der Kunst der Kinematographie.

Denn jede Kunst erschafft sich ihre verbotene Stadt, ihr ureigenes Gebiet – exklusiv, autonom, spezifisch und allem feindlich gesinnt, das dort nicht am Platz ist. So erstaunlich es klingen mag, die Literatur muss zuerst einmal literarisch sein; das Theater theatralisch; die Malerei malerisch; und das Kino kinematographisch. Die Malerei befreit sich heute von einem Gutteil ihrer Last des Gegenständlichen und der Pflicht der treuen Wiedergabe. Historische und anekdotische Gemälde, Bilder, die eher erzählen als malen, sind heutzutage nur noch selten zu sehen, es sei denn in den Möbelabteilungen großer Kaufhäuser – wo sie sich allerdings, ich muss es zugeben, gut verkaufen. Doch was man die wahre Kunst der Malerei nennen könnte, strebt nach nichts anderem als nach Malerei, das heißt nach dem Leben der Farben. Und die Literatur, die diesen Namen verdient, interessiert sich nicht für die Wechsel und Wendungen der Fabel, die zur Entdeckung des verlorenen Schatzes durch den Detektiv führen. Literatur strebt nach nichts anderem als danach, literarisch zu sein; aber diese andere Idee der Literatur erschreckt diejenigen, die in der Literatur nichts weiter zu sehen vermögen als nur eine Spielart der Charade oder eines Kartenspiels, denn was solle ihr sonst schon zukommen, als ein wenig die Zeit totzuschlagen, was aber ohnehin keinen Sinn hat, denn die kommt zurück, mit jedem neuen Erwachen, nicht minder schwer lastend als zuvor.

---

*) Der französische Philosoph Jules de Gaultier (1858–1942) setzte sich in mehreren Werken mit Nietzsche und Flaubert auseinander. In seinem Buch *Le Bovarysme* (1892) definiert er diesen von ihm geschaffenen Begriff als eine psychologische Schwäche, in der der Betroffene sich als etwas Höheres betrachtet, als er eigentlich ist. Ein beliebtes Zitat aus seinem Werk, allerdings des von ihm intendierten kritischen Sinns entkleidet, lautet: „Die Fantasie ist die einzige Waffe im Kampf gegen die Wirklichkeit."

**) Der bretonische Schriftsteller Auguste Villiers de l'Isle-Adam (1838–1889), Spross eines alten Adelsgeschlechts, kam 1857 mittellos nach Paris und schloss sich dort den Kreisen von Mallarmé und Baudelaire an. Sein Buch *Eva Futura* (1886) ist eines der ersten in der Literaturgeschichte verzeichneten Beispiele von Science-Fiction und gleichzeitig eine Satire auf die Wissenschaft. Seine Erzählkunst, gekennzeichnet durch einen ausgefeilten Stil, durch seine Neigung zum Übersinnlichen und Geheimnisvollen sowie durch Satire und Ironie, machte ihn zu einem Meister der französischen Novellistik. Zu seinen bekanntesten Werken gehören: *Contes cruels* (1883), *Histoires insolites* (1888). Er starb völlig verarmt 1889 im Pariser Hôpital des Frères de Saint Jean de Dieu an Krebs.

***) Diese Ausführungen beruhen auf mehreren Vorträgen, die Jean Epstein im Rahmen folgender Veranstaltungen gehalten hat: vor dem Salon d'Automne in Paris 1923; in der Groupe Paris-Nancy in Nancy am 1. Dezember 1923; im Pathé-Palace in Montepellier am 7. Januar 1924; vor der Philosophischen und Wissenschaftlichen Studiengruppe an der Sorbonne am 15. Juni 1924.

Dementsprechend sollte auch das Kino alle Verbindungen meiden, die glücklos sein müssen, gleichgültig, ob es dabei für historische, bildende, romanhafte, moralische oder unmoralische, geografische oder dokumentarische Belange eingespannt werden soll. Der Film muss danach streben, Schritt für Schritt und schließlich vollständig in seinem kinematographischen Wesen aufzugehen; das heißt nur noch photogene Elemente zu verwenden. Photogénie ist die reinste Ausdrucksform des Kinos.

Welche Aspekte der Welt sind photogen, sind die Aspekte, auf die zu beschränken sich das Kino zur Pflicht machen muss? Ich fürchte, die einzige Antwort, die ich zu dieser so wichtigen Frage anbieten kann, ist eine vorläufige. Wir dürfen nicht vergessen, dass das Theater bereits Dutzende von Jahrhunderten existiert; das Kino dagegen ist gerade einmal 25 Jahre alt. Es gibt uns neue Rätsel auf. Ist es eine Kunst? Oder weniger als das? Oder eine Bildersprache wie die Hieroglyphen des alten Ägypten, deren Geheimnisse wir noch längst nicht durchdrungen haben, von denen wir noch nicht einmal wissen, was wir alles nicht wissen? Oder ist es eine unerwartete Erweiterung unseres Gesichtssinnes, eine Art Telepathie des Auges? Oder eine Infragestellung der Logik des Universums, da die Mechanik des Kinos Bewegung erzeugt, indem sie die sukzessiven Stillstände eines Zelluloidbandes, das vor einem Lichtstrahl vorbeizieht, zur Bewegung addiert? Sie vermag also Bewegtheit mittels Bewegungslosigkeit zu erschaffen, womit auch eindeutig demonstriert wird, wie zutreffend sich die scheinbar trügerischen Gedankenspiele des Zenon von Elea am Ende doch erweisen.[*]

Wissen wir, wie die T. S. F., die drahtlose Telegrafie[**], in zehn Jahren beschaffen sein wird?

Gewiss eine achte Kunst, so sehr über Kreuz mit der Musik wie das Kino gegenwärtig mit dem Theater. Was das Kino allerdings in zehn Jahren sein wird, darüber wissen wir nichts.

Heute haben wir erst einmal entdeckt, was die kinematographische Eigentümlichkeit der Dinge ist, ein neues und erregendes Potenzial: das Photogénie. Bestimmte Umstände, unter denen dieses Photogénie erscheint, haben wir zu erkennen begonnen. Ich schlage eine vorläufige Präzisierung zur Bestimmung dieser photogenen Aspekte vor. Gerade habe ich als photogen jeden Aspekt bezeichnet, dessen moralischer Charakter durch die filmische Reproduktion erhöht wird. Nun formuliere ich genauer: Nur bewegliche Aspekte der Welt, der Dinge und Seelen können in ihrem moralischen Wert durch die filmische Reproduktion gesteigert werden.

Diese Beweglichkeit sollte im weitesten Sinne verstanden werden und alle vorstellbaren Richtungen des Geistigen einschließen. Allgemein hat man sich darauf verständigt, dass es drei Dimensionen sind, in denen sich unser Orientierungssinn bewegt, drei Richtungen der Raumausdehnung. Ich habe nie wirklich verstanden, warum um die Vorstellung der vierten Dimension ein solches Geheimnis gemacht wurde. Sie existiert ganz offensichtlich: Es ist die Zeit. Der Geist reist in der Zeit, so wie er es im Raum tut. Aber während wir uns im Raum drei Richtungen im rechten Winkel zueinander vorstellen, können wir uns in der Zeit nur eine denken: den Vektor von Vergangenheit und Zukunft. Man kann sich ein Raum-Zeit-System vorstellen, in dem die Zeit-Achse ebenfalls durch den Treffpunkt der drei angenommenen Raum-Achsen hindurchgeht, präzise in dem Moment, wenn jene sich zwischen Vergangenheit und

Zukunft befindet: die Gegenwart, ein Punkt in der Zeit, ein Moment ohne Dauer, so wie Punkte im geometrischen Raum keine Ausdehnung besitzen. Photogene Beweglichkeit ist eine Beweglichkeit in diesem Raum-Zeit-System, eine Beweglichkeit in Raum und Zeit zugleich. Wir können also sagen, dass der photogene Aspekt eines Objekts sich in Abhängigkeit von seinen Variationen in der Raum-Zeit befindet.

Diese wichtige Definition entspringt nicht nur meiner Eingebung. Eine ganze Reihe von Filmen hat dafür schon konkrete Beispiele geliefert. Zuerst haben einige amerikanische Filme, ein unbewusstes und äußerst frühreifes Gefühl für das Kino demonstrierend, die raum-zeitlichen Cinegramme entworfen. Später gab Griffith, der Gigant des primitiven Kinos, diesen widerstreitenden, einander kreuzenden Auflösungen, deren Arabesken sich gleichsam simultan in Raum und Zeit entwickelten, den klassischen Ausdruck. Bewusster und luzider komponierte Gance – unser aller Meister – seine erstaunlichen Visionen von Eisenbahnzügen, die es auf den Schienen des Dramas hinwegfegt. Wir müssen uns darüber klar werden, warum diese rasenden Räder in *La Roue* die maßgeblichsten Sätze darstellen, die in der Sprache der Kinematographie aktuell geschrieben wurden. Und zwar, weil in diesen Bildern die am klarsten definierte Rolle den – wenn nicht gänzlich, so doch annähernd gleichzeitigen – Variationen in der raum-zeitlichen Ausdehnung zukommt.

All das läuft schließlich auf eine Frage der Perspektive hinaus, auf eine Frage der Anlage und Gestaltung. Die Perspektive der Zeichnung ist in der Dreidimensionalität begründet, und wenn ein Schüler eine Zeichnung anfertigt, in der die dritte Dimension nicht genügend berücksichtigt ist, in der die Tiefen- oder Reliefwirkung zu wünschen übrig lässt, dann sagt man von ihm, seine Zeichnung sei schlecht, er könne nicht zeichnen. Das Kino fügt den perspektivischen Elementen, die dem Zeichner zu Gebote stehen, eine weitere Perspektive hinzu – jene der Zeit. Zum räumlichen Relief steuert das Kino auch noch das zeitliche Relief bei. Was dieses zeitliche Element betrifft, so ist das Kino zu erstaunlichen Verkürzungen in der Lage – man denke nur daran, welch wundervolle Blicke auf das Leben der Pflanzen und Kristalle sich dadurch eröffneten –, nie allerdings sind sie bislang für dramatische Zwecke genutzt worden. So wie ich eben sagte, dass ein Zeichner, der sich der dritten räumlichen Dimension nicht zu be-

*) Griechischer Philosoph (um 490–430 v. Chr.). Aristoteles nennt Zenon als den Erfinder der Kunst des Argumentierens. Zenon beschäftigte sich vor allem mit dem Problem des Kontinuums, insbesondere dem Verhältnis von Raum, Zeit und Bewegung. Dies schlug sich nieder in einer Reihe von Trugschlüssen, wovon zehn nachvollziehbar überliefert sind. Zu den bekanntesten zählt der Trugschluss von Achilles und der Schildkröte, demzufolge ein schneller Läufer einen langsamen Läufer nie überholen könne, sobald er jenem nur einen Vorsprung gewährt hat. Wie andere Paradoxien Zenons beruht der Trugschluss auf zwei Fehlern: (1) Er berücksichtigt nicht, dass eine unendliche Reihe eine endliche Summe haben kann. (2) Der Weg, den Achilles zurückgelegt hat, kann beliebig oft – potenziell unendlich oft – in Vorsprünge der Schildkröte unterteilt werden. Aus der Tatsache, dass diese Teilungshandlung beliebig oft durchgeführt werden kann, folgt aber nicht, dass die zu durchlaufende Strecke unendlich wäre oder dass unendlich viel Zeit erforderlich wäre, sie zurückzulegen. Der Philosophie-Historiker Wesley C. Salmon nimmt an, dass Zenon mit seinen Gedankengängen die Philosophie seines Lehrers Parmenides („Es gibt nur das Unendlich Eine und alle Bewegung ist nur Illusion.") verteidigen wollte. Vgl. W. C. Salmon (Hg.), *Zeno's Paradoxes*, New York 1970.

**) Die Abkürzung T.S.F. (Télegraphie sans fil) bedeutet heute so viel wie „Dampfradio". Bis zum massenhaften Aufkommen von Transistor-Radiogeräten bezeichnete man die Röhrenempfänger auch einfach als TSFs.

dienen weiß, ein schlechter Zeichner sei, so muss ich jetzt sagen, dass ein Gestalter des Kinos, der nicht mit der zeitlichen Perspektive zu spielen versteht, ein schlechter Filmemacher ist.*

Andererseits ist das Kino eine Sprache, und wie alle Sprachen ist es animistisch; das heißt, es verleiht sämtlichen Objekten, die es zeigt, den Anschein von Leben. Je primitiver eine Sprache, desto deutlicher ist ihr diese animistische Tendenz eingeschrieben. Man muss nicht sonderlich betonen, wie sehr die Sprache der Kinematographie in ihren Begriffen und Ideen primitiv ist. Dementsprechend überrascht es auch nicht, dass sie in der Lage ist, selbst die leblosesten Dinge, die sie aufnimmt, mit intensivem Leben zu erfüllen. Diese sozusagen göttliche Bedeutung, die nicht nur Körperfragmente in der Großaufnahme, sondern auch gefühlsmäßig völlig neutral erscheinende Elemente der Natur annehmen, ist schon häufig bemerkt worden. Ein Revolver in der Schublade, eine zerbrochene Flasche auf dem Fußboden, ein Auge, das von der Blende isoliert wird – werden dank des Kinos in den Stand eines Charakters im Drama erhoben. Solchermaßen dramatisiert, erscheinen sie lebendig, als ob sich an ihnen die Entwicklung einer Emotion vollzöge.

Ich würde sogar so weit gehen, zu sagen, dass das Kino polytheistisch und theogen ist. Die Leben, die es erschafft, indem es die Objekte aus dem Schatten der Gleichgültigkeit ins Licht des dramatischen Interesses rückt, haben mit dem menschlichen Leben nicht viel gemein. Vielmehr sind jene Leben wie das Leben der Amulette, der Zauberbeutel, der drohenden und tabuisierten Gegenstände bestimmter primitiver Religionen. Ich glaube, wenn wir verstehen wollen, wie ein Tier, eine Pflanze oder ein Stein Respekt,

Furcht oder Schrecken – diese drei grundsätzlich geheiligten Gefühle – auslösen können, dann müssen wir sie auf der Leinwand beobachten, wie sie, fremd der menschlichen Sensibilität, ihr geheimnisvolles, stilles Leben leben.

So bietet das Kino den Dingen und Wesen, wie erstarrt oder gefroren sie auch erscheinen mögen, das größte Geschenk dar, das sich angesichts des Todes denken lässt: das Leben. Und es gewährt dieses Leben mitsamt seiner höchsten Ausformung – der Persönlichkeit.

Persönlichkeit übersteigt Intelligenz. Persönlichkeit ist die sichtbare Seele der Dinge und Menschen, das, worin ihre Herkunft offensichtlich, ihre Vergangenheit bewusst, ihre Zukunft schon gegenwärtig ist. Alle Erscheinungsformen der Welt, die vom Kino erwählt wurden, um sie zum Leben zu erwecken, können dieser Wahl nur gerecht werden, insofern ihnen Persönlichkeit eignet. Dies ist die zweite, nähere Bestimmung des Photogénies. Ich schlage Ihnen deshalb vor, zu sagen: Nur die beweglichen und persönlichen Aspekte der Dinge, Wesen und Seelen können photogen sein; das heißt, sind dazu begabt, durch filmische Reproduktion einen höheren moralischen Wert zu erlangen.

Ein Auge in Großaufnahme ist nicht mehr bloß irgendein Auge, es ist *ein* Auge: sozusagen das mimetische Szenenbild, worin der Blick plötzlich als handelnde Figur erscheint. Ich war sehr angetan von einem Wettbewerb, den kürzlich ein Filmmagazin durchgeführt hat. Es ging darum, ungefähr vierzig mehr oder minder berühmte Filmschauspieler zu erkennen, von denen nur ihre Augenpartien abgedruckt waren. Es ging also darum, die Persönlichkeit von vierzig Blicken herauszufinden. Dies war ein interessanter, gleichwohl unbewusster Versuch, die

Zuschauer damit vertraut zu machen, der flüchtigen Persönlichkeit des isolierten Auges gewahr zu werden.

Und die Großaufnahme eines Revolvers ist auch nicht länger nur ein Revolver, es ist der Charakter eines Revolvers, oder anders gesagt, etwas, das mit dem Impuls oder den Gewissensbissen im Verlauf eines Verbrechens, eines Scheiterns, eines Selbstmords zusammenhängt. Er ist dunkel wie nächtliche Verführungen, funkelnd wie das Gold, nach dem man giert, schweigsam wie die Leidenschaft, brutal, massig, schwer, kalt, misstrauisch, bedrohlich. Er hat ein Temperament, Gewohnheiten, Erinnerungen, einen Willen, eine Seele.

Allein schon die der Linse innewohnende Mechanik vermag zuweilen die besondere Natur der Gegenstände zu enthüllen. So wurde, zuerst aus bloßem Zufall, der ausgeprägte Charakter des Photogénies entdeckt. Aber eine feine, damit meine ich persönliche Sensibilität kann die Linse zu immer wertvolleren Entdeckungen führen. Darin sehe ich die Aufgabe eines Autors von Filmen, gemeinhin Regisseur genannt. Gewiss schaut eine Landschaft, die von diesem oder jenem der vierzig oder vierhundert unpersönlichen Regisseure gefilmt wurde, welche Gott geschickt hat, das Kino heimzusuchen, so wie er einst die Heuschrecken in Ägypten hat einfallen lassen, nicht anders aus als die irgendeines anderen dieser Heuschreckenfilmemacher. Aber wenn sich diese Landschaft oder dieser Teil eines Dramas von einem Gance inszeniert findet, dann wird sie in nichts dem ähneln, was die Augen oder das Herz eines Griffith oder eines L'Herbier gesehen hätten. So hat die Persönlichkeit, die Seele, die Poesie einzelner Menschen das Kino erobert.

Ich erinnere mich noch an *La Roue.* Als Sisif[**] starb, sahen wir alle, wie seine unglückliche Seele ihn verließ und über den Schnee glitt, ein Schatten, fortgetragen im Engelsflug.

Und so nähern wir uns jetzt der heiligen Zone, dem Gebiet des großen Wunders. Hier ist die Materie geformt, ins Relief einer Persönlichkeit gegossen; alle Natur, alle Dinge erscheinen, wie ein Mensch sie träumt; die Welt ist so geschaffen, wie du sie dir vorstellst; sanft, wenn du sie sanft denkst; hart, wenn du glaubst, sie sei hart. Die Zeit eilt voran oder zieht sich zurück oder hält inne und wartet auf dich. Eine neue Realität ist eröffnet, eine festliche Realität, die nicht derjenigen der Arbeitstage entspricht, so wie diese ihrerseits mit den höheren Gewissheiten der Poesie nichts zu tun hat. Das Gesicht der Welt mag uns verändert erscheinen, da wir, die wir die Weltbevölkerung der fünfzehnhundert Millionen ausmachen, nunmehr durch Augen sehen können, die gleichermaßen von Alkohol, Liebe, Freude und Leid berauscht sind; durch

[*] Jean Epstein verwendet im Original den Terminus „Cinégraphiste". Der Begriff kann eine nicht mehr gebräuchliche Bezeichnung für den Kameramann meinen, so zumindest klingt es in den Ausführungen der Association française des directeurs de la photographie cinématographique (AFC) in ihrer „Charte de l'image" (1997) an. Folgt man dagegen Ricciotto Canudo, so ist der Filmautor gemeint – in einem durchaus strategischen Sinn. Canudo hat 1921 in einem Zeitungs-Feuilleton den Begriff verwendet, um Louis Feuillade zu charakterisieren: „Monsieur Louis Feuillade est un cinégraphiste populaire, comme d'autres sont des romanciers populaires." Canudo, *L'usine aux images,* Paris 1995. Ein weiteres Bedeutungsfeld kommt ins Spiel, wenn man berücksichtigt, dass der belgische Dokumentarist Henri Storck im Jahr 1930 zum „Cinégraphisten" der Stadt Ostende, also einer Art Stadtschreiber mit Kamera, berufen wurde.

[**] Die von Séverin-Mars gespielte Hauptfigur des Films, ein Lokomotivführer, der bei einem Zugsunglück ein Mädchen namens Norma rettet, nach dem er Jahre später auch seine Lokomotive benennt.

die Linsen jeder Art von Verrücktheit, Hass und Zärtlichkeit; da wir den klaren Fluss der Träume und Gedanken sehen können; das, was hätte gewesen sein können oder sollen; das, was war, sowie das, was niemals gewesen ist, noch je kommen wird; die geheime Form der Gefühle, das beängstigende Gesicht der Liebe und der Schönheit; mit einem Wort, die Seele. Die Poesie ist also wahr, und sie existiert, wahrhaftig wie das Auge.

Hier gewinnt die Poesie, die man als bloßes Feuerwerk aus Worten, als Stilfigur, als Spiel von Antithese und Metapher ansehen könnte – kurz: als fast nichtig –, eine eklatante Lebendigkeit: „Die Poesie ist also wahr, und sie existiert, wahrhaftig wie das Auge."

Das Kino ist das mächtigste Medium der Poesie, das realste Medium des Irrealen, des Über-Realen – oder „Surrealen" –, wie Apollinaire gesagt hätte.

Dies ist der Grund, warum nicht wenige von uns die größten Hoffnungen mit ihm verbinden.

Abschnitt aus: Jean Epstein,
Le Cinématographe vu de l'Étna, *Paris 1926.*
Auch enthalten in: Écrits sur le cinéma,
Band 1, Paris 1974, S. 132ff.

Einige Gedanken zu Edgar Allan Poe

Die Wertschätzung, die Poe gemeinhin genießt, beruht in vielen Fällen auf einem Missverständnis. Diesen reinen Poeten, der voller Liebe und Jugendlichkeit ist, hält man zugleich für einen makabren Fantasten oder für einen Schreiber von Detektivgeschichten. Die trockene, herzlose, ja armselige Übersetzung, die Baudelaire von Poes Arbeit anfertigte, hat deren Musik verraten und bleibt ein stetiger Anlass für jenes Missverständnis. Ein anderer Grund dafür ist der geradezu ungeheuerlich anmutende Erfolg, den Poe bei jenem Publikum hat, das sich an Kiosken und Bahnhöfen mit Lesestoff eindeckt. Baudelaire, der angepflockt in seiner Hölle schmorte, empfand nur Vergnügen, wenn er sich schuldig und verachtet fühlte. Poe verkörperte die Liebe zur Unschuld, von der er glaubte, dass sie in jungen Frauen wohne; er verkörperte die Melancholie; unter einem geheimnisvollen Bann stehend, suchte er nach der verlorenen Unschuld. Der eine, der der Hölle nahestand, konnte den anderen, der es mit dem Himmlischen hielt, nicht verstehen. So fand sich auch in der Übersetzung von Baudelaire nichts mehr von dem Ton, der Poe eigen war. Wie sollte eine Kunst, die das Knarren und Quietschen, die gewaltsamen Brüche von „Le mauvais vitrier"* hervorbrachte, auch in der Lage sein, die sich ins Unendliche steigernden Reflexe im Kristall und das immer weiter sich hinziehende Echo, den niemals ganz ausgehauchten Atem der Namen und Gesichter gewisser Verstorbener in Poes „Ulalume"** wiederzugeben – einem Gedicht, das so leicht und luftig über die Lippen kommt.

Früher gab es im Studio in der Rue de Bois eine beängstigende Maschine zu besichtigen, zwei Stockwerke hoch und von der Fläche her einer geräumigen Wohnung gleich. Diese Maschine hatte sich ein Tüftler ausgedacht, um Märchenstücke aufzuführen, in denen Figuren ohnmächtig wurden. Kaum stand das skandalöse Gebilde da, als man auch schon gewahr wurde, dass einfache Veränderungen an der Blende einer Kamera effektiver waren als die vielen Aufzüge, Hebel und Winden dieses massiven Geräts. Der erste Impuls bei der Vorberei-

---

*) „Der schlechte Glaser". Eines von Baudelaires Gedichten in Prosa, die erst nach seinem Tod gesammelt erschienen, nachdem er sie seit 1855 einzeln und verstreut in verschiedenen Zeitschriften und Anthologien veröffentlicht hatte.

**) Das Poem „Ulalume: A Ballad" schrieb Edgar Allan Poe 1847. Wie häufig in seiner Dichtung, geht es darin um den zu frühen Tod eines geliebten Wesens – einer schönen Frau. Viel gerühmt wurde es wegen seiner vokalen Vielfalt und tonalen Virtuosität. „Ulalume" war eine Auftragsarbeit, bestellt von Reverend Cotesworth Bronson zum Vortrag im Rahmen seiner Veranstaltungen über das Thema „Public Speaking".

tung eines Poe-Films* besteht darin, großartige und spezielle Techniken aushecken zu wollen. Ist das erledigt, so hat man Bilder, denen aber erst noch eine Richtung zu geben ist; so erkennt man, dass Technik heute, wie damals für Poe, nur in der Beziehung liegen kann, die die Bilder untereinander haben. Photographie, die zum Ruhm ihrer selbst da ist, wird zum Feind des Kinematographen. Ihr Gebrauch ist dann genau so abwegig, wie es das Bemühen eines Schriftstellers wäre, der seinen Stil der Kalligrafie opfern wollte. Dennoch ist die heutige, in ihrem Ziel unsicher gewordene Avantgarde darauf aus, genau dieses Opfer zu bringen. Einen Poe-Film zu drehen, erfordert größte Einfachheit, schrieb doch der Autor selbst: „Beyond doubt, there *are* combinations of very simple natural objects which have the power of thus affecting us …"**

Aber welche einfachen Gegenstände sind damit gemeint? Vor allem keine makabren. Anlass zum Entsetzen geben bei Poe eher die Lebenden als die Toten, der Tod selbst ist bei ihm eine Art Zauber. Ein Zauber wie das Leben. Das Leben und der Tod sind bei ihm aus dem gleichen Stoff, von gleicher Fragilität. Wie das Leben plötzlich abbricht, so fängt der Tod an. Alle diese Toten sind nur ein bisschen tot. Wenn in „Der Untergang des Hauses Usher" Madeline und Roderick den kommenden Tod spüren, dann gleicht das jenem Gefühl, das wir haben, wenn der Schlaf von uns Besitz ergreift. So lauscht Roderick auf Geräusche aus dem Sarg, wie wir an der Zimmertür lauschen, ob ein nächtlicher und ermüdeter Gast vielleicht erwacht. Das Geheimnis entsteht dort, wo sich dieses Gleichgewicht herstellt, das eine Seele heraufbeschwört, die mal den Lebenden zugehörig ist, mal den Toten. Dies lässt an das Periodensystem in der Chemie denken. Das Haus Usher tritt in sein fahles Licht ein, nichts ist daran erschreckend.

Und was ist daran morbid? Ist es die Vertrautheit mit dem Tod, die man für sich selbst so sehr wünschte? Oder ist es diese tiefe Einsicht, diese feine Sensibilität, mit der das Medium während der Hypnose begabt ist, oder auch der Dichter; die eine Mutter gegenüber dem Sohn empfindet; oder die Liebende füreinander haben; ist es die Durchlässigkeit der Gräber? Und war vielleicht auch Novalis verrückt, der daran starb, dass er sterben wollte?

*) Jean Epstein drehte 1928 seinen bekanntesten Film, *La Chute de la maison Usher.* Er entstand nach Motiven der beiden Poe-Erzählungen „Das ovale Portrait" und „Der Untergang des Hauses Usher".

**) Anmerkung von Jean Epstein im Original: „Dieser Satz, den Poe noch mit bestimmten Hervorhebungen betont, wird von Baudelaire gegen den Sinn übersetzt: ‚Ohne jeden Zweifel sind es gerade die Kombinationen von sehr einfachen und natürlichen Objekten, die die Kraft haben, uns zu berühren.'" – Epstein selbst hat dieses Zitat aus „The Fall of the House of Usher" nicht ausgewiesen. In der Ausgabe der *Écrits sur le cinéma* ist die französische Übersetzung genannt. Die hier zitierte englische Fassung folgt dem Abdruck von Epsteins Aufsatz in der Zeitschrift *Afterimage (London)*, Nr. 10/1970.

Jean Epstein, „Quelques Notes sur Edgar A. Poe et les images douées de vie", in: Photo-Ciné, April 1928. Auch enthalten in: Écrits sur le cinéma, Band 1, Paris 1974, S. 187f.

Der Kinematograph auf dem Archipel

Seit Kilometern schon hat sich das Etappenziel geheimnisvoll angekündigt. Über die Windschutzscheibe rinnt das Wasser, die Stadt wirft uns ihr erstes Funkeln entgegen. Auf dem vibrierenden Glas leuchten Regentropfen auf, einer nach dem anderen. Verglühenden Sternen gleich finden die Tropfen auf der Scheibe ihre Bahn, stieben auseinander, gruppieren sich neu, bilden den Vordergrund eines verschreckten Himmels. Aufgelöst vom nächsten großen Guss, wandern sie doch gleich wieder aufwärts, werden größer, stauen sich, fließen vervielfacht weiter, bilden einen ganzen Horizont lebhafter Zeichen. So suche ich mein Los als Reisender zu ergründen. Die fremden Lichter geben den äußeren Rahmen der Intimität ab, die sich in unserem Wageninneren eingestellt hat. Flammen, erst eine, dann weitere. Eine Allee entsteht. Eine große Wolke, kondensiert aus hundert Pailletten, umschwebt wohlgeordnet ein Rechteck. Fabriken, Krankenhäuser, Hotels: Meteore auf ihrer Bahn. Sie schrauben sich hoch in die Nacht und stürzen vorbei, just da wir ihnen begegnen. Das Lenkrad tänzelt, folgt den Gravitationen, die die Geografie vorgibt. Wir fahren in eine Stadt ein, die wir entwirrt, benannt, geordnet haben.

Sanfte, sanfte Seine! Wie viel du gibst! Und du kurierst das Fieber! Mit dir glitten wir unter den Platanen entlang, die Scheinwerferkegel sammelten die nächtlichen Schmetterlinge, deren Flügel unsere Stirn berührten und Aschespuren darauf hinterließen. Der Fluss, der Himmel und die Ufer verschmolzen mit der Nacht. Schwarz umfing uns mit all seinen Nuancen: Wolken, Wasser, Hügel. Die Bögen der Brücken verschlangen uns und entließen uns wieder, gaben uns mit einem dumpfen Echo dem gleichmütigen Atmen des Motors zurück. Eine Reihe von Lastkähnen, kaum sichtbar. Der Steuermann an seinem Rad. Er hielt es umfasst, spähte. Was versuchte er zu sehen? Um seine verengten Augen ein Strahlenkranz aus Falten, starr. Die Sirene bohrte sich in die Nacht, verbiss sich in sie. Der Kapitän breitete seine Arme aus, ins Nichts: „Dort ist meine Tochter", ruft er, „dort bei den Nonnen." Er konnte nicht weitersprechen. Ich konnte nichts sehen.

Würden wir jetzt kehrtmachen, so könnten uns Eisenbahn oder Auto innerhalb von drei Stunden nach Paris zurückbringen. Je weiter wir aber entlang diesem mäandernden Flusslauf der Küste zustrebten und je mehr wir uns zur Langsamkeit verdammt sahen, desto sprunghafter vergrößerte sich die zeitliche Distanz gegenüber unserem Ausgangspunkt. Wer sich den Wassern überlässt, selbst sanften, der sieht das andere Gesicht der Erde. Für den Schiffer stellt das Land nur einen Abglanz der Zauber des Wassers dar.

Wasser gleitet, türmt sich zu Wellen, wirft Gischt, lässt die Brandung dröhnen, wobei die ephemeren Kämme der Wellenberge wie zerfranste Klippen erscheinen. So nimmt die Erde Gestalt an, Reliefs werden gefaltet und entfaltet, Kräfte fließen und bahnen sich ihren Weg. Nur langsam dreht sich das Dorf um den Kirchturm. Die erste Tugend des Wassers ist die Geduld.

Geduld, Geduld! Das Leuchtfeuer von Belle Île en Mer schimmerte vom Rand des Horizonts her. Motor und Grammofone wurden abgestellt. Nur die Rahe an der Spitze ächzte gegen den Großmast. Die Winde spielten. Fast schwerelos waren wir auf dieser elastischen, schwimmenden Brücke für die tragenden Wasser. Matrosen in Marineblau zogen mit geräuschlosen Schritten vorbei.

Ich war hierhergekommen, um jene Männer zu filmen, die mit den vier Elementen vertraut waren, die den Tang fischten, ihn trockneten und verbrannten; Männer, die ihre Arme ins Meer und ins Feuer streckten, die vor den Winden segelten und sich zum Schlafen niederlegten, wo immer sich ein kleines Stückchen Erde fand. Falls es eine Alchimie gibt: Die Seele dieser Männer würde uns niemals enttäuschen.

Alle verlorengegangenen Freunde befanden sich in der kommenden Nacht mit mir auf dem Schiff. Selbst diejenigen, die meine Freunde hätten sein können, ohne es doch je geworden zu sein, obwohl ich seinerzeit um ihre Freundschaft geworben hatte, kamen an Bord. Unter der Lampe, die am Kopfende meiner Koje in ihrer Aufhängung pendelte, blätterte ich Buchseiten um und besah Abbildungen. So seid ihr, Photographien! Nur der Weggang desjenigen, der photographiert wurde, vermag euch zum Leben zu erwecken. Nur wenn sich Gesichter in der Wirklichkeit bereits von uns entfernt haben, werden sie als photographierte lebendig, lassen mich innehalten. Nur dann vermögen sie der steifen Komik, der ärmlichen Unbeholfenheit, die solchen Erinnerungsbildchen innewohnt, gleichzeitig etwas entgegenzusetzen. Jeder Augenblick verfügt über etwas, das die schnellste Blende nicht einzufangen vermag, das, was das Sein erst zum Sein macht: die Gegenwart. Erst der Tod – in all seinen Varianten – vermag daran etwas zu ändern. Ihm verdanken Porträtaufnahmen das, was ihre ungreifbare Qualität ausmacht. Dann erscheint auf einer Photographie von nur 6 × 6 Zentimeter, deren Aufnahme sich einer Laune und deren Aufbewahrung sich der Unordnung verdankt, ein Toter, der auf ihr seine Seele hinterlassen hat. Dieser Tod übersteigt alles Maß. Er ist immer und überall. Das Bild stellte, darin gleicht es zwanzig anderen, die an diesem selben Tag aufgenommen wurden, nur das Zeichen einer verlorenen Zeit dar. Aber, weil wir uns plötzlich Arm in Arm mit einem Toten sehen, bildet sich ein Abdruck der Wahrheit darin ab. Die größten Maler haben ihre Meisterschaft darauf verwendet, den Gestalten, die sie schufen, Tiefe zu geben, ohne dass sie allerdings wirklich zum wahren Leben vorgedrungen wären. Wenn sich dagegen in einem Apparat, der meinetwegen auf einem Bazar erstanden wurde, für den 25. Teil einer Sekunde eine Blende hinter einem Objektiv öffnet, entsteht durch den plötzlich hereinbrechenden Tod ein Meisterwerk. Dabei wollten wir gar nicht glauben, dass in diesem gewöhnlichen Moment irgendeines beliebigen Tages, so wie in jedem anderen Moment, der Mensch in seiner Gänze erscheinen könnte als das, was er ist.

Damals war es nur ein Lachen, eines, wie

man es zu Beginn der Ferien lacht. Seitdem der Tod eingetreten ist, lacht dieses Lachen anders. Niemand konnte auch nur ahnen, dass Lachen so tiefgründig sein könnte. Lachen und darüber hinaus Mut, Hartnäckigkeit, Grausamkeit ausdrücken könnte. Lachen mit einem Anflug von Leid, Unbekümmertheit und Agonie. Lachen und Lügen. Eigensinniges und anspruchsvolles, egoistisches und gleichgültiges Lachen … Lachen mit allem, womit man vom Leben ausgestattet wurde, mit allem Guten und allem Schlechten. Unterwegs hatte uns eine Panne zum Anhalten genötigt. Einer, der uns auf der Reise begleitete, stopfte sich mit hellem Gesicht und schwarzen Händen seine Pfeife. Wir drei anderen, die um ihn herumstanden, hatten damals noch keinen Zugang zu seinem Geheimnis, das sich jetzt, in diesem Moment offenbarte. Dabei hätten wir diesen Menschen in seiner Verschlossenheit nur lesen müssen. Es war zwar nicht offensichtlich, aber durchscheinend, dass ihm der Tod bevorstand. Niemals hätte man erwartet, dass diese Kopfhaltung, selbst wenn sie momentan nur Verstörung über unsere Scherze zu enthalten schien, heute so viel kühne und unnachgiebige Willenskraft ausdrücken würde, das Durchleben so vieler Misserfolge, von denen er niemals sprach; und auch Genugtuung über den kurz anhaltenden Erfolg, für den er so ohne Aufhebens gearbeitet hatte. Erst wenn ihr entschwunden und tot seid, erfährt man die Gründe, die euch antrieben, eure Kämpfe zu kämpfen. Der Tod vermag ein ganzes Leben zu erklären. Kein Relief ist tiefergehend als diese durch ihn ermöglichte Stereoskopie. Er allein ist es, der Bildern das wahre Leben verleiht.

Dadurch, dass wir leben, sind wir jeden Augenblick Veränderungen unterworfen. Niemand weiß, wann der Mensch, der noch nie im Leben gelogen hat, zum ersten Mal eine Lüge aussprechen wird. Ebenso wenig wird man sagen können, wann der Lügner, an dem man bereits verzweifelt ist, endlich die Kraft haben wird, erstmals ehrlich zu sein. Kennzeichen des Lebendigen ist es, dass weder auf das Gute noch das Böse Verlass ist. Erst der Tod macht dieser Ungewissheit ein Ende. Er allein führt uns dahin, mit Gewissheit sagen zu können, wer jemand war. Der Lebende wird erst als Toter er selbst. Der Tod ruft die unberechenbaren Bewegungen einer Seele zur Ruhe. Dieser Hass, dem sich der Lebende noch so stark ausgesetzt sah: Der Tote bleibt von ihm verschont; man bringt ihm eine Wertschätzung entgegen, wie sie der Lebende nur selten genießt, und eine Aura der Liebe scheint ihn zu umgeben. Der Tod! Erst er lässt uns erkennen, dass ihr schön und weise hättet sein können; es hing nicht von euch ab. All die Aufregung, all das Geheimnisvolle, all die Widersprüche, all das Umherirren, all das Ausbrechen in diese und dann gleich wieder in eine andere Richtung, all das Treiben oder Getriebe eines Lebens erklärt und ordnet sich im Tod. In ihm hat sich das Leben kristallisiert. Der Tod ist die Harmonie eines Lebens. Der Lebende gibt sich vollkommener zu erkennen in dem Toten, zu dem er wird. Der Tote ist aufrichtiger als der Lebende, der er war. Der Tote stellt für den Lebenden das Versprechen dar, dass auch ihm, sobald er erst einmal tot ist, als dem seinerseits dann Gerechteren, mehr Gerechtigkeit widerfahren wird als zu Lebzeiten.

Verständnis – das ist ein Gemeinplatz – zeichnet sich dadurch aus, dass man sich vorstellen kann, wie es sich mit einer Sache, jenseits ihrer unmittelbaren Erscheinung, verhalten könnte.

So gesehen verfügt der Tod über eine fabelhafte Menschenkenntnis. Die noch unvermessenen Abschnitte, die sich durch ihn auftun, lassen die tiefe Gesetzmäßigkeit einer Seele aufscheinen. Oftmals lässt die Perspektive des Todes die flüchtigsten Erscheinungen bedeutungsvoll werden, erhebt sie zu einer einzigen Wahrheit, löscht den ganzen Rest eines Lebens aus, mit Ausnahme dieser wenigen Minuten, denen man kaum Beachtung geschenkt hatte, während sie nun dauerhaft im Gedächtnis haften, so dauerhaft eben, wie ein Gedächtnis sein kann. Die Gesichter der Toten haben nur noch den Blick, keine Augen mehr; nur noch klarste Gedanken, statt der sie verbergenden Stirn; nur mehr das Timbre, statt der Stimme; nur den Ausdruck, ohne die Gesichtszüge, die ihn hervorgebracht hatten. Gesten, ohne die sie vollführenden Hände. Was der Wille des Toten war, nimmt die Gestalt eines Körpers an, dessen tiefere Wahrheit die Lebenden wahrnehmen. Als Toten nimmt das bedürftige Kind endlich seinen Vater wahr, der nicht mehr auch Sohn, Gatte und Mann ist, sondern nur sein Vater. Und es fühlt auch die Mutterliebe in einer Reinheit, wie sie ihm die wirkliche Mutter vielleicht nie entgegengebracht hat. Und schließlich der Witwer: Erst der Tod seiner Frau lässt ihm ihre Liebe in ganzer Fülle zuteil werden; nun erst weiß er ganz, was sie für ihn, und nur für ihn allein, war. Oder auch Freunde: Sie entdecken die wahre Innigkeit einer Freundschaft erst dann, wenn einen von ihnen der Tod ereilt hat.

Wie der Tod, so bringt auch der Kinematograph – andernfalls würde es ihn kaum geben – das wahre Wesen der Dinge und Menschen an den Tag. Deshalb machen wir auch regelmäßig die Erfahrung, dass jemand, der sich zum ersten Mal auf der Leinwand erblickt, mit Entsetzen reagiert. Man bricht in Tränen aus, wendet die Augen ab oder verweigert ganz und gar die Konfrontation mit dem Leinwandbild. Niemand erträgt dieses Abstreifen seines Panzers: des Bildes, das er sich von seiner eigenen Person gemacht hat. Gefilmt wirken wir eher wie derjenige, der wir im Tod wären. Der Mechanismus des Lebens hindert uns daran, uns zu erkennen. Der Fahrer hinter seinem Lenkrad hat nur Augen für die Straße und übersieht in den Landstrichen, die er durchquert, alles andere. Selten offenbart sich der Sinn eines Lebens, bevor der Tod es beendet hat. Zwar führt das, was der Kinematograph offenbart, nicht so geradewegs auf den Grund der Seele wie jene Gewissheit, die der Tod mit sich bringt. Doch wird es davon gestreift, im Halbdunkel, in der lauen Wärme des Lebens, wenn die Seele unerwartet ihre großen neugeborenen Gliedmaßen gegen die Wände aus Haut und Knochen streckt, die ihren Tempel verschließen. Dieses Photographieren in die Tiefe registriert den Engel im Menschen, wie den Schmetterling in der Puppe. Was der Tod zu geben verspricht, teilt er uns durch den Kinematographen mit.

Jeder von uns hat schon hundert Mal diesem fantastischen kinematographischen Ereignis der drehenden Räder, die sich gleichzeitig nicht drehen, beigewohnt; des Rades, das sich nach rechts und wieder nach links dreht, sich der Ordnung entzieht. Und alle haben wir dieses Phänomen, das die Geburt des Kinematographen anzeigt, verkannt. Aber verdiente nicht die Tatsche unsere Aufmerksamkeit, dass der Kinematograph aus den Elementen einer real ausgeführten Bewegung eine andere, neue zusammensetzt, auch wenn diese unserer Wirklichkeit gegenüber eine ungetreue Nachahmung darstellt?*

Ist es nicht trotzdem denkbar, dass allein der Kinematograph, der auf seine Weise die Bewegungen der Maschinen, den Flug der Vögel, das Leben der Blüten und Larven wiedergibt, imstande sei, ein umfassendes Bild vom Menschen aufzuzeichnen? So wie sie in der Lage ist, die Modifikationen eines Rades und seiner Bewegung zu registrieren und wiederzugeben: Vermöchte die reflektierende Filmaufnahme nicht ebenso dasjenige, was dem menschlichen Erscheinungsbild zugrunde liegt, seine Ausdruckskraft zur Anschauung zu bringen? Eine neue Erscheinungsform also, die notwendigerweise ein neues Wesen, in diesem Falle: die Seele voraussetzt. Deren Bild wird vom Kinematographen hervorgebracht.

Im Augenblick ist das Ganze noch nicht aktuell, aber das liegt nur an der extremen Jugend und Rohheit unserer kinematographischen Aufnahmeapparaturen. Unser Kino hat keine Farben, keine Räumlichkeit, keine Stimme. Derzeit beargwöhnt man noch, obwohl sie nur zaghaft praktiziert wird, die mikroskopische Zerlegung und Zusammensetzung der Gesten, ein Verfahren, das dazu dient, deren unterschiedliche psychologische Bedeutungen bei unterschiedlichem Rhythmus zu ermitteln. In wenigen Jahren bereits werden solche Untersuchungen gang und gäbe sein, allein schon wegen der Möglichkeit, die sie bieten, ein und dieselbe Aufzeichnung in unterschiedlichen Geschwindigkeiten vorzunehmen. Gerade erst hat man den Grundstein zur phonetischen Kinematographie gelegt. Glauben Sie, dass eine Lüge, die man während der Filmaufnahme dehnt, um sie für Auge und Ohr durchschaubar zu machen, noch

der Wahrheit entgehen kann? Sollte es demnach also nicht möglich sein, sich auch der Seele eines anderen Menschen besser vergewissern zu können, um sich ihr näher zu fühlen? Man wird im Individuum dasjenige freizusetzen vermögen, was man seine Persönlichkeit nennt. In Bezug auf die Familie wird man die Buchstaben jenes Alphabets, das Vererbung genannt wird, zusammentragen können. Der Konflikt zwischen zweierlei Blut wird zur deutlich lesbaren Schrift. Schon bei den kleinsten Kindern wird man die Skizze dessen vorfinden, was sie später einmal vollbringen werden, aber auch ihren kommenden Tod, Andeutungen, die sich nur langsam während des gesamten Heranwachsens des jungen Menschen ausprägen. Man wird auch herausfinden, dass die Gesundheit nur der Schwebezustand zwischen mehreren wohltätigen und notwendigen Krankheiten ist. Man wird erkennen, dass Leben und Tod miteinander verbunden sind wie in einem Spiel – alles einander gebend, sich niemals trennend.

Am vierten Morgen in Brest, nachdem der Seewetterbericht jedem Segler abgeraten hatte, die Passage du Fromveur zu befahren, heuerten wir schließlich einen Lotsen an. Seitdem haben wir sie gut und gern dreißig Mal durchquert. Unser Lotse entschied sich für den längeren Weg, er geleitete uns durch die Fahrrinne La Helle, gegenüber der Küste von La Jument. Die klare Sicht, die sich uns bot, ließ zwar vermuten, dass dazu auch jeder beliebige Automobilist nach einem kurzen Blick auf die Karte in der

*) Anmerkung von Jean Epstein im Original: „Die Naturwissenschaften erklären natürlich diese Erscheinungen so, wie sie auch den Tagesanbruch oder die Farben erklären. Sie ziehen Schlussfolgerungen aus dem Zustandekommen dieser Phänomene, schweigen jedoch über den Sinn, den sie für uns haben."

Lage gewesen wäre, aber dennoch plagte diesen gedrungenen, rotgesichtigen jungen Lotsen eine seltsame Furcht. Kaum hatten wir Le Goulet hinter uns gelassen, begann er lauthals Katastrophen zu prophezeien. Und als Saint-Mathieu vorbeizog, sagte er unserem Schiffchen nur noch eine kurze Lebensdauer voraus. Beim Einlaufen in die Passage du Fromveur trommelte er dann mit Trauermiene auf den Schiffsrumpf ein. Unkenrufe ausstoßend, ging er auf der Brücke auf und ab, verschwand dann alle Viertelstunden unter Deck, um sich über unsere Karten zu beugen. Dass ein Seelotse so sehr auf Karten angewiesen sein sollte, erschien mir suspekt. In Wirklichkeit war es denn auch der Weinvorrat, der ihn anzog. Von daher bezog er jene lyrische Gestimmtheit, der sich seine Kassandrarufe verdankten. Als wir in der Bucht von Portzpol vor Anker gingen, war er hoffnungslos betrunken.

Jean Epstein, „Le cinématographe dans l'archipel". Der Aufsatz wurde im Dezember 1928 auszugsweise in Les Arts mécaniques *unter dem Titel „Du Croisic à Ouessant" veröffentlicht. Erstmals vollständig enthalten in:* Écrits sur le cinéma, *Band 1, Paris 1974, S. 196ff.*

Fazit zum Ende des Stummfilms

Ausdrucksformen, die am engsten miteinander verwandt sind, stehen sich am feindlichsten gegenüber; so schaden sich, wie bekannt, das Zeichnen und die Malerei gegenseitig. Die Photographie, der Geist der Photographie, hat den Kinematographen lange behindert und tut es noch heute.

Die Mentalität der ersten Kameramänner, die bei ihren Einstellungen von den Kriterien für eine makellose Photographie ausgingen und dadurch paralysiert wurden, hat überlebt. Diese alten Handwerker, die für ein ebenso hübsches wie wahrheitsgetreues Porträt ausgebildet wurden, für das Gruppenphoto, auf dem niemand weniger beleuchtet sein sollte als der Nachbar, für das Gleichgewicht der Blumensträuße in den Vasen, für die Harmonie von Blumen und Gartenlandschaften, sie verweigerten sich den Kameraschwenks, weil unterschiedliche Abstände der Objekte zum Objektiv an ihrem Traum der umfassenden Schärfe aller Bildteile rüttelte. Aufnahmen aus dem fahrenden Auto brachten sie aus der Fassung: wegen der Erschütterungen, die man hätte bemerken können. Aus Angst vor Verzerrungen wagten sie es weder, eine Kamera nah heranzurücken, noch sie in die Höhe zu richten oder zu kippen.

Inzwischen hat Abel Gance automatische Apparate auf galoppierende Pferde montiert, auf Bojen im Sturm oder in einen steil in die Luft geschossenen Fußball. Sicher haben diese technischen Versuche nicht immer zu praktischen Ergebnissen geführt. Und doch sollten sie exzessiv verwendet werden: gegen die Last der photographischen Erziehung, der bisher nur wenige Filme entkommen. Denn außer jenen Leuten, die nur aus kommerziellen Erwägungen drehen und von denen hier nicht die Rede sein soll, stimmen alle filmischen Schulen und Stile wenigstens darin überein, dass der Kinematograph das Mittel ist, die Bewegung auszudrücken, die Welt in ihrer mobilen Authentizität zu begreifen.

Das erscheint wie eine Binsenweisheit.

Die fest gefügten Erscheinungen des Universums, so es welche gibt, entkommen zwar nicht der filmischen Wiedergabe, doch das Maß der Anreicherung, das sie dadurch erfahren, ist bis jetzt unerheblich. Auch wenn ich nach wie vor der Meinung bin, dass die Leinwand den lebendigen Charakter scheinbar lebloser Stillleben übersetzen, ja unterstreichen soll, so werde ich diese Ansicht hier nicht wiederholen. Ich werde mich dieser meiner Meinung so lange enthalten, solange sie nicht Eingang in die unzweifelhaften Grundlagen des filmischen Ausdrucks gefunden haben wird. Unzweifelhaft ist jedoch schon heute, dass das Bewegliche in der Erscheinung von Dingen und Lebewesen, die Entwicklung einer Gebärde, die Änderungen im Ablauf eines Tages, der Prozess einer Verwandlung, die Kontinuität jeder Veränderung, die Entwicklung der Gestalt einer Landschaft, die Energie des menschlichen Ausdrucks, der innere Zusammenhang zwischen Blühen und Verwelken, kurz, die Bewegung, dieser verborgene Aspekt des Mysteriums des Lebens, sich jeder anderen Betrachtungsweise als der filmischen entzieht.

Der Kinematograph drückt Bewegung aus, insofern die filmische Darstellung der Welt sich einer nicht mehr ganz neuen, früher jedoch weniger auffälligen Perspektive bedient, der zeitlichen Perspektive. Ich habe schon des Öfteren geschrieben, dass der Kinematograph die vierte Dimension, nämlich die der Zeit offenbart, und zwar auf ganz offensichtliche Weise. Der Genauigkeit halber füge ich aber hinzu, dass unser Kinematograph ohne Relief ist, das heißt, dass er uns von der Welt nur den *Eindruck* von Dreidimensionalität vermittelt, denn auch wenn er die zeitliche Dimension hinzugewonnen hat, so bleibt er trotz allem flach. Während wir auf das räumliche Kino warten, das offenbar bereits existiert, aber aus ökonomischen Gründen unter Verschluss gehalten wird, können wir dank unserer psychischen Konditionierung glücklicherweise die fehlende dritte geometrische Koordinate recht gut ergänzen. Was nun jene Zeit-Perspektive betrifft, so wurde in der Dramaturgie bisher so gut wie kein Gebrauch von ihr gemacht. Aber der Tag wird kommen, an dem sie davon völlig erfasst und darüber auch verwandelt sein wird. Aufregend sind bereits ihre einfachsten „Ausdrücke": der Zeitraffer und die Zeitlupe. Sie bereichern die Welt um eine Sicht auf das Leben, die ebenso fruchtbar ist wie die des Mikroskops: außermenschlich, überwirklich. Hierin liegt die fundamentale Originalität, das primäre Gewicht aller Kinematographie. Das Relief-Kino wird uns mit dem Mysterium der dreidimensionalen Bewegung konfrontieren, und die darstellende Geometrie wird konkret werden. Beim Farbfilm werden wir erstmals der Bewegung der Farben gewahr. Wir kennen zwar alle den Eindruck von Rot oder Gelb. Aber wer hat schon gesehen, wie das Gelb aus dem Rot entsteht? Man kann eine Sekunde des Sonnenuntergangs aufnehmen; aber den allerletzten Sonnenstrahl kann man eine Stunde lang gewähren lassen und das Alpenglühen wird man in einem Blitz von Farben erfassen. Und vielleicht wird man auf der geröteten Stirn auch die Farbe der Freude von jener der Lüge unterscheiden können.

~

Der Kinematograph wurde in Frankreich geboren. Ursprünglich tat er sich hervor, indem er einerseits kleine, vorgeblich spontane Szenen zur Darstellung brachte, die in Wirklichkeit aber so sehr inszeniert waren, wie es nur irgend ging, und andererseits indem er sich im Vorzeigen trivialer Theaterszenen übte. Die Kameramänner postierten sich allesamt in 80 Zentimeter Höhe und sieben Metern Entfernung von den Darstellern. Diese sonderten stehend ihren Wortschwall ab, und wenn die Rolle mit dem Filmstreifen zu Ende war, bat man den Schauspieler, in seiner Pose zu verharren, bis man eine neue eingelegt hatte. Danach wurde das Spiel dort wieder aufgenommen, wo es unterbrochen worden war. Die höchste Kunst, das unübertreffliche Zeichen von Meisterschaft war, wenn es Schauspielern gelang, ihre edle oder verliebte Miene endlos beizubehalten, sodass die Mitspieler vor der Kamera verlegen wurden und sich das Lachen verkneifen mussten. Worin liegt nun aber der Sinn, an diese Zeit vor dem Ersten Weltkrieg zu erinnern? Mein einziges Argument ist die Notwendigkeit dieses Erinnerns. Müssen wir doch bei der gerade stattfindenden Geburt des Sprechfilms eine ganz ähnliche Fabrikation von Theateraufzeichnungen konstatieren, die sich anhören, als würden sie von diesem alten Spielzeug, dem Theatrophon, übertragen werden. Natürlich scherzen die Interpreten nicht mehr miteinander. Aber die Texttreue, zu der man sie zwingt, ist ein zusätzlicher Verrat an den Fortschritten in Richtung Wahrhaftigkeit, die der Stummfilm geleistet hatte. Wieder haben die Tontechniker die Kamera in einen Käfig gesperrt, haben sie beschwert und unbeweglich gemacht, wieder sind sie zur Monotonie der Frontalaufnahme zurückgekehrt. Sie haben die Ergebnisse eines 15-jährigen Trainings, das der Beweglichkeit, der Abwechslung und der Freiheit diente, zunichte gemacht. Dabei wäre diese visuelle Armut durchaus vermeidbar, und wenn man sie überwände, so würde man damit auch das Feld des Tons in der Kinematographie erweitern. Es würde keiner großen Erfindungen bedürfen, um zur Mobilität zurückzufinden. Aber nur wenige denken darüber nach; keiner wagt es, dafür etwas herzugeben; viele bescheiden sich einfach mit ihrer Routine. So wie die Kurbler von damals auf eine Standardphotographie aus waren und nach Sonne verlangten, wenn es darum ging, einen Wolkenbruch kinematographisch wiederzugeben, so haben die meisten „Ingenieure" des Tons lediglich die perfekte Aufnahme im Kopf. Sie sind bedächtige Naturen; Männer, die sich vor dem Ausbruch der Stimme ebenso fürchten wie vor dem leidenschaftlichen

Raunen, das Ausdruck von Emotionen ist; sie legen Wert auf Aufnahmen, die dem Regelmaß entsprechen: Sie kennen die genaue Höhe des Ausschlags, der einer harmonischen und durchschnittlichen Modulation entspricht; sie ignorieren, dass das Drehbuch an dieser Stelle einen rauen Schrei der Verzweiflung verlangt; sie kümmern sich nicht ums Drama, sondern um ihr Ampèremeter. Was geht sie ein bewegtes Leben an? Was können ihnen Lachen, Weinen, Seufzer bedeuten, solange nur die Finger des Tonmannes umsichtig die Knöpfe bedienen können, solange alle Äußerungen der menschlichen Stimme in einer als optimal erachteten Wiedergabe mit einem durchschnittlichen Timbre ihren Ausdruck finden? Dabei bemühen sich der Regisseur und die Schauspieler doch darum, eine Illusion, eine Wahrhaftigkeit, eine Überzeugung zu vermitteln. Schließlich hat sich die Frau einen echten Schluchzer entrungen! Und der Mann hat gerade eine Lüge gemimt! Endlich einmal könnte der Funke übergesprungen sein, könnte die Herzen erreicht haben! Aber der Widerschein dieser glühenden Herzen blendet den Toningenieur in seiner Kabine; er glättet die Blitze, die sein Messgerät verstören; er bremst den Schwung, die Kraft, die Grazie, das Mitleid, er vernichtet das, was er eigentlich miterschaffen sollte. So werden jene Filme hergestellt, aus denen man gähnend hinausläuft. Neunzig Minuten lang hat man die Gesellschaft dreier unermüdlicher Sprechmimen ertragen, flankiert von zwanzig geflissentlich stummen Komparsen. Gemessenen Schrittes haben sich diese Protagonisten um ein Tischchen und drei Stühle bewegt, als ob es darum ginge, die Wohnungsknappheit aufzuzeigen oder Menschen zu zeigen, die sich unbeobachtet glauben. Gemächlich psalmodieren sie erbärmliche Texte – so, als ob man sie mit Gewalt gezwungen hätte, sie auswendig zu lernen. So also gestaltet sich die Geburt des Tonfilms, was sogar verzeihlich wäre, wenn sie nicht so unnötig in die Länge gezogen würde.

~

Aus dem französischen Kino der Vorkriegszeit gilt es einen Namen hervorzuheben, der zu Unrecht verkannt ist – den von Méliès. Ahnungsvoll wurde er der engelhaften Tugend der Kameraobjektive gewahr, die dort sehen, wo wir blind sind. Ohne sich gänzlich von den Beschränkungen des Theaters und den Gesetzen der Bühne losreißen zu können, überwand er immerhin das Einengende ihrer Kulissen. Er kinematographierte als Erster Träume, projizierte auf unsere Leinwände dasjenige, was in der einen Wirklichkeit unmöglich ist, in der anderen jedoch wahr; er verlieh der Fantasie eine neue Greifbarkeit; er vermengte Zukunft und Vergangenheit; auch das, was ist, mit dem, was nicht ist; und er machte das Absurde anschaulich. So lernte man zu verstehen, dass sich, bevor man zwischen Sichtbarem und Unsichtbarem unterscheidet, ein Innehalten gebietet, dass das eine zwar verschwinden, das andere erscheinen kann, dass beide aber existieren. Die Fee erschien in einer Rose wie das Herz auf dem Röntgenbild einer Brust. Gewiss, die Zaubereien von Méliès sind kindisch. Aber den Ge-

*) Jean Epstein war Aufnahmeleiter, Requisiteur, Assistent bei den Dreharbeiten zu Louis Dellucs Film nach Mark Twain, *Le tonnèrre* (1921).

**) Louis Delluc weigerte sich, dass während der Dreharbeiten (nach)gestellte Photos gemacht wurden, gleichgültig ob von ihm oder den Schauspielern. Dreharbeiten sollten nach einer gewissen Menüfolge verlaufen.

heimnissen unserer Zeit wohnt nicht weniger Barockes inne, noch sind sie geeignet, uns mehr zu ergreifen als jene. Méliès ist der erste Poet der Leinwand und der Vorläufer ihrer kommenden Philosophen. Nur in den Anfangstagen des Kinematographen taugten die Standphotos, die während der Aufnahme eines Films gemacht wurden, dazu, einen verlässlichen Vorgeschmack auf das zu geben, was man während der Vorführung eines Films zu erwarten hatte. Aber von dem Moment an, da sich der Kinematograph vom Theater ebenso sehr unterschied wie von der Photographie, konnten die Aufnahmen der erstarrten Schauspielerposen keinerlei Zeugnis mehr von dem Werk ablegen, für das sie werben sollten. Louis Delluc sagte zu mir während der Arbeit[*]:

„Mich für ein Photo herausputzen? Nein! Ich rasiere mich morgens oder abends oder gar nicht. Aber nicht, um mir die Langeweile zu vertreiben, und schon gar nicht zwischen der Vorspeise und dem Fisch."[**]

Selbst die Vergrößerungen von Bildern, die direkt vom Filmstreifen genommen wurden, können nicht vermitteln, womit man es eigentlich zu tun hat.

In den ersten Kriegsjahren entdeckten wir das amerikanische Kino und damit das Kino schlechthin. Frei von akademischen Ansprüchen und Überlieferungen, verliehen die Amerikaner der neuen Gattung populäre und unterhaltende Züge. Sie schöpften die Themen aus der Wirklichkeit oder aus einer nahen Vergangenheit, deren Tradition noch lebendig war. Während sich bei uns der Schauspieler bemühte, diesem oder jenem Meister der Comédie Française oder des Boulevardtheaters nachzueifern – der wiederum eine Berühmtheit seiner eigenen Anfänge nachgeahmt hatte –, während er mit aufdringlicher Hingabe die Kunstfertigkeiten pflegte, die er sich auf der Schauspielschule oder auf der Bühne erworben hatte, während er sich also in der Pflege seiner ehrbaren beruflichen Laster übte, die alle ihren Stammbaum und ihre Geschichte hatten, waren die amerikanischen Schauspieler und Autoren völlig Unbekannte und oft sogar identisch mit den Viehhütern, Einwanderern, Detektiven oder kleinen Arbeiterinnen, deren Abenteuer auf der Leinwand gerade erzählt wurden. Sie mussten alles erst lernen, brauchten aber nichts zu verlernen. Von Anfang an wirkten sie, da sie natürlich waren, zutiefst menschlich. Sie erschufen ziemlich naive Figuren, die aber der filmischen Dramaturgie angemessen sind: die charmante, dumme Naive, die zu Tränen neigt, aber dennoch ihrem Liebsten Aufgaben zur Bewährung stellt, aus denen er, sofern er seine Schöne heiraten will, erfolgreich, wenn auch halbtot hervorzugehen hat; den Geschäftsmann mit der Zigarre im Mundwinkel und dem Revolver in der halbgeöffneten Schublade; den immer zu Schandtaten bereiten Schönling mit dem dünnen Oberlippenbart; den Helden, noch sehr jung und arm, aber zukünftiger Millionär, gottesfürchtiger Jüngling und Boxer: dereinst unsterblich, vorerst jedoch noch ebenso ungestüm wie schüchtern. Es gibt nicht viele Kathedralen und Festungen in den Vereinigten Staaten, die als Szenerie für diese nationalen und bald auch universellen Figuren herhalten konnten. Und die wenigen, die es gibt, werden entsprechend respektiert. Das Kino aber ist noch nicht respektabel. So dienen also Fabriken, riesige Hotels, waldige Gebirgslandschaften, die reich an Flüssen und Strömen sind, oder Schnee- und Sandwüsten als große und attraktive Kulissen. Die Studios sind klein; die Zeit, da man in Kalifornien Monte Carlo und Notre-Dame nachbildete, war noch nicht gekommen. Also fuhren die Filmcrews zu den Schauplätzen, an denen eine Handlung tatsächlich angesiedelt war, und die Einwohner vor Ort ergänzten die Besetzung. Ein Minimum an intellektueller Ambition, künstlerischem Einfluss, außer- und antifilmischer Bildung; stattdessen die Elemente des Lebens, die dazu verwendet wurden, das Leben selbst nachzubilden; ein riesiges Publikum, das vielleicht durch manche Vorurteile beschränkt, aber nicht voreingenommen war; ein Publikum, das zu den Vorstellungen ging, um gerührt zu werden und nicht um einer Gerichtsverhandlung beizuwohnen, bei der man von den Höhen seiner Zivilisation herab urteilt, oder einer Lehrstunde, die dem Erhabenen gälte. Und die Erfinder dieser neuen Art von erzählendem Geschehen standen weder über ihrem Publikum noch unter ihm; sie wären unfähig gewesen, Autoritäten zu spielen, selbst wenn man sie darum gebeten hätte; dennoch brachten sie, ohne es zu wissen, eine urtümliche und lebendige Kunst hervor.

Die Technik wurde perfektioniert, der erste Filmstil entwickelte sich allmählich. Grundlegende Verbesserungen verhalfen der Kamera zur Mobilität. Alles was spezifisch filmisch, aber mit technischen Problemen der Umsetzung verbunden war, erwies sich von dem Moment an als machbar, da man von dem Dogma abließ, das Schauspiel könne nur von einem festen Kameraauge beobachtet werden. Nun konnte das künstliche Auge sogar freier umherschweifen als das natürliche. Indem sie die Kamera flach auf den Boden legten, gelang es den Amerikanern, den Aufnahmen des Pferdegalopps einen

Illustration aus *Bonjour Cinéma*

aus grausam – das Gesicht, entdeckten dabei aber auch die Tränen und wie sie aus ihrer unerschöpflichen Quelle hervorbrachen. Eine einzige Hand füllte die Leinwand aus, fünf Finger spielten mit einem Schreibstift, wie fünf Soldaten mit einer Kanone, die mit Kriegsglück oder Tod geladen sein konnte. Ein Flüchtender quälte Motor und Reifen seines Autos, aber wir begleiteten ihn als sein Gegenüber; er flüchtete, und wir blickten ihn an, mit unseren Augen in die seinen schauend; und dieser unser Blick klebte an ihm, wie sein Gewissen, das ihn verfolgte.

Diese neue Technik verführte dazu, mit dem Entsetzen zu spielen, und wurde bald auch missbraucht. Die willkürliche Verwendung dieser immensen Vielfalt an Winkeln und Einstellungen führte zu Schockwirkungen. Im Bemühen um Wiederherstellung der Harmonie entwickelte sich eine grammatikalische Regel: Die Position der Kamera muss sich eindeutig nach derjenigen des Erzählers richten, oder sie soll der Psychologie der jeweils agierenden oder sprechenden Figuren gemäß festgelegt werden. Thomas H. Ince[*] war der klassische Vertreter von lebendigen, leichten Filmen dieser Art. Von Filmen, die so einfach waren, wie man sich die Wahrheit vorstellt, wenn sie noch unbekannt ist. David Griffith[**] verwob auf kaum minder grober Leinwand komplizierte Handlungsstränge in sorgfältig komponierten, anrührenden und feierlichen Bildern mit betont symbolischer Bedeutung. Er trieb die Auflösung einer visuellen Erzählung in unendlich viele packende Details zur Meisterschaft. Die Genauigkeit, mit der er all die Szenenfragmente nach mathematischen Proportionen gliederte und zusammensetzte, entzückte die Zuschauer, die sich darüber mit einem neuen Sinneseindruck konfrontiert

bis dahin unentdeckten, geheimen und gefährlichen Aspekt abzugewinnen. Aus einem Baumwipfel, der vom Wind gepeitscht wird und mitten in einer Reiterkolonne auf den Boden schlägt, schufen sie ein bewegendes Zeichen, das von niemandem zuvor so gesehen wurde. Oder wenn sie sich dem Menschen auf Augenhöhe näherten, so vergrößerten sie ihm – durchsahen: dem visuellen Rhythmus. Erstmals spielte da jemand mit der Idee der filmischen Allgegenwart und mit der Vorstellung eines Universellen im Verlauf der Zeiten. So entwickelte er als Erster parallele Handlungen, die sich zu unterschiedlichen Zeiten an verschiedenen Orten ereigneten; fein geschnittene, ineinander verwobene und gedrängte Episoden, die in schwindelerregender Geschwindigkeit auf ihre Auflösung zustürzten, wie es seitdem keinem Regisseur mehr gelungen ist. Mack Sennett*** komponierte zahllose Farcen voll unbeschreiblichem Einfallsreichtum, in die er Clownerien und artistische Nummern einflocht. Auf ihn geht alle Leinwandkomik zurück, und noch die grobschlächtigsten Zeichentrickfilme von heute

möchten trotz allem gern an seiner Verve partizipieren. Chaplin**** brachte dem Kinematographen nur sich selbst dar, nichts weiter; er profitierte auf einzigartige Weise von der Begegnung mit der neuen Ausdruckswelt; dabei tut es seinen pantomimischen Nummern keinen Abbruch, dass sie den Kinematographen eigentlich so wenig benötigen wie eine Darbietung von Little Tich***** das Theater.

Dieser erste amerikanische Filmstil war in seiner Art sehr charakteristisch. Er *war* es, denn er existiert nicht mehr. Der amerikanische Film hat sich europäisiert, ist universeller geworden, hat sich in gewisser Weise zivilisiert. Er hat sich vor allem beim deutschen Stil bedient, aber sorgsam darauf geachtet, sich da nur das he-

*) Thomas Harper Ince (1882–1924), ursprünglich Vaudeville- und Theaterschauspieler, war in den 1910er Jahren neben Griffith der erfolgreichste und zugleich innovativste Regisseur und Produzent des amerikanischen Kinos. 1913 erwarb er eine große Ranch, auf der viele Western entstanden. Inces Western, in denen häufig sein ehemaliger Schauspielkollege William S. Hart die Hauptrolle spielte, trugen wesentlich zum Erfolg des Mutual-Verleihs und der Produktionsgesellschaft Triangle bei – deren andere Gesellschafter Charles Chaplin und Mack Sennett waren. Inces wichtigste Tätigkeit lag in der Betreuung der Produktionen anderer Regisseure (u. a. von Henry King und Frank Borzage), was ihn zu einem Pionier des Produzenten-Systems machte. Zwischen 1915 und 1918 führte er nur bei drei Filmen selbst Regie; *Civilization* (1916) gilt als seine größte Leistung. Ince starb unter nie geklärten Umständen während einer mehrtägigen Kreuzfahrt auf der Jacht von William Randolph Hearst.

**) David Wark Griffith (1875–1948) wollte eigentlich Schriftsteller werden. Seine erste Berührung mit dem Film hatte er als Vertragsschauspieler der Biograph, wo er u. a. in Edwin S. Porters Produktion *Rescued from an Eagle's Nest* (1908) spielte. Seit 1908 arbeitete er regelmäßig mit seinem Kameramann Billy Bitzer für die Biograph als Regisseur. Vor seinen großen Filmen, u. a. *Birth of a Nation* (1915), *Intolerance* (1916), *Broken Blossoms* (1919), hatte er in Hunderten von Einaktern begonnen, einige Ideen experimentell zu erproben, die sich als zentrale Elemente des filmischen Ausdrucks etablieren sollten: die ausdrucksbezogene Verwendung der Nahaufnahme,

dramatische Lichteffekte, die Erzählweise der Parallelmontage. Griffith war auch der Erste, der sich der als selbstverständlich geltenden Annahme widersetzte, dass Filme nur aus einem Akt bestehen dürften. Mit *Enoch Arden* (1911) drehte er den ersten amerikanischen Zweiakter, mit *Judith of Bethulia* (1914) den ersten Vierakter.

***) Mack Sennett (1880–1960) ist der Gründervater der Slapstick-Filmkomödie. Er war legendär als Filmproduzent und Entdecker von Talenten. Nachdem er als Darsteller in einigen frühen Filmen von Griffith, für den er auch Drehbücher schrieb, aufgetreten war, gründete er 1910 seine Produktionsfirma Keystone. Chaplin begann seine Karriere bei Mack Sennett. 1938 erhielt er für seine Pionierarbeit einen Ehren-Oscar.

****) Charles Spencer Chaplin (1889–1977) ist, wie George Bernard Shaw es ausdrückte, „das einzige Genie, das der Film hervorgebracht hat". Welche Rolle Chaplin, oder „Charlot", wie Chaplins Erfindung, die Figur des Tramp, in Frankreich genannt wurde, für die Film- und Kinosozialisation Epsteins spielte, ist nachzulesen in diesem Band, siehe Seite 11.

*****) Harry Relph (1867–1928), der sich als Bühnenkomiker Little Tich nannte, machte seine Kleinwüchsigkeit (1,37 m) zu seinem größten Trumpf. Er erfand mehrere Figuren, mit denen er jeden seiner Auftritte zum sicheren Erfolg führte. In seiner bekanntesten Nummer, dem „Big Boot Dance", erprobt er an halbmeterlangen Schuhsohlen einen „normalen" Gang. Die französische Filmpionierin Alice Guy-Blaché verfilmte diesen Sketch als *Little Tich et ses „Big Boots"* bei der Pariser Weltausstellung 1900.

rauszupicken, was er seinem eigenen anpassen konnte. Die Amerikaner wollen nur noch Filme produzieren, die allen Völkern auf der Erde gefallen, weltumspannende Filme. Im Allgemeinen gelingt ihnen das auch.

Die Filme der schwedischen Schule hätten uns gegen Ende des Krieges nicht so entzückt, wären wir zu dem Zeitpunkt bereits mit den deutschen Produktionen vertraut gewesen, denen sie in mehrfacher Hinsicht ähneln. Sie waren zwar vom Theater inspiriert, ihre Umsetzung aber war von einer solchen filmischen Qualität, wie man es sich bei ihrer Herkunft von der Bühne kaum vorstellen kann. Doch unsere Dankbarkeit gegenüber den Schweden, die uns gezeigt haben, wie man Innenwelten kinematographisch ausdrückt, gebührt eigentlich den Deutschen.

Der Kinematograph aus Deutschland weist die größte gedankliche Tiefe auf; vielleicht wird er, trotz der geringen Zahl an Filmen, die er hervorbringt, das amerikanische Kino eines Tages gar überflügeln. Sein alles dominierender Charakter ist der Expressionismus, die Kunst, das Innere des Menschen, den moralischen Wert der Dinge, anschaulich werden zu lassen, und zwar nicht nach mittleren, das heißt unverrückbaren und allgemeinen Maßstäben, sondern innerhalb der jeweiligen individuellen, momentanen und variablen Beziehungen: Der Soldat ist für den General eine zwergenhafte Schachfigur, und der General für den Soldaten ein in sich ruhender Riese. Bereits die Theaterregie jenseits des Rheins wies diese Tendenz auf. Aber man sieht doch, welches höhere Maß an Magie die Filmemacher* zu erzeugen in der Lage waren, und wie sie so die begrenzten Möglichkeiten der Ausstatter, der Kostümbildner und der Theaterbeleuchter erweiterten. Die Technik des Stummfilms wurde von den Deutschen zu einem Höchstmaß an dramatischer Effizienz getrieben. Alles gedanklich ins Werk Gesetzte konnte von ihnen wiedergegeben werden. Als Virtuosen der Überblendung und der Verzerrung, der Illusionen, die das Licht zu erzeugen vermag, der Kamerawinkel und -bewegungen benutzten die deutschen Regisseure diese Effekte nur in Einklang mit der psychologischen Verfassung, die es darzustellen galt: in Maßen also, mit Taktgefühl, aber immer kraftvoll. Sicher gab es eine kleine Reihe mit Filmen von extremer und absurder Fantasie: *Caligari*, *Nosferatu*, *Torgus*, *Der Golem*** und andere; Filme, in denen der Expressionismus keinen wirklichen menschlichen Sinn hatte, die aber ausgerechnet jene Filme waren, die zunächst als expressionistisch bezeichnet wurden. Ich ziehe es vor, sie kubistisch zu nennen, obwohl auch das noch keine ganz richtige Bezeichnung ist. Der Expressionismus triumphiert, wenn er seine Welt wahrer als die Wirklichkeit erscheinen lässt; selbst wenn die Vision, die man dem Zuschauer präsentiert, absolut fehlerhaft ist, muss sie relativ gesehen exakt sein. Der Film lässt die Zuschauer die Täuschungen der Sinne nachempfinden, die Irrungen der Fantasie, die Vernunftwidrigkeit der Gefühle, die für ihn aber gleichwohl die tägliche Wahrheit, eine Selbstverständlichkeit, die nackte Vernunft sind. Und diese exzessive, schwankende, momentane Überzeugung ist vom Gefühl her der Objektivität dermaßen überlegen, dass das Publikum diese Filme, deren Vorspiegelungen es sich unwillkürlich zu eigen gemacht hatte, oft realistisch genannt hat. Eine Liste mit Beispielen würde zu lang geraten.

Über die mittlerweile untergegangene italienische Schule gibt es nicht viel mehr zu sagen, als dass sie die Fehler des französischen Films wiederholte, der sich dem Abfilmen des Theaters verschrieben hatte. Darüber hinaus vielleicht noch, dass sie durch ihre Aufmerksamkeit für Massenbewegungen einen filmischen Gestus der Deklamation fand, der in seiner Großartigkeit wiederum die Deutschen in ihrer Anfangszeit reizte.

Die Russen wollen, mit einer gewissen Hartnäckigkeit, ihre Kinematographie aus sich selbst schöpfen, so wie die Amerikaner es taten. Ihr Land ist eines der wenigen, wo sich dieser Anspruch noch nicht überlebt hat. Allerdings beobachte ich, wie die ungestüme Einfachheit ihrer Anfänge sich selbst unter Anklage stellt und darüber an Spontaneität verliert. Interessant bleibt ihr Bemühen, sich der dicken Schminke zu verweigern, die die Amerikaner den Leinwandgesichtern wie eine uniforme Maske aufgezwungen haben. Das fördert ungemein die Empfindung von Aufrichtigkeit, und so sollte sich dieses Umdenken weiter ausbreiten.

Und unsere derzeitige französische Produktion? Ich glaube, dass Frankreich ebenso wenig wie Amerika oder Deutschland noch Filme produzieren kann, die eine solche Eigenart haben, dass man sie mit einem nationalen Etikett versehen könnte. Von nun an richtet sich ein Film an jedes Publikum dieser Erde und wird planmäßig nur mit denjenigen Ingredienzen ausgestattet, die universell verstanden und akzeptiert werden. Es wird einfacher sein, einen Pariser Film zu drehen als einen französischen. Vom deutschen und amerikanischen Einfluss bestürmt, diesen nutzend und bekämpfend, hält sich die französische Produktion in einem fragilen und veränderlichen Gleichgewicht. Diese Produktion ist vor allem individuell geprägt; man kann in ihr keine Schule, keinen Stil erkennen, außer einerseits in den spezialisierten Versuchen des Avantgarde-Kinos, welches das aktivste in Europa und vielleicht sogar auf der Welt ist, und andererseits in den gängigen Filmen, bei denen die Mittelmäßigkeit der gängigen Filme aller anderen Länder noch durch eine besondere technische Nachlässigkeit akzentuiert wird.

Die Filme von Abel Gance sind von einer ungeheuer starken Persönlichkeit geprägt. Sein Film *La Roue* ist ein grandioser und ungeordneter Film***, dessen Einfluss wir heute noch spüren:

*) Jean Epstein spricht von „Cinégraphistes". Siehe entsprechende Anmerkung in „Der Ätna, vom Kinematographen her betrachtet", S. 53 in diesem Buch.

**) Der einzige nicht geläufige Titel in dieser Reihe ist *Torgus* (1920/21), ein „isländisches" Schicksalsdrama um die sittenstrenge Gutsbesitzerin, ihren in harter, freudloser Kindheit aufgezogenen Neffen John und die menschlich-natürlich fühlende und liebende Magd Anna. Der Film hatte auch die Titel *Verlogene Moral* und *Brandherd*. Regie führte Hanns Kobe, das Drehbuch stammte von Carl Mayer, Kameramann war Karl Freund. Die Hauptrollen spielten Adele Sandrock und Eugen Klöpfer.

***) „Die melodramatische Geschichte steht in einem merkwürdigen Spannungsverhältnis zu den kontrapunktisch und eigengewichtig dagegengesetzten Bildern von Technikobjekten der Eisenbahn. Gance ist verliebt in die technischen Details, die er kühn mit rasanten Bewegungsbildern kontrastiert oder verschmilzt. Dabei zeigt er selten die Zusammenhänge, sondern eher die pittoreske Plastizität fast abstrakt erscheinender technischer Ornamente. Über weite Strecken des Films erscheinen diese fast wichtiger als der Mensch, der sie bedient oder sie benutzt. Einerseits ist Gance fasziniert von den Formen und der Funktionalität der technischen Bausteine, die zu einer bisher unbekannten Beschleunigung des Verkehrs und der Wahrnehmung führen. Andererseits deutet er zumindest auf der narrativen Ebene durch zwei Zugsunglücke an, wie diese immer dynamischer daherkommende Technik in das Leben der Menschen eingreift. (…) Beides versucht er filmisch erfahrbar zu machen." Jürgen Kasten, „Konstruktionen der Zeit und des realistischen Bildes. Zum französischen Film der zwanziger Jahre gesehen beim Cinema Ritrovato in Bologna", in: *Filmforum*, Nr. 29/2002.

Nach wie vor hassen ihn die einen und lieben ihn die anderen. Hätte ich ihn nicht gesehen, hätte ich meine ersten Filme und *Cœur fidèle** sicher anders konzipiert. Indem er die von Griffith erfundene Technik steigerte, erschuf Gance eine Vielfältigkeit im Rhythmus, den er durch das Aneinanderreihen sehr kurzer und proportionierter Segmente in einem Höhepunkt der Rastlosigkeit gipfeln ließ; seither nennt man das „montage rapide". Diese und hundert andere neue Techniken, mit denen er die Kamera extrem beweglich machte, dienten ihm dann unaufhörlich dazu, die subtilsten subjektiven Perspektiven improvisierend zu entwerfen. Sie werden von Gance mit einer dermaßen unabweislichen dramatischen Kraft und psychologischen Genauigkeit praktisch eingeholt, dass man ihn als einen der ersten Expressionisten bezeichnen muss. Schaffte er es etwa nicht, einer Maschine, einer alten Lokomotive alle Anzeichen von Leben zu verleihen, eine leidende und sterbende Person, ja den Protagonisten einer Tragödie daraus zu machen? So schuf er die erste dieser fabelhaften Figuren, die der Kinematograph von nun an aus allen Existenzbereichen wird erstehen lassen, diese aus allen möglichen Erscheinungsformen erwachsenden Charaktere, deren Mysterium dem Poeten Canudo** wie die Geburt von Halbgöttern, von reinkarnierten Mythen erschien. Gance ist außerdem der Erfinder der dreifachen Leinwand, aber er hat diesen Versuch, mit dem engen und eintönigen Format des Zelluloids und der Leinwand zu brechen und eine Annäherung an das menschliche Blickfeld zu ermöglichen, nicht mit dem nötigen Nachdruck betrieben. Eines Tages jedoch werden die Amerikaner diesen Schritt tun; mit ihrer Erfindung des breiten Zelluloids, die sie noch unter Verschluss halten.

*) „Epsteins erstes Meisterwerk, ein Melodram, in dem sich die beiden auf den ersten Blick gegensätzlichen Hauptstränge seines Kinos mischen – die Bereitschaft zum raffinierten, oft spektakulären formalen Experiment und das Interesse für einfache, detailreiche Alltagsbeschreibungen. Die Geschichte wurde vor Ort, in Marseille gedreht und entfaltet sich im bestechenden Miteinander von realistischer und traumgleicher Atmosphäre: Zwei Männer, ein ehrlicher Dockarbeiter und ein schmeichlerischer Gauner, kämpfen um die Kellnerin einer Bar. Besonderes Aufsehen erregte die geschwindigkeitsberauschte Szene am Jahrmarkt, in der Epstein, wie bereits in seinem Kino-Manifest *Bonjour Cinéma* angekündigt, die Kamera aufs Karussell schnallte: ‚Der Rummelplatz unten würde schrittweise immer undeutlicher werden. Durch die Zentrifugalisierung würde das Drama außerordentlich visuell verstärkt dank der photogenischen Qualitäten des Schwindels und des Wirbels.'" (Christoph Huber, *Cœur fidèle*, in: *filmmuseum* [Programmheft des Österreichischen Filmmuseums], November 2005.

**) Siehe die entsprechende Anmerkung in „Der Ätna, vom Kinematographen her betrachtet", S. 44 in diesem Buch.

***) Marcel L'Herbier (1888–1979) war während des Ersten Weltkriegs drei Jahre im medizinischen Hilfsdienst tätig; 1917/18 diente er in der Filmabteilung der französischen Armee und führte Regie bei zwei Filmen (*Phantasmes*, *Rose France*). Nach dem Krieg arbeitete er für Gaumont und drehte u. a. *L'Homme du large* (1920) und *El Dorado* (1921). Nach Quittierung seines Dienstes als Vertragsregisseur gründete er seine eigene Produktionsfirma Cinégraphic. Mit den beiden Filmen *Résurrection* (1923) und insbesondere *L'Inhumaine* (1923) wurde er zu einem der wichtigsten Vertreter der Avantgarde des französischen Kinos der zwanziger Jahre. 1926 verfilmte er den Roman *Die Wandlungen des Mattia Pascal* von Luigi Pirandello mit Ivan Mosjoukine in der Titelrolle. Marcel L'Herbiers Opus Magnum wurde der mehr als dreistündige Film *L'Argent* aus dem Jahr 1928, eine Verfilmung des gleichnamigen Romans von Émile Zola. In dieser deutschfranzösischen Koproduktion spielten Brigitte Helm, Marie Glory, Yvette Guilbert, Pierre Alcover und Alfred Abel die Hauptrollen. 1930 realisierte L'Herbier mit *L'Enfant de l'amour* sein Tonfilmdebüt. 1937 war er Mitbegründer der Filmtechnikergewerkschaft CGT, deren Generalsekretär und Präsident er später wurde. Als sein wichtigster Beitrag für das französische Filmwesen gilt die von ihm 1943 initiierte Gründung der Filmschule Institut des hautes études cinématographiques (IDHEC), deren Präsident er 25 Jahre lang war. Von 1952 bis 1962 arbeitete L'Herbier für das französische, luxemburgische und schweizerische Fernsehen. Er schrieb für Zeitungen und etablierte unter anderem die Kinospalte in *Le Monde*. 1978 veröffentlichte er seine Memoiren unter dem Titel *La tête qui tourne*.

Vergleicht man die wichtigsten Filme Marcel L'Herbiers*** mit denen von Cecil B. DeMille****, so wird einem die höhere Qualität bewusst, die zu erreichen wir als unser Recht und unsere Pflicht ansehen sollten, wann immer die ökonomischen Verhältnisse es zulassen. DeMille gab vor, das zu visualisieren, was man amerikanische Eleganz nennt. Seine Filme aber sind ein einziger großer Basar. Sicher, L'Herbier hat es nicht immer vermocht, seinen Dekor und seine Requisiten zu beleben, sie erlangten und behielten ihre Bedeutung zu sehr jenseits des lebendig Filmischen. Dennoch hat er es verstanden, zumindest in seinen ersten Werken, die Technik minutiös darauf zu verwenden, sehr subtile Eindrücke zu schaffen.

Ein solch knappes Fazit wäre nicht vollständig, würde man nicht die Hinwendung des Films in jene Richtung andeuten, in der seine eigentliche Bestimmung liegt, nämlich die äußere und innere Bewegung der Lebewesen auszudrücken. Deswegen komme ich hier nochmals auf die französische Avantgarde-Produktion zurück, der die gesamte Kinematographie viele ihrer Fortschritte verdankt und die ihrerseits den Gründern spezialisierter Kunstkinos, wie man sie nur in Paris findet, so viel schuldet. Absolute Filme***** widmen sich der Entwicklung mehr oder weniger komplizierter geometrischer Formen; sie repräsentieren eine Art darstellender Geometrie in harmonischer Beweglichkeit; an ihnen erweist sich das Wesen des filmischen Genusses; die Bewegung, die sie repräsentieren, ist mit derjenigen ihres eigenen Prinzips (als absolute Filme) fast identisch. So wie alles Abstrakte fangen sie allerdings schnell an, langweilig zu werden. Die surrealistischen Filme visualisieren den tiefen Gedankenstrom, die Logik der Ge-

fühle, das traumhafte Fließen, Dinge also, die ohne die Artikulationsmöglichkeiten des Films unzugänglich bleiben würden. Diese Art Film verlangt den Regisseuren eine bedingungslose Ehrlichkeit ab, die nicht leichtfällt. Stattdessen spekulieren die Autoren bereits mit vorgeblich feststehenden, aus ihrer Lektüre von Freud abgeleiteten Korrespondenzen, und rechnen sich aus, über welche Bilder sie am besten ihre Asso-

****) Wikipedia widmet Cecil B. DeMille (1881–1959) die folgende Würdigung: „DeMille verstand es instinktiv, die Wünsche des Publikums zu wecken und auch zu befriedigen. Seine Filme waren meist Extravaganzen, die den Begriff des ‚Popcorn-Kinos‘ vorwegnahmen. Die Kritiker bemängelten regelmäßig die teilweise absurde Interpretation von Geschichte in seinen Epen, doch gleichzeitig zollten sie Respekt für die technisch innovativen Entwicklungen und tricktechnischen Erfindungen." Zu den imposantesten Filmen, die er bis 1931 drehte, gehören das Historiendrama *Joan, the Woman* (1917), die Bibelverfilmung *The Ten Commandments* (1923), *The King of Kings* (1927) und *Madame Satan* (1930). DeMille hat auch das Genre der „Bed-and-Bathroom-Romance" erfunden. In den Filmen, die diesem Genre zugerechnet wurden, arbeitete er bevorzugt mit Gloria Swanson als Hauptdarstellerin zusammen.

*****) In ihrer *Subgeschichte des Films. Lexikon des Avantgarde-, Experimental- und Undergroundfilms* (Frankfurt am Main 1974, S. 29) definieren Hans Scheugl und Ernst Schmidt jr. den Begriff des „Absoluten Films" folgendermaßen: „Neben [Hans] Richter und [Viking] Eggeling waren Walter Ruttmann und dessen Schüler Oskar Fischinger die Ersten, die rein abstrakte Filme in der Trickfilmtechnik herstellten. Auf sie geht die Verbreitung des abstrakten Films zurück. Diese deutschen Avantgardisten verwendeten für ihre Werke die Bezeichnung ‚Absoluter Film‘. Hinzu kamen später auch Filme mit Realaufnahmen, wie die ‚sinfonischen‘ Dokumentarfilme von Ruttmann und die dadaistisch beeinflussten Werke von Richter. ‚Absolut‘ bedeutet hier, dass Film von allen dramatischen Elementen des Handlungsfilms befreit und nach ‚rein filmischen‘ Gesetzen gestaltet werden sollte. Dazu zählten besondere Kameraeinstellungen, die materialbewusste Verwendung von Positiv- und Negativbildern und vor allem die Montage. Im russischen Film entsprach einzig Vertovs *Der Mann mit der Kamera* diesem Ideal. In Frankreich propagierte Henri Chomette das Cinéma pur, bei dem Realaufnahmen nach den Regeln des absoluten Films, aber ohne jede dokumentarische Bedeutung verwendet wurden."

Illustration aus *Bonjour Cinéma*

sen, so wie Wünschelrutengänger das Gelände nach unterirdischen Wasserläufen abtasten. Die Flüsse, die Wälder, der Schnee, die Fabriken und Armeen, die Gleise und das Meer haben auf der Leinwand ein dermaßen intensives und persönliches Leben offenbart, solch grandiose Bewegungen, solchen Magnetismus des Seelischen, dass selbst der filmische Schatten des Menschen daneben verblasst.

Der Stummfilm ist nicht tot, und seine Leistungen werden nicht verlorengehen. Die gegenwärtige Epoche der Verirrung ist nur ein vorübergehender Stillstand. Zweifeln wir nicht daran, dass der gemeinsame Aufschwung des Stumm-*und* Tonfilms noch bevorsteht.

Jean Epstein, „Bilan de fin de muet", in:
Cinéa et Ciné pour tous, Januar-Februar 1931.
Auch enthalten in: Écrits sur le cinéma, Band 1,
Paris 1974, S. 229ff.

ziationen mitteilen können; so entsteht zwar Symbolisches, aber ich glaube mit Novalis, dass uns der Sinn für Hieroglyphen abgeht.*

Anstatt das reine Photogénie im beweglichen Fundus von Schemen zu suchen, haben einige Regisseure es viel erschöpfender in der Natur vorgefunden. Sie haben über die Welt den fremden Blick ihrer Apparate schweifen las-

*) Georg Friedrich Philipp Freiherr von Hardenberg, genannt Novalis (1772–1801), war ein deutscher Schriftsteller der Frühromantik, dazu auch Philosoph und Bergbauingenieur. Worauf Epstein sich hier bezieht, ist das „Fragment 2320" aus den *Neuen Fragmenten* von Novalis: „Ehemals war alles Geistererscheinung. Jetzt sehn wir nichts als tote Wiederholung, die wir nicht verstehn. Die Bedeutung der Hieroglyphe fehlt. Wir leben noch von der Frucht besserer Zeiten."

Photogénie des Unwägbaren

Für die Zukunft verspricht uns der Kinematograph, darin keinem anderen Instrumentarium gleich, Erkundungen jener geheimen Wirklichkeit, in der alle Erscheinungen ihre bislang noch nie gesehenen Wurzeln haben.

Seit Jahren schon deuten Anzeichen darauf hin. Darunter ganz einfache: zunächst einmal all die Räder, die sich auf der Leinwand drehen, sich nicht mehr drehen, sich wieder drehen, vorwärts, rückwärts, schnell und langsam, abgehackt. Das lässt sich rechnerisch erklären. Wenn aber die kinematographische Wiedergabe diesen Bewegungsvorgang so einschneidend entstellt, legt das nicht die Vermutung nahe, dass auch noch eine Menge anderer registrierter Bewegungen mit derselben, zuweilen weniger augenscheinlichen, zuweilen schwieriger zu begründenden spezifischen Ungenauigkeit wiedergegeben werden? Im Übrigen kennt jeder zumindest *eine* Anekdote von Schauspielern, die in Tränen ausbrechen, wenn sie sich zum ersten Mal auf der Leinwand erblicken – wobei sie ein anderes Bild abgeben als das, das sie sich vorgestellt haben. Für jeden, Schauspieler oder nicht, ist es verwirrend, sich so zu betrachten, wie das Objektiv ihn gesehen hat. Das erste Gefühl ist immer das des Schreckens darüber, sich wahrzunehmen, sich zu hören als einen Fremden. Und auch denen, die lange miteinander gelebt haben, bietet der Kinematograph keineswegs das Gesicht und die Stimme, wie sie sie am anderen gekannt haben. Daraus folgt eine Beunruhigung. Wenn niemand auf der Leinwand so aussieht wie im wirklichen Leben, nimmt man dann nicht mit Recht an, dass dies auch für alle Dinge gilt? Dass der Kinematograph, wenn man ihn nicht daran hindert, seine eigene Ansicht von der Welt schaffen kann?

Jedes Bild auf der Leinwand bildet den Ausschnitt aus einer Welt, deren Kontinuität wir in dem Maß, in dem die Vorführung voranschreitet, im Geiste vervollständigen. Was sind die besonderen Eigenschaften der Welten, deren Vorstellung uns der Kinematograph ermöglicht? In welches Bezugssystem gehören die Ereignisse, wie sie im Film Platz finden?

Wenn auch das auf der Leinwand festgehaltene Bild noch nicht stereoskopisch ist, so sind wir doch dermaßen an die Darstellungskonvention von Tiefe gewöhnt, dass die drei räumlichen Dimensionen der Wirklichkeit auch im Kino für uns erhalten bleiben. Aber das Spezifische der neuen, projizierten Welt liegt darin, dass hier noch eine andere Perspektive der Materie hervortritt, die der Zeit. Die vierte Dimension, die ein Geheimnis zu sein schien, wird durch die Verfahren von Zeitlupe und Zeitraffer zu einem ebenso geläufigen Begriff wie die drei anderen Koordinaten. Die Zeit ist die vierte Dimension des Universums, das Raum-Zeit ist. Der Kinematograph ist derweil das einzige Instrument, das Ereignisse so wiedergibt, dass diese vier Dimensionen wahrgenommen werden. Darin erweist er sich als dem Menschen überlegen, der nicht dafür geschaffen zu sein scheint, von sich aus den Zusammenhang der vier Dimensionen sinnlich aufzufassen.

Diese physiologische Unfähigkeit des Menschen, den Raum-Zeit-Begriff zu meistern, diesem zeitlosen Sektor der Welt sich zu entziehen, den wir Gegenwart nennen und dem fast ausschließlich unser Bewusstsein gilt, ist die Ursache der meisten „Materialschäden durch Abnutzung", von denen viele hätten vermieden werden können, wenn wir die Welt unmittelbar erfassen könnten als *die Folge*, die sie ist. Wenn es Hellseher gibt, dann liegt darin ihre Begabung: Raum und Zeit zugleich zu erfassen.

Darin besteht auch die Hellsichtigkeit des Kinematographen: dass er die Welt in ihrer allgemeinen, ständigen Beweglichkeit darstellt. Getreu der Etymologie seines Namens entdeckt er da, wo unser Auge nur Stillstand sieht, Bewegungen. Schon begnügt er sich nicht mehr damit, nur die Folge der Einstellungen wiederzugeben, er bildet auch die der Töne nach, erfasst den Ablauf der Volumen und Farben, und vermutlich stehen uns noch viele weitere solcher Fortentwicklungen bevor. Wir sollten die unruhig bewegten, kurzen Einstellungen, die sich augenblicklich in den Filmen so vieler Autoren häufen, nicht für stilistische Koketterie halten. Sie gehorchen instinktiv den großen Gesetzen ihrer Kunst und erziehen nach und nach, mehr als man glauben möchte, unseren Geist. Schon haben die diskontinuierlichen, statischen

Aspekte nicht mehr das Übergewicht in unserer – auch der alltäglichen – Philosophie.

Vor dem Heraufkommen des Kinematographen wäre es undenkbar gewesen, auf die äußere Wirklichkeit einen anderen Zeitbegriff anzuwenden als den unserer so beschränkt variablen inneren psychologischen Zeit, also die zeitliche Komponente der äußeren Erscheinungen experimentell zu verändern und andere, fabelhafte Gestalten der Welt für möglich zu halten. Zeitlupe und Zeitraffer offenbaren dagegen eine Welt, in der es zwischen den einzelnen Bereichen der Natur keine Grenzen mehr gibt. Alles lebt. Die Kristalle wachsen, Stück um Stück, vereinigen sich in sanfter Sympathie. Worin unterscheiden sich denn die Blumen und unsere Nervengewebe so sehr? Und die Pflanze, die ihren Stengel aufrichtet, die ihre Blätter der Sonne zuwendet, die ihren Blütenkranz entfaltet und schließt, die ihre Staubgefäße über den Stempel neigt, drückt sie nicht im Zeitraffer das gleiche Lebendige aus wie Pferd und Reiter, die in der Zeitlupe über ein Hindernis schweben und sich zueinander beugen? Und ist die Verwesung nicht Wiedergeburt?

Gegen diese Experimente spricht, dass sie die Ordnung stören, die wir mit viel Mühe in unsere Auffassung vom Universum gebracht haben. Aber es ist ja bekannt, dass jede Klassifizierung Willkürliches enthält und dass man Einteilungen, deren Künstlichkeit zu offensichtlich wird, besser aufgibt. Die Verallgemeinerung unserer eigenen, so wenig variablen psychologischen Zeit stellt eine Illusion dar, die wir uns zur Erleichterung des Denkens geschaffen haben. Der Blick aber, den der Kinematograph uns auf eine Natur zu werfen erlaubt, in der Zeit weder einmalig noch konstant ist, erweist sich gegenüber unserer egozentrischen Gewohnheit als frucht-bar. Allein die einfache Veränderung durch den Rücklauf – der Kinematograph gestattet es uns, den normalen Weg der Zeit zurückzugehen – gibt uns eine Ahnung von jener Welt, wie sie zur Popularisierung der Relativitätstheorien flink ausgedacht worden ist. Die Darstellung eines rückwärts aufgenommenen und vorwärts vor-geführten Ereignisses zeigt uns eine Raum-Zeit, in der Wirkung an die Stelle von Ursache tritt; wo alles, was sich anziehen müsste, sich abstößt; wo eine Beschleunigung der Schwere eine Ver-langsamung der Leichtigkeit, wo zentrifugal zentripetal ist; wo alle Vektoren umgekehrt sind. Und dennoch ist diese Welt nicht unverständ-lich, sogar die Sprache lässt sich bei einiger Ge-wöhnung erraten. Dann fällt einem die geheim-nisvolle Umkehrung der Bilder der Retina ein oder der Schläfer, der einen Traum rekonstru-iert, der mit dem Klingeln des Weckers zu enden schien, während er dadurch doch erst ausgelöst wurde. Und man fragt sich, wer die wirkliche Richtung des Verlaufs kennt. Nicht ohne ein wenig Angst sieht sich der Mensch vor dem Chaos, das er versteckt, geleugnet, vergessen, das er für gezähmt gehalten hatte. Der Kine-matograph stößt ihn auf ein Ungeheuer.

Ein erstaunlicher Animismus hat sich der Welt aufs Neue bemächtigt. Wir wissen jetzt, da wir sie sehen, dass wir von nichtmenschlichen Existenzformen umgeben sind. Wenn es zahl-lose Leben unterhalb des unseren gibt, so gibt es andererseits auch solche, die das unsere weit überragen. Auch da wieder lässt der Kinemato-graph, indem er die Reichweite unserer Sinne ausdehnt und die zeitliche Perspektive ins Spiel bringt, durch Gesicht und Gehör Individuali-täten wahrnehmbar werden, die wir unsichtbar

und unhörbar wähnten, und macht uns mit der Realität bestimmter Phänomene bekannt, die wir für Abstrakta hielten.

In einem zeitrafferartigen Überblick, in dem der rührende Stolz eines Großvaters zwanzig Jahre hindurch, fast Monat für Monat, alle Arten von kleinen familiären Ereignissen festgehalten hatte, habe ich auf der Leinwand drei Genera-tionen gesehen und zwei gehört. Ich hatte mich schon höflich auf eine Stunde Langeweile einge-stellt und war überrascht, ein beeindruckendes Phantom und eine eigenartige Stimme nach und nach Gestalt annehmen zu sehen und zu hören. Das brachte mir plötzlich die Stimme eines Schattens in Erinnerung, die Poe gehört hatte, die Stimme nicht eines Lebenden, son-dern einer Menge Lebender, die, von Silbe zu Silbe den Rhythmus wechselnd, sein Ohr die vielgeliebten Intonationen einer Reihe von Freunden vernehmen ließ. Vom Ahnherrn bis zum jüngst Geborenen verschmolzen alle Ähn-lichkeiten, alle Verschiedenheiten zu einer Per-son. Die Familie erschien mir wie ein einziges Wesen, dessen Einheit von der noch so großen Verschiedenheit ihrer Mitglieder nicht zerstört, sondern hergestellt wurde. Hinterher im Foyer, unter lauter Leuten, die von der Leinwand ge-rade verschwunden und deren Stimmen ver-stummt waren, rief die Unterhaltung in mir einen ungewöhnlichen Nachklang hervor: Ihr Summen entsprach genau den vereinten Stim-men, die eben noch aus dem Lautsprecher er-tönt waren; dieser Chor war die Stimme der Fa-milie. Nein, niemand in dieser Versammlung kam mir frei vor, weder in dem, was er gewesen, noch in dem, was er jetzt war, oder in dem, was er einmal sein würde. Und ob aus diesem oder jenem Mund: Immer antwortete mir die ganze

Familie, mit ihrer einmaligen Stimme, gemäß ihrem einmaligen Charakter, ihrer für sie bezeichnenden rigiden Denkungsart, die durch so viele vergangene, gegenwärtige und zukünftige Körper fortlebte und fortleben wird.

Wenn der Kinematograph erst einmal hundert Jahre alt sein wird, vorausgesetzt, die Mittel sind da, um Experimente zu wagen und die Filme aufzubewahren, dann wird er viele packende und lehrreiche Erscheinungsformen des Familienungeheuers in Bild und Ton festgehalten haben.

Nach vielen anderen Konzepten, die man für die Einteilung von Personengruppen entwarf, schlägt uns der Kinematograph eine der naheliegendsten vor: die nach Vererbungskriterien, Gemütszuständen, Krankheiten. Zur Stummfilmzeit stellte Adrien Bruneau einen Filmstreifen ausschließlich aus Großaufnahmen von Lachenden zusammen*; man konnte ihn nicht ohne Verwunderung anschauen. Nur wer nie in einer Abteilung für Typhus- und Tetanuskranke gewesen ist, vermöchte dem Aphorismus noch Glauben zu schenken, es gäbe keine Krankheiten, nur Kranke. Eine Epidemie erfasst Individuen jeden Alters, jeder Schicht, jeden Temperaments, jeder Moral und zwingt jedem dieselbe Haltung, dieselbe Maske, denselben Geisteszustand auf. Ein Krankheitskeim macht sie zu einer einheitlichen Familie, seiner Familie, formt sie zu *einer* Persönlichkeit, in der der Einzelne und die Gattung ineinander verschmelzen.

Wenn die Erforschung solcher außerindividueller Wesenheiten noch nicht wirklich in Angriff genommen wurde, so deshalb, weil unsere Intelligenz vor allem analytisch verfährt und kaum dazu geschaffen ist, von der Welt anderes wahrzunehmen als zeitlich begrenzte, im Räum-

lichen angesiedelte Teilansichten. Die nur unter dem Mikroskop sichtbar werdenden winzigen Teilstücke des Universums lassen uns nichts ahnen von den ungeheuren Weiterungen, die andere praktisch allgegenwärtige, zahllose Existenzen bilden. Eine Haupteigenschaft des Kinematographen ist es, diesem Mangel in gewisser Weise abzuhelfen, bestimmte Synthesen für uns vorzubereiten, eine Kontinuität von einem Umfang und einer Dehnbarkeit wiederzugeben, deren unmittelbare Wahrnehmung unsere physiologische Beschaffenheit nicht zulässt.

Heraufbeschworen und so auf die Leinwand gelangt, haben die ersten Vorreiter aus dieser unermesslich großen Menge undurchschaubarer, geheimer, synthetischer, an Mächtigkeit und Dauer uns überlegener Existenzen sich dem Zustand des Sichtbaren und Hörbaren genähert, haben sich mal als Erscheinungen des Geistes, mal als Geist der Erscheinungen zu erkennen gegeben, haben den Gegensatz zwischen Geist und Materie reduziert auf jene Grenzlinie, die ebenso willkürlich das sinnlich Erfahrbare vom Jenseitigen scheidet, wie wir das Kalte vom Heißen, die Dunkelheit vom Licht, die Zukunft von der Vergangenheit zu trennen pflegen. Tritt jedoch eine Reihe von Vorkehrungen in Kraft, die den einen oder anderen unserer Sinne schärfen, so verschiebt sich die zwischen Leben und Tod angenommene Grenze nach und nach so weit, bis wir am Ende entdecken, dass sie gar nicht existiert.

Die analytische Fähigkeit der Objektive und Mikrofone ist jedoch ebenfalls in Betracht zu ziehen und, der natürlichen Neigung unseres Geistes sowie dem Weg des geringsten Widerstands folgend, hat man sich ihrer schon ausgiebig bedient, vor allem bei mechanischen

Untersuchungen. In der Psychologie hat man sie vorerst nur selten eingesetzt. Aber eine Maschine zur Aufzeichnung von Geständnissen war immer schon ein Traum der Menschen, und heute kennt man Verfahren, die die geheimsten Gedanken bloßlegen. Allerdings ist mir nicht bekannt, dass man zu diesem Zweck auch schon Stimmaufnahmen und Zeitlupenaufnahmen von Gesichtsausdrücken hinzugezogen hätte – bis auf eine Ausnahme, die folgende: Ein amerikanischer Richter, der mit zwei Frauen konfrontiert war, die beide behaupteten, die Mutter eines Findelkindes, eines kleinen Mädchens zu sein, ließ die erste Reaktion des Kindes auf die beiden Kandidatinnen kinematographieren und entschied den Fall erst, nachdem er sich den Film wiederholt angesehen hatte.

Bei Ermittlungen, die auf diese Art durchgeführt werden, kann es vorkommen, dass der Verdächtige, falls er ein guter Schauspieler ist, das Gericht zu täuschen vermag, aber diese Gefahr besteht auch bei den sorgfältigsten Labortests; gewiefte und intelligente Simulanten haben da sogar noch größere Chancen. Wofür unserem Gehirn die Zeit nicht ausreicht, um es zu speichern; was dem Auge aus demselben Grund und aus dem der Begrenzung des Gesichtsfeldes entgehen muss: Die Vorzeichen einer Handlung, die Herausbildung und Entwicklung ihrer Motive, der Kampf der widerstreitenden Gefühle, aus dem die Tat schließlich hervorgeht – alles das vermag die Zeitlupe nach Belieben vor uns auszubreiten. Wie durch eine Lupe gesehen liegt es vor uns, da die Vergrößerung durch die Leinwand ein Übriges tut. Die schönsten Lügen kommen dagegen nicht auf, und die Wahrheit, unmittelbar augenfällig, trifft den Zuschauer mit der Plötzlichkeit der Evidenz. Sie löst in ihm ein ästhetisches Empfinden aus, eine Bewunderung, ein Vergnügen, wie sie nur der untrügliche Wahrheitsmoment auszulösen vermag.

Spiegel sind Zeugen ohne Tiefblick und unzuverlässig (sie verkehren unseren Azygomorphismus**, der beim Ausdruck eine große Rolle spielt). Wer wünschte sich nicht, einen Beobachter wie den Kinematographen täglich befragen zu können, um die eigene Ehrlichkeit, die eigene Überzeugungskraft zu prüfen?

Jean Epstein, Photogénie de l'impondérable, *Paris 1935. Auch enthalten in:* Écrits sur le cinéma, *Band 1, Paris 1974, S. 249ff.*

*) Der zehnminütige Lehrfilm *Le Rire* (1921) diente in Zeichenklassen der École des Beaux Arts in Paris als Anschauungsmaterial, um das „Entgleisen" der Gesichtszüge bzw. das Spiel der Gesichtsmuskeln beim Lachen zu studieren.

**) Epsteins naturwissenschaftliche Begriffsfindung leitet sich von „zygomorph" her, womit die zweiseitig symmetrische Gestalt einer Blüte bezeichnet wird.

LES CLASSIQUES DU CINÉMA

JEAN EPSTEIN

L'INTELLIGENCE
D'UNE
MACHINE

LES ÉDITIONS JACQUES MELOT

Cover von Epsteins erstem Buch nach dem Zweiten Weltkrieg

Die zeitlose Zeit

Lehre der Perspektive

Jedes Schauspiel, das sich der Nachahmung einer Folge von Ereignissen widmet, erschafft, allein durch sein Aufscheinen in Form eines chronologischen Verlaufes eine eigene Zeit, eine Deformation der objektiven, historischen Zeit. In den primitiven Manifestationen des Theaters war diese falsche Zeit bemüht, die Abweichung von der Zeit, auf die sich die beschriebene Handlung bezog, so gering wie möglich zu halten. Ebenso wagten sich auch die ersten Zeichner und Maler nur zaghaft ans Abenteuer des falschen Reliefs. Sie wussten nur wenig darüber, wie man den Eindruck der räumlichen Tiefe simuliert, blieben der Wirklichkeit der planen Oberfläche verhaftet, auf der sie arbeiteten. Erst nach und nach, indem der Mensch sein Genie als nachahmendes Tier par excellence ausbildete, das von den Nachahmungen der Natur zu solchen zweiten und dritten Grades gelangte, kam er dazu, sich fiktiver Räume und Zeiten zu bedienen, die sich immer weiter von ihren ursprünglichen Modellen entfernten.

So ist zum Beispiel an der ungeheuren Dauer der im Mittelalter aufgeführten Mysterienspiele noch die Schwierigkeit abzulesen, mit der sich der Geist jener Epoche konfrontiert sah, sobald er in die zeitliche Perspektive einzugreifen bemüht war; erschien doch ein Drama, das auf der Bühne nicht annähernd so viel Zeit in Anspruch nahm wie in Wirklichkeit, als wenig glaubwürdig; es hätte nicht die Kraft besessen, Illusion zu erzeugen. Und die Regel der dreifachen Einheit – Ort, Zeit und Raum –, welche die Handlungsdauer auf maximal 24 Stunden beschränkte, wobei man auf drei oder vier Stunden Aufführungszeit komprimieren durfte, kennzeichnet eine weitere Phase des Weges, auf dem es zu einem Verständnis von Verkürzungen in der Chronologie, das heißt zur zeitlichen Relativität kam.

Heute erscheint diese Reduktion im Maßstab 1:8, die sich die klassische Tragödie im Höchstfall erlaubte, als geringfügig, wenn man sie mit den Verdichtungen vergleicht, die der Kinematograph realisiert. Sie können bis zu einem Fünfzigtausendstel reichen, was uns manchmal auch etwas in Schwindel geraten lässt.

Die Maschine zum Denken der Zeit

Ein weiteres erstaunliches Verdienst des Kinematographen liegt darin, die Möglichkeiten der zeitlichen Perspektive ins Unermessliche aufzufächern, zu vervielfachen und aufzulockern, die Intelligenz zur Gymnastik zu animieren, die ihr immer schwergefallen ist: von eingefleischter Unbedingtheit zu instabilen Bedingtheiten überzugehen. Noch einmal: Diese Maschine, die die

Dauer in die Länge zieht oder verdichtet, die
die variable Natur der Zeit offenbart, die die
Relativität alles Messbaren predigt, scheint mit
einer Art Psyche versehen zu sein. Ohne diese
Maschine würden wir nichts sehen, nichts verstehen von dem, was tatsächlich 50.000 Mal so
viel oder vier Mal weniger von der objektiven
Zeit, in der wir leben, in Anspruch nimmt. Gewiss, diese Maschine ist von handfester materieller Substanz, mit ihrem Spiel aber bringt sie
solch elaborierte Erscheinungen hervor, bietet
sie sich so hervorragend als Werkzeug des Geistes an, dass man geneigt ist, sie als etwas zu nehmen, in dem selbst schon zur Hälfte Gedachtes
niedergelegt ist; Gedachtes, das den Regeln von
Analyse und Synthese in einer Weise folgt, wie
es der Mensch ohne das Instrument der Kinematographie unfähig gewesen wäre zu tun.

Jean Epstein, „Le temps intemporel", in:
Epstein, L'Intelligence d'une Machine,
Paris 1946. Auch enthalten in: Écrits sur le
cinéma, Band 1, Paris 1974, S. 281ff.

Die Regel der Regeln

Es gibt keine Wahrheit, außer der immanenten

Jede Philosophie ist ein in sich geschlossenes System, das nur eine immanente Wahrheit enthalten kann. Der Platonismus ist für den wahr, der gemäß Platon denkt; der Rousseauismus für den, der sich erregt, wie sich der einsame Spaziergänger erregte; und der Pragmatismus für den, der glaubt, was James* glaubte. Die Schwierigkeit macht sich erst bemerkbar – sofort, unvermeidlich –, wenn man versucht, zu beurteilen, welches Denken das wahrste sei, das von Malebranche** oder das von Spinoza, das von Leibniz oder das von Schopenhauer, denn es bedürfte dazu eines außerhalb der verglichenen Systeme liegenden Kriteriums, eines der Realität entliehenen gemeinsamen Maßstabs. Nun entgleitet diese Realität aber stets, in jeder Untersuchung, und man verzichtet schließlich darauf, sie zu enthüllen, man gesteht, dass sie undurchschaubar ist.

Mit welchem Recht wollte man vom kinematographischen Roboter-Philosophen mehr fordern als vom menschlichen Philosophen, nämlich eine raffinierte, halbwegs kohärente, das Spiel der Interpretation von Erscheinungen mitspielende, dabei aber doch auf die Realität hin offene Repräsentation des Universums zu liefern, unter der Bedingung, dass diese ihren organischen Voraussetzungen treu bleibt, das

heißt, dass sie nicht von zu großen inneren Widersprüchen zerrissen wird oder zumindest die List erlaubt, solche miteinander zu versöhnen? Was nun dieses beschränkte, bescheidene Ansinnen an die Philosophie betrifft, so steht der Kinematograph, mehr als jeder menschliche Denker, für die erwähnte Konsequenz ein; zeigt er sich doch ganz und gar außerstande, den mechanischen Abläufen zu entfliehen, denen er durch seine eigene mechanische Beschaffenheit noch rigoroser unterworfen ist als der menschliche Organismus den Gesetzmäßigkeiten der Körperfunktionen.

Ein Universum variabler Zeit

Allein schon durch seine Konstruktion ist es dem Kinematographen vorbehalten, das Universum als eine immerzu und allseits bewegliche Kontinuität darzustellen, fortlaufender, flüssiger und

---

*) William James (1842–1910), amerikanischer Philosoph und Psychologe, lehrte in Harvard und galt als führender Vertreter des Pragmatismus. In seinem philosophischen Hauptwerk *Pragmatism: a new name for some old ways of thinking* (1907) sind Grundideen des Behaviorismus und der Gestalttheorie vorweggenommen. Bruder des Schriftstellers Henry James.

**) Nicolas Malebranche (1638–1715) war ein französischer Philosoph und Mönch ohne Ordensgelübde, der den cartesianischen Dualismus von Leib und Seele als ein von Gott gelenktes Nebeneinander (Okkasionalismus) zu erklären suchte. Als sein Hauptwerk gilt *Von der Erforschung der Wahrheit* (1674/75).

beweglicher, als es sich der unmittelbaren Erfahrung erschließt. Sogar für einen Heraklit wäre diese Instabilität aller Dinge nicht vorstellbar gewesen; eine solche Inkonsistenz der Kategorien, die ineinanderfließen; diese Auflösung von Materie, welche sich, kaum wahrnehmbar, von Gestalt zu Gestalt wandelt. Die Ruhe erblüht in Bewegung und die Frucht der Bewegung ist Ruhe; die Gewissheit ist mal Mutter, mal Tochter des Zufalls; die Gestalten des Lebens nähern und entfernen, verflüchtigen sich, um in anderer Form wieder aufzutauchen: pflanzlich, wo man sie mineralisch glaubte; tierisch, wo sie vordem pflanzlich oder menschlich erschienen waren; nichts trennt die Materie vom Geist, sie sind wie Wasser und Dampf, für welche nur die kritische Temperatur der Auslöser ihrer Unterschiedenheit ist. Eine tiefe Identität liegt dem Ursprung und Ende zugrunde, der Ursache und der Wirkung, die, ihre Rollen tauschend, sich grundsätzlich gleichgültig gegenüber diesen verhalten. Wie der Stein der Weisen, so besitzt auch der Kinematograph die magische Kraft, universelle Verwandlungen herbeizuführen. Sein Geheimnis indes ist äußerst einfach: Es liegt in der Fähigkeit begründet, die zeitliche Dimension und die Orientierung in ihr variieren zu können.

Der wahre Ruhm, der erstaunlichste und vielleicht gefährlichste Erfolg der Brüder Lumière besteht nicht darin, die Entwicklung der siebten Kunst befördert zu haben (die im Übrigen ihren eigenen Weg zu verlassen droht und sich damit zu begnügen scheint, ein Theaterersatz zu sein), sondern er besteht darin, diese Zauberei praktiziert zu haben, derer sich schon Josua ein wenig rühmte*; diese Zauberei, dank derer unsere Sicht der Welt aus der Unterwerfung unter einen einzig gültigen äußeren Zeit-Rhythmus –

hervorgerufen von Sonne und Erde – sich zu befreien vermag.

Die Zeit, Schöpfungsmasse der Welt

Eine kleine Variation innerhalb der Wahrnehmung von Zeit genügt, damit das Unbekannte hervortritt, jenes Unbekannte, das dennoch Teil der Realität ist, sei diese nun kontinuierlich oder diskontinuierlich, lebloser oder lebendiger Natur, bloße Materie oder beseelt, nur mit Instinkten ausgestattet oder auch mit Intelligenz und einer Seele begabt; gleichgültig auch, ob sie einer Bestimmung folgt oder dem Zufall, ob sie der einen Logik oder irgendeiner anderen, konträren, ihre Gesetzlichkeiten verdankt, oder ob in ihr überhaupt keine vernünftige Abfolge von Geschehnissen sich ereignet. Alles kommuniziert mit allem, verwandelt sich vom einen ins andere, zweifellos unter Befolgung unzähliger einzelner Regeln, aber auch und vor allem einer einzigen allgemeinen Regel: dass zwischen allen Gehalten, sobald die Zeit *als Variable* in sie eingeflossen ist, eine Wechselbeziehung besteht. Die namenlose Wirklichkeit, die – zumindest müssen wir das annehmen – sich wie ein Unbewusstes zu jener Welt verhält, in der die Dinge ihren Namen haben, den sie der zeitlichen Perspektive schulden, in der wir sie wahrnehmen, dieses Unbewusste ist nun bereit, ihnen ein neues Gewand anzulegen, das jenen anderen, ihm eigenen Zeitdimensionen angepasst ist.

Diese allgemeine Regel, die die große Offenbarung der kinematographischen Transkription des Universums auf den Punkt bringt, ist von einer Strenge, wie man sie nur von einer aus gesichertster wissenschaftlicher Erkenntnis abgeleiteten Regel fordern kann. Als Hauptregel bestimmt sie nicht nur den Inhalt der ihr untergeordneten Regeln, sei es direkt oder indem sie den wichtigsten unter ihnen (die die Transformationen des Energieflusses und der Schwerkraft betreffen) ihre Zielrichtung vorgibt; nein, sie wirkt sogar auf die Konzeption eines Gesetzes der Kausalität und der Statistik und, noch allgemeiner, auf die Herausbildung einer Idee dessen, was wir unter dem Begriff „Abfolge" zusammenfassen, bestimmend ein.

Eine allgemeine Regel erfordert eine allgemeine Substanz

Von dieser Dominanten aller architektonischen Formeln der Schöpfung rührt sowohl eine Bestätigung wie ein neuer Aspekt des absoluten Monismus** her, der in der Alchimie angelegt ist und den die Wissenschaft nach und nach wiederentdeckt. Bei der Vielfalt ihrer Erscheinungsformen zeigt sich die Natur außerstande, aus sich heraus irgendeinen wesentlichen Unterschied innerhalb dieser Formen erkennen zu lassen, weil deren ausschließliche Attribute Instabilität und Wandlung sind – *ad libitum temporis*. Mangels Unterscheidbarkeit ergibt sich eine Gleichförmigkeit des in seinem Wesen Unbekannten, welche bald diesen, bald jenen Charakter aufweist. „Alle Dinge sind aus einem einzigen hervorgegangen", heißt es bei den Rittern der Tafelrunde, und was will man mehr von einem ebenso sehr bestaunten wie immer wieder lächerlich gemachten, in jeder Hinsicht aber überbewerteten Text verlangen, der vorgibt, die Jahrtausende alte Gnosis der Alchimie und der Kabbala – welche selbst schon Erben noch älterer esoterischer Erkenntnisweisen sind – in zwanzig Zeilen eines Textes zu resümieren, der angefüllt ist mit elementaren und astrologischen Allegorien, deren Schlüssel heute verloren ist.

Übrigens, nenne man es Gott oder Quintessenz oder Energie, das alleinige Wesen aller Dinge, das in die Vielfalt der Erscheinungen aufgespalten ist, bleibt unzugänglich. So soll keinem Menschen die Hoffnung versagt bleiben, dass es einmal möglich sein wird, den bezahlten Urlaub mit Astrosport auf der Venus oder dem Mars zu verbringen, dass man Armeen von künstlich geschaffenen Menschen fabrizieren kann, dass Ehrlichkeit und Lüge elektroskopisch unterscheidbar werden, dass es Tuben mit Denkfluoreszenzen gibt oder Pillen, die einem Liebe, Mut, Milde und Freundschaft einflößen; aber selbst wenn man das Universum dieser und all seiner anderen Geheimnisse berauben könnte, bliebe es immer noch genauso wahrscheinlich, dass die Frage nach dem ultimativen *Was* seiner Natur, nach der gültigen Analyse seiner Substanz im Raum verhalte, das heißt ohne Antwort bliebe. Dieses letzte Problem ist und bleibt ungelöst, man spürt seine Unlösbarkeit. Dreht es sich hier doch um eine Vorstellung von uns Menschen, die sich, noch während wir versuchen, sie aufrechtzuerhalten, ganz von selbst abschwächt, zersetzt, bis zum Zustand der Ohnmacht herabsinkt, und dies gerade dann, wenn der Verstand am meisten bemüht ist, die Vorstellungskraft am Leben zu erhalten. Unter den vielen gescheiterten Jagden nach diesem Unerreichbaren ist die von Descartes veranstaltete vielleicht jene, worin die Nichtigkeit dieses Trugbildes, das er verfolgte, am deutlichsten

---

*) Das Alte Testament berichtet, dass die Sonne auf seinen Befehl hin stillstand und er so bei einer Schlacht wertvolle Zeit gewann.

**) Eine philosophische Grundauffassung, nach der die Vielheit des Wirklichen auf ein letztes, einziges Prinzip zurückzuführen ist.

wird, indem man plötzlich bemerkt, wie durch die Gedankenfäden des Philosophen hindurch alles wieder entschwindet, was sie hätten einfangen sollen. Dieses Nichts, das wir hinter all den verschiedenen Erscheinungen erahnen, ist überall das Gleiche und, gemäß seiner Bewegung in der Raum-Zeit, allem und jedem Existierenden beigesellt und zugehörig.

Das Geheimnis der Einfachheit

Indem sie auf eine unergründliche Tradition zurückgingen, wurde seitens der Kabbala und der Alchimie eine substanzielle und funktionelle Einheit des Universums postuliert, deren Beweis erbringen zu können, sie sich ebenfalls mehr oder weniger sicher waren. Mikro- und Makrokosmos sollten von grundlegend gleicher Natur sein, einer gleichen Regel gehorchen. Ganz allgemein scheint die aktuelle Entwicklung der Wissenschaft diese außergewöhnliche Intuition zu bestätigen. Auch der Kinematograph trägt auf seine experimentelle Weise zur Verifizierung jener Aussage bei. Er zeigt an, dass die Substanz aller erfahrbaren Wirklichkeit – abgesehen davon, dass es nicht gelingt, diese Substanz zu erfassen – sich immer und überall so verhält, als sei sie mit sich identisch, ein und dieselbe Substanz. Weiterhin gibt uns der Kinematograph zu erkennen, dass dieses *einheitlich* Unbekannte in der *Differenziertheit* seiner vielfältigen äußeren Erscheinungsformen, seiner Attribute, einem obersten Gesetz untersteht. Dieses lautet: Das Attribut einer Substanz ist abhängig von der Zeit. Alle Qualitätsunterschiede lassen sich auf quantifizierbare Zeitunterschiede, besser: Raum-Zeit-Unterschiede zurückführen, da ja die Zeit untrennbar vom Raum ist, dessen Erfahrung sie uns ermöglicht.

So vermag man für die Struktur der gesamten Natur, durch die unendliche Verworrenheit der Einzelheiten hindurch, eine hervorragende generelle Achse zu entdecken oder zu erschaffen – eine zentral geführte Allee, einen erstaunlich geradlinigen Weg des Verständnisses. Angesichts dieser unerwarteten Vereinfachung ist man erst einmal versucht zu protestieren, wie man es tut, wenn man den Überfluss der Gesten durchschaut hat, durch den ein Zauberkünstler das Geheimnis seiner Tricks zu schützen weiß: „Das war also alles!" Aber wenn wir weiter darüber nachdenken, führt diese Vereinfachung selbst wieder zu einem neuen Rätsel, zu einem weiteren, tiefgreifenderen, vielleicht sogar grenzenlosen Geheimnis. Dann scheint es, als stehe man, die Schnörkel der Illusion hinter sich lassend, vor dem ganz und gar Unbegreiflichen: der wahrhaften Magie.

Jean Epstein, „La Loi des Lois", in: Epstein, L'Intelligence d'une Machine, Paris 1946. Auch enthalten in: Écrits sur le cinéma, Band 1, Paris 1974, S. 322ff.

Die Rückkehr zur pythagoreischen und platonischen Poesie

Das Schauspiel des Universums, wie es sich uns auf der Leinwand darbietet, legt eine Auffassung von Realität nahe, die sich deutlich von den Konzeptionen der klassischen philosophischen Schulen unterscheidet. Arm an Substanz, wie sie ist, bekennt sich die Kino-Realität dazu, fast ausschließlich metaphysischer Art zu sein. Lokalisierbar in Raum und Zeit, steht sie im Zusammenhang mit jenen vier Ebenen, die das raum-zeitliche Verhältnis der verschiedenen Realitätspartikel zueinander definieren. Ampère*, der von drei Realitätsmustern ausging, nannte neben der phänomenalen und der intelligiblen Realität auch die der Beziehungen. Diese Beziehungen sind das Resultat mathematischer und mechanischer Vorgänge, die bei ihm durch eine Maschine in Gang gesetzt werden. Seien diese Beziehungen nun mechanischer oder organischer Natur: Sie bleiben immer Vorstellungen, und als solche sind sie quantifizierbar. Das, was in ihnen, nach Ampère, die Realität ausmacht, lässt sich auf die Idee und die Zahl zurückführen.

Es verhält sich weniger so, dass der Mensch oder seine Maschine eine bereits existierende Realität enthüllen, vielmehr konstruieren sie sie nach mathematischen und mechanischen Regeln der Raum-Zeit, welche ihrerseits bereits existieren. Die Realität, die einzig erkennbare Realität, *ist* nicht, sondern sie realisiert sich, sie stellt sich her, oder genauer: Sie muss immerzu hergestellt werden. Die Rahmenbedingungen für diesen Vorgang der Realitätserzeugung sind durch den jeweiligen Handelnden festgelegt oder auch durch den betreffenden außermenschlichen Denkapparat, der damit betraut ist, die Formel in Realität umzusetzen. Dieser Relativismus gilt überall. Die experimentelle Anordnung, wie sie sich aus einem bestimmten vorgefassten Plan ergibt, zeitigt Ergebnisse, die ihrerseits experimentell sind. Niemand hätte das Recht, aus ihnen Schlüsse im Hinblick auf eine vorgefundene, von der Beobachtung unberührte Realität zu ziehen. Erfahrung ist niemals unparteiisch. Noch der aufrichtigsten wohnt ein Tendenzielles inne, das sie nicht zu überwinden vermag. Sie beweist immer nur das, was zu beweisen ihr aufgegeben ist, so wie ein Apfelbaum von seinen Anlagen her dazu prädestiniert ist, Äpfel zu tragen, und niemals Kaffeebohnen hervorbringen wird.

In diesem Sinne ist auch der Kinematograph eine experimentelle Vorrichtung, die dazu dient, ein Bild des Universums zu konstruieren, das

*) André-Marie Ampère (1775–1836), Physiker, Mathematiker und Professor am Polytechnikum in Paris, fand eine Erklärung für den Magnetismus. Er entdeckte die Anziehung gleichgerichteter und die Abstoßung entgegengesetzt gerichteter elektrischer Ströme (Ampère'sches Gesetz).

heißt zu erdenken. Betrachten wir ein Thermometer, ein Auge, ein Pendel, ein Ohr, ein Elektroskop; jedes dieser Dinge, Instrumente, Organe vermag nur dann etwas zur Kenntnis zu nehmen und zu unterscheiden, das heißt für uns: zu erfinden, wenn es sich dabei entweder um Realitäten des Thermischen, des Luminösen, der Schwerkraft, der Akustik, der Elektrizität handelt; so wie ein Höhen- oder Zeitmesser unter all den Möglichkeiten, die Wirklichkeit zu erfassen, ausschließlich über jene verfügt, welche die Zeit oder den Raum betreffen. Nur diese vermag er als Werte zu imaginieren. Entsprechend besitzt auch der Kinematograph ausschließlich die eine Fähigkeit, diese jedoch umfassend, die Kombination aus Raum und Zeit zu realisieren (das heißt, sie in Realität zu übertragen). Dabei verschränken sich die Variablen des Raumes und die der Zeit in einer Weise, die den Gedanken nahelegt, die kinematographische Realität sei im Kern die Idee einer vollendeten Lokalisierung. Das ist zwar nichts weiter als eine Idee, etwas ideologisch Vorgefasstes und künstlich ins Werk Gesetztes, eine Art Schwindel. Aber dieser Schwindel nähert sich doch sehr jenem Verfahren an, das der menschliche Geist spontan aus sich heraus entwickelt, um seine Ideale in die Realität hineinzutragen.

Es ist zweifellos so, dass die allererste Idee, diejenige, die noch gar nicht wirklich Idee ist, aus dem Kontakt (des Menschen, der Maschine) mit der wahrnehmbaren Realität entspringt und von ihr abhängig bleibt. Dann jedoch löst sich dieser keimende Gedanke von ihr, so wie ein Samen vom Baum fällt und sich eigenständig entwickelt, um zu jener wahren Idee zu werden, die ihrerseits die Realität, nach dem Bilde, das sie von ihr hat, und so wie es für sie, die Idee, gut ist, neu erschafft und bearbeitet. Auguste Comte* war der Ansicht, dass „der Geist nicht zum Herrschen bestimmt ist, sondern zum Dienen". Wenn der Geist jedoch nützlich sein, also dienen soll, dann muss er, sich selbst im Tun realisierend, zuvor herrschen.

So führt uns der Kinematograph zurück zur pythagoreischen und platonischen Poesie, für die die Realität nichts war als Harmonie der Ideen und der Zahlen. In der Tat ist es so, dass die Wissenschaft, mitunter ohne es zu wollen, auf ihrem Weg durch die letzten zwei Jahrtausende nie von diesem Konzept abgewichen ist. Heute schließlich ist das kreative Primat des mathematischen Gedichts kein Geheimnis mehr. Freiwillig macht die Physik das Eingeständnis, dass sie das Reale nicht zu erfassen vermag, außer im Bereich der ihr vorbehaltenen begrenzten Möglichkeiten, das heißt in der Form von Regeln, die auf Zahlen beruhen und jene Bedingungen enthalten, die unter Umständen dazu führen, dass eine Realität hervortritt. Dagegen kann von einem umfassend Realen, als etwas Substanziellem, keine Rede mehr sein. Vielmehr bildet es ein Konglomerat unbegrenzter algebraischer Formeln oder, genauer gesagt, eine vollkommen fiktive Raumzone, einen Ort, dem niemand als Ganzem näher zu kommen vermag.

Jean Epstein, „Retour à la poésie pythagorique et platonicienne", in: Epstein, L'Intelligence d'une Machine, Paris 1946. Auch enthalten in: Écrits sur le cinéma, Band 1, Paris 1974, S. 333ff.

*) Isidore Marie Auguste François Xavier Comte (1798–1857) war Mathematiker, Philosoph und Religionskritiker. Er erlangte Bedeutung als Begründer des Positivismus und prägte den Begriff der (modernen) „Soziologie".

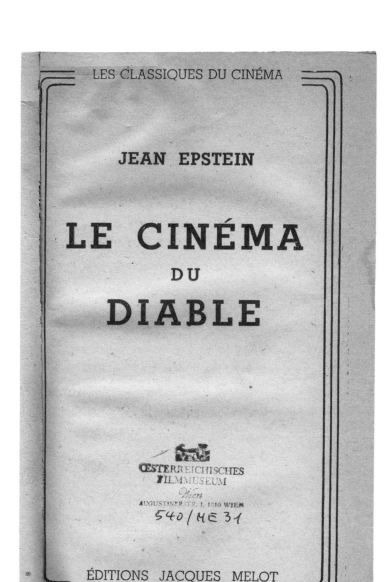

LES CLASSIQUES DU CINÉMA

JEAN EPSTEIN

LE CINÉMA
DU
DIABLE

ÉDITIONS JACQUES MELOT
49, Rue de Seine — PARIS (VIᵉ)

Epsteins letztes zu Lebzeiten erschienenes Hauptwerk (1947)

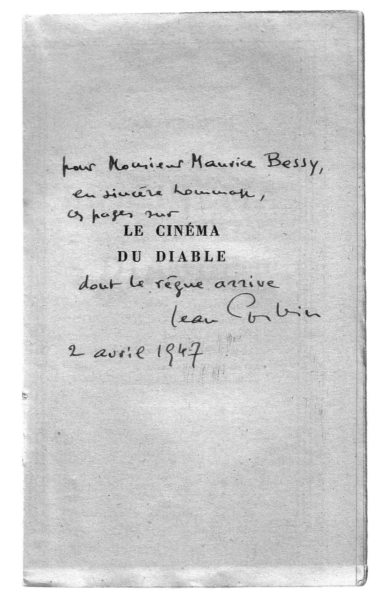

pour Monsieur Maurice Bessy,
en sincère hommage,
ces pages sur

LE CINÉMA

DU DIABLE

dont le règne arrive

Jean Epstein

2 avril 1947

Widmungsexemplar: „Für Maurice Bessy, als Zeichen aufrichtiger Hochachtung, diese Seiten über *Das Kino des Teufels,* dessen Regentschaft bevorsteht – Jean Epstein, 2. April 1947"

Die Sprache der großen Revolte

Seit den Zeiten von Babylon, diesem Prototyp eines gewaltigen Projekts, haben die Menschen das Bedürfnis nach einer allen gemeinsamen Sprache, und sie träumen davon, sie zu erfinden. So wird sich in einem näheren oder ferneren Jahrhundert eine universelle Sprache herausbilden, möglicherweise aber eine ganz andere, als man sie sich bisher vorgestellt hat. Das Lateinische, dessen Lebensdauer man eine Zeitlang durch wissenschaftlichen und theokratischen Gebrauch hat verlängern können, liegt inzwischen in Agonie, sieht dem Tod entgegen, verkümmert in leichenhafter Starrheit. Später genoss das Französische Ansehen als die Sprache der Diplomatie; inzwischen ist es jedoch schon wieder im Verfall begriffen. Das Englische beherrscht die Domäne des Handels, aber nichts kündigt den Niedergang sicherer an als die Ankunft auf einem Gipfel. Volapük* und Esperanto, diese bis ins Kleinste erfundenen Sprachen, werden nie den Beigeschmack von Ungeheuern loswerden, denn Sprachen sind lebende Formen, deren Synthese Grammatiker ebenso wenig zu erstellen in der Lage sind, wie unsere heutigen Chemiker es vermögen, ein Herz zu erschaffen, indem sie unorganische Moleküle kombinieren. So scheinen auch all jene, die versuchen, eine künstliche Sprache hervorzubringen, in das Werk des Schöpfers einzugreifen,

eine Art Gotteslästerung zu begehen, wie es die biblische Episode von Babylon zeigt. Alle Versuche der Menschen, einander sofort und überall auf der Erde zu verstehen, können nur Machenschaften voller unfrommer Absichten sein, insofern sie einen Zusammenschluss der Lebewesen gegen ihren höchsten Herrscher begünstigen.

Dabei war – ohne dass es jemandem aufgefallen wäre – die universelle Sprache in einem

*) Volapük ist eine konstruierte Plansprache, die 1880 von Johann Martin Schleyer vorgestellt wurde. Im zwölften Band von *Pierers Konversations-Lexikon* aus dem Jahr 1883 wird unter dem Stichwort „Volapük" eine Einführung gegeben: „Volapük. v. dem Pfarrer Joh. Martin Schleyer in Konstanz erfunden. Nachdem die v. Leibniz u. a. gemachten Versuche, eine Weltsprache zu begründen, erfolglos geblieben waren, versuchte Schleyer dasselbe Ziel durch die Benutzung des Englischen zu erreichen. Das heute gesprochene Englisch erklärte er möglichst vereinfachen zu wollen; demgemäß macht er aus world (die Welt) vol u. aus speech (die Sprache) pük, zusammengesetzt volapük, Weltsprache. Ähnlich vereinfachte er die Grammatik, in der Flexionslehre: nur eine Deklination, nur eine Konjugation sollte in der Weltsprache vorhanden sein. Der Genetiv soll durch das Suffix a (daher volapük), der Dativ durch das Suffix e, der Akkusativ durch -i gebildet werden; im Plural wird hierzu noch das Suffix -s gefügt. Demgemäß heißt Vater, engl. father, im V. fat, Gen. fata, Gen. Plur. der Väter fatas, den Vätern fates. Das Adjektivum väterlich, engl. fatherly, wird durch Anhängung der Silbe -ik gebildet: fatik. Die persönlichen Fürwörter lauten im Singular ob (ich), ol (du), om (er), also im Pural: obs, ols, oms. Die Konjugation des Verbums besteht in Anfügung dieser Pronomina, vorgesetztes ä bildet das Präteritum, o das Futurum, vorgesetztes p das Passiv, z. B. palaföl, du wurdest geliebt."

Pariser Café bereits geboren worden. Obgleich sie keine Stimme hatte, erging sie sich doch schon radebrechend auf der Leinwand, wandte sich dabei aber nicht an die Ohren, sondern an die Augen. Auch erkannte man sie zunächst nicht, obwohl doch ihre wesentliche Eigenschaft darin bestand, von jedermann verstanden zu werden, da sie sich gemäß der Psychologie der Massen und nicht gemäß der Vernunft der Individuen artikulierte.

In der Tat zeigt uns die Beobachtung kollektiver Verhaltensweisen, dass diese kaum von verstandesmäßigen Überlegungen gesteuert sind. Lieber folgen sie einem anderen Impuls, dem des Gefühls. Sie leiten weder ab, noch kritisieren sie; sie empfinden, sie reagieren, sie erregen sich, sie agieren. Bekanntlich tut sich auch der Film mit Schlussfolgerungen schwer, er beweist nur durch die Evidenz seiner selbst, er überzeugt nur durch Liebe oder Hass. Auf diese Weise verträgt sich die schlichte und konkrete Eloquenz des Kinematographen bestens mit den besonderen und in gewisser Weise auch einseitigen psychischen Gegebenheiten, die sich immer dann manifestieren, wenn eine gewisse Anzahl von Menschen zusammenkommt. So eignet sich der Film offensichtlich am besten dazu, als ein Vehikel von Zeichen zu dienen, die ein ganzes Volk, selbst wenn es aus lauter Analphabeten bestehen würde, zu lesen vermöchte; als ein Medium, das, hochgradig egalitär und demokratisch, überzeugend auf den Betrachter einwirkt.

Doch die Demokratie ist zu einem teuflischen System geworden. Gewiss bleibt Gott, das heißt der christliche Gott, im Großen und Ganzen ein Gott des Volkes, der allen zugänglich ist und sich sogar besonders wohlwollend gegenüber der großen Zahl kleiner Leute zeigt. Es gab einmal eine Zeit, da das Christentum, als es gerade aufgekommen war, eine kommunistische Gesellschaftsordnung vertrat, die, historisch betrachtet, eine erste und vielleicht auch schon letzte Form der Demokratie darstellte. Ihm war dieser Zusammenhang damals aber noch gar nicht bewusst, und als es sich seiner bewusst wurde, verleugnete es ihn. Durch eine Arbeit, die an die der Termiten erinnert, gelang es dem christlichen Kommunismus, Rom als seine Stadt zu erbauen; aber im gleichen Augenblick, in dem die Kirche die Befehlsgewalt vom Kaiser übernahm, wurde sie selbst von der Macht und dem Reichtum, die sie gerade erlangt hatte, überwältigt und transformiert; sie wurde ihrerseits herrisch und feudal, kapitalistisch und imperialistisch. Gott erschien von diesem Augenblick an vor allem als Freund der Mächtigen, als Beschützer der Fürsten, als Stütze der Regierungen, als oberster Polizist, als Konterrevolutionär par excellence. Tausende von Zeugnissen belegen, dass die große Französische Revolution von der Mehrheit der Gläubigen als etwas angesehen wurde, das im Wesentlichen Teufelswerk sei. Folglich könne das gesamte demokratische System, das aus dieser Revolution hervorgegangen ist oder sich auf sie stützt, auch nur auf den Teufel zurückgehen. Fest steht, dass es der Kirche lange Zeit schwerfiel, sich mit dem republikanischen System anzufreunden. Fest steht außerdem, dass die heutige Kirche im sowjetischen Kommunismus mehr denn je etwas Teuflisches sieht, obwohl es sich bei ihm um eine Demokratie im etymologischen Sinne des Wortes handelt, trotz des gegenteiligen Eindrucks, den man von ihm haben kann.

Diabolisch, weil demokratisch. Demokratisch, weil diabolisch. Auf jeden Fall schien der Kinematograph dazu prädestiniert zu sein, diese in der Tat universale Sprache hervorzubringen, diese unmittelbar zu Herzen gehende Sprache, nach der ein von Tag zu Tag immer drängender werdendes Bedürfnis verlangte. Aber die Vorsehung war wachsam: Sie führte rechtzeitig die babylonische Verwirrung wieder ein, indem sie dem Film den Weg zum Ton wies, was zur Spaltung der Einheit des filmischen Diskurses führte, noch bevor sich dieser seiner Möglichkeiten überhaupt hätte bewusst werden können. Der Tonfilm tat mehr, als das Kino nur in die Gatter der Nationalitäten zurückzuwerfen, in die Verschiedenheit der Idiome, in die Kakophonie der Übersetzungen, in das Labyrinth der gegenseitigen Missverständnisse, in den Verrat der Synchronisationen; er führte die Herrschaft der Literatur- und Theaterimitation jäh wieder herbei. Der Film wurde nun vor allem zu einem Vorwand für Dialoge; er vernachlässigte die Suche nach eigenen Ausdrucksformen, um sich des bereits konfektionierten Sprechens zu bedienen, dessen alte und starre Regeln nur dazu taugen, auch die überkommene Art des Denkens zu konservieren.

Seitdem hält die Faulheit, diese menschliche und tierische Spielart des universellen physischen Prinzips des minimalen Aufwands, das Kino im bereits gemachten Bett des rationalen Diskurses gefangen, und das schwierige Projekt der Erschaffung einer eigenen Beredsamkeit des bewegten Bildes ist von fast allen Regisseuren zugunsten anderer Prioritäten vernachlässigt worden.

Damit hätten wir ein Beispiel hervorgehoben für etwas, das heute ziemlich selten geworden ist, nämlich den Sieg der konservativen Kräfte über die immerwährende erneuernde Bewegung des Lebens. Oder handelt es sich doch nur um eine vorübergehende Niederlage des Teufels, der sonst allerorten so souverän die Herrschaft übernommen und seine Domäne erweitert hat, dass es ihm letztlich immer zu gelingen scheint, als Meister zu gebieten – nach Gott oder sogar vor ihm?

Jean Epstein, „La langue de la grande révolte",
in: Epstein, Le Cinéma du Diable, *Paris 1947.*
Auch enthalten in: Écrits sur le cinéma, *Band 1,*
Paris 1974, S. 359ff.

Krieg dem Absoluten

Ewig, unbewegt und unerforschlich, ist Gott per definitionem das höchste Symbol des Absoluten, der Pol, um den herum sich alle festen Werte organisieren. Sicher muss man sich schon aus Prinzip darüber wundern, dass unser Geist sich in der Lage wähnt, eine Form zu konzipieren, die weniger variabel ist als er selbst, und ebenso muss man jedes System, das ewige Werte vorgibt, als Illusion beargwöhnen. Da sich Sachverhalte nicht so sehr als das darstellen, was sie sind, sondern vielmehr als das, wofür man sie hält, muss man auch mit dieser theologischen Konstanzlehre, von der die Philosophie und die Wissenschaft noch immer durchdrungen sind, wie mit einer Realität umgehen, die zurechtgebogen wurde.

Wenn Descartes und Kant, unsere beiden Meisterdenker, außer Acht lassen, dass die Seele und die Vernunft grundsätzlich variable Funktionen sind, so deshalb, weil ihre Meditationen sich nicht vom Anker des folgenden Axioms lösen können: der Kongruenz Gottes mit sich selbst. Daher auch der Anspruch auf den unbeweglichen Charakter einer sozusagen geometrischen Analyse des Geistes, anhand der Koordinaten Raum und Zeit, mit dem Ziel, ein Verzeichnis seiner Fähigkeiten zu erstellen, denen – im Hinblick auf ihren Umfang, ihre Dauer und Herkunft – Beständigkeit zugeschrieben wird. Durch Vererbung und allmähliche Ausbreitung hat der religiöse Absolutismus zum streng gehandhabten wissenschaftlichen Determinismus geführt, der seine Herkunft aus dem blinden Glauben und damit auch seine eigene Blindheit verheimlicht. Ganz allmählich also entstand dieses auf Konstanten fixierte Weltbild, in dem die Stabilität des Geschöpfes letztendlich – sowohl vom materiellen als auch vom geistigen Standpunkt aus gesehen – durch den statischen Zustand des Schöpfers bedingt zu sein scheint; ein Weltbild, in dem jedes Phänomen seine exakte Beschaffenheit und seinen exakten Platz zugewiesen bekam, woran sich auch nie irgendetwas ändern sollte. Gegenüber diesem Phantom einer Welt, die von einem alles vermögenden Willen bewegt wird, mühen sich die Kräfte der statistischen Mathematik der Relativität, der Wahrscheinlichkeitslehre der Mechanik ab, die Unruhe einer Wahrheit einzuführen, die dem Friedvollen und der Hierarchie des göttlichen Rechts zumindest etwas weniger Respekt zollt.

Was die jeweiligen Einzelfälle betrifft, so findet die Propaganda des Teufels, verstanden als das Prinzip der Variabilität, durch das Zeugnis der Sinne meistens Unterstützung. Hier jedoch, im Bereich allgemeingültiger Regeln, stößt sich der Teufel an der ebenso deutlich spürbaren

Nützlichkeit der Konstanten, die das Markenzeichen und die Maske Gottes sind. Was die logische Abstraktion an Nicht-Variablem aus dem Variablen destilliert, was sie an Klarheit aus Konfusem gewonnen hat, ist mit einem derartigen Gebrauchswert versehen, dass derjenige, der es bezweifeln würde, den Verlust aller Vorteile riskierte, die wir unserer jetzigen Kultur verdanken. Der größte Stolz des Menschen und seine tiefste Gewissheit, geborgen zu sein, sind in seinem Glauben begründet, etwas genau Definiertes, vollkommen Verlässliches im Plan des höchsten Architekten, in der Formel des göttlichen Erbauers entdeckt zu haben. In diesem Gefühl glorreicher Erleichterung flötete Voltaire:
„… je mehr ich darüber nachdenke,
desto weniger kann ich glauben,
dass diese Uhr existiert und es keinen
Uhrmacher gibt."
Diese Mechanik deistischer, galileischer und newtonscher Provenienz beruht, wie die euklidische Vermessungsgeometrie, auf einer Vorstellung von Chronologie, für welche die Sonnenuhr der genaueste Ausdruck ist. Sie zeigt die Zeit als etwas an, das ebenso solide und ausmessbar ist wie Marmor. Die bequeme, der Praxis dienende Methode des Messens von Raum und Zeit wird in Verbindung gebracht mit einer transzendenten Wahrheit, einem Dogma, das seinerseits den Glauben an die Beständigkeit aller Beziehungen – dessen, was koexistiert, und dessen, was aufeinanderfolgt – lehrt. Kein Gericht würde sich auf diesen perfekten Teufelskreis einlassen, worin eine Sache, die erst noch zu beweisen wäre, Beweiskraft für etwas anderes beansprucht; worin behauptet wird, etwas zu beglaubigen, das dann doch nichts anderes ist als pure Annahme und Hypothese; worin nichts

einer Auflösung zugeführt wird, außer dadurch, dass man Ergebnis und Voraussetzung für beliebig austauschbar hält und so aus der Abwesenheit eines Beweises eine Beweis-Vermutung macht.

Der Teufel, der durch die Perfektionierung seiner Beweglichkeit Statistiker und Relativist geworden war, begann diese und andere Einwände zu soufflieren, um den naiven Glauben des Menschen an einen lückenlosen göttlichen Plan zu erschüttern. Inwiefern waren all diese Raum- und Zeitmessungen, auf denen letztlich die vorgeblich göttliche Ordnung beruhen sollte, tatsächlich von universeller und zeitloser Gültigkeit? Diese Lehrgehalte, abgeleitet aus einer realen, aber begrenzten Erfahrung, die immer egozentrischer Natur sein wird, konnten per se nur in den Grenzen desjenigen Referenzsystems gültig sein, für das sie proklamiert wurden, und müssten einer Änderung unterzogen werden, sobald man sie von ihrem angestammten System auf ein anderes zu übertragen beabsichtigte. Im Grunde wusste man nicht, ob diese Lehrmeinungen überhaupt irgendeinen Wahrheitsanspruch für sich reklamieren konnten, denn absolut konnte man weder das, was ihr Inhalt ist, noch irgendetwas sonst, das je gewesen war, erkennen. Wie sollte ausgerechnet das Gesetz von Ursache und Wirkung angesichts der Entdeckung, dass die gesamte Metrik von Beziehungen ins Schwanken geraten ist, starr und fest gefügt bleiben können, wo es doch nur eine logische Folge eben dieser Beziehungen in Raum und Zeit war?

Doch diese Argumentation musste scheitern, denn der Teufel kämpfte in diesem Fall auch gegen sich selbst, indem er die menschliche Eitelkeit verletzte, die sich rühmte, die Geheimnisse der Schöpfung entschlüsselt zu haben. Zudem stellt die religiöse, philosophische und wissenschaftliche Konstanzlehre einen höchst notwendigen Schutzwall gegen die Furcht dar, zu der der Geist angesichts des Ungewissen und der Grenzenlosigkeit des Alls stets neigt. Die Mehrzahl der Menschen wagte es nicht, diesem Heilmittel zu entsagen. Gegen die Angst vor dem Unbestimmten, gegen das Grauen vor der Leere des Alls, gegen die beruhigende Überzeugung, den göttlichen Willen zu verstehen und so Teil desselben zu sein, nahm sich die neuartige These des Teufels schwächlich aus; sie erschien als zu subtil und zu fern, von keinem unmittelbaren Nutzen und außerdem unfähig, die Erkenntnis zu beflügeln. Also bediente sich der Teufel des Hilfsmittels der Kinematographie.

Auf diese erstklassig ersonnene List fallen Scharen von Zuschauern herein, die von der sinnlichen und romantischen Anziehungskraft dessen angelockt werden, was zunächst nur als oberflächliche Ablenkung von der Langeweile und den Alltagssorgen erscheint. In entsprechender Weise hatte der Teufel seinerzeit damit begonnen, das gefährlich aufkommende Imperium des Druckereiwesens als Tarnung zu benutzen, indem er sich seiner bediente, um heilige Texte zu verbreiten. Erst später, zu spät, stellte sich heraus, in welch beträchtlichem Maße diese Art der Verbreitung von Geschriebenem den Glauben an Gott erschüttern konnte. Ganz ähnlich verhielt es sich mit den bewegten Bildern, die – dem Anschein nach in aller Unschuld – eine Revolution vorantrieben: die des Relativismus. Die Rolle, welche die Kinematographie innerhalb dieser Umwälzung spielte, war naturgemäß viel umfassender und auf ein größeres Publikum hin angelegt als diejenige, die die Mathematiker in ihrem eng gesteckten Rahmen spielten. Auf eine lange Zeit hin wäre das Wissen von der mechanischen Relativität nur einem kleinen Kreis von Wissenschaftlern vorbehalten geblieben, hätte der Kinematograph nicht die Visualisierung dieses Prinzips der Relativität in die Masse hineingetragen. Den Raum, die Zeit, die Kausalität, die man für Entitäten, von Gott offenbart und ebenso ruhevoll wie er, gehalten hatte, für vorgefertigte und stabile Kategorien des universellen Seins, sie lässt der Kinematograph für alle sichtbar als Konzepte erscheinen, deren Ursprünge sensorischer und experimenteller Natur sind, wie Datensysteme von beliebiger Relativität und Variabilität. Man lasse sich nicht täuschen von Charlie Chaplins Schnurrbart oder Fernandels Lachen. Hinter diesen Masken kann man den Ausdruck einer grundlegenden Anarchie, die Ankündigung einer Umwälzung entdecken, die bereits Risse in den ältesten Grundfesten der gesamten Ideologie verursacht. Durch die Kunststücke und die Prahlereien der Leinwandhelden hindurch erahnt man, so als handle es sich dabei nur um eine filigrane Andeutung, die wahre Kraft und den tatsächlichen Mut des Kinematographen in diesem hehren Kampf, diesem großen Abenteuer des Geistes, das seit der Revolte der Engel vom größten der Abenteurer angeführt wird.

Jean Epstein, „Guerre à l'absolu",
in: Epstein, Le Cinéma du Diable, *Paris 1947.*
Auch enthalten in: Écrits sur le cinéma,
Band 1, *Paris 1974, S. 361ff.*

Die Bezweiflung des Selbst

Ungläubigkeit, Enttäuschung und Entsetzen überfielen Mary Pickford, als sie sich das erste Mal auf einer Leinwand erblickte, und sie weinte. Was kann das anderes bedeuten, als dass Mary Pickford nicht wusste, dass sie Mary Pickford war; dass sie nicht wusste, dass sie die Person war, deren Identität noch heute Millionen von Augenzeugen bestätigen könnten. Sich selbst wiedererkennen zu müssen, meistens ein unangenehmes Abenteuer, ist das Schicksal derer, die eine Leinwandtaufe erhalten. Ihre Verblüffung erinnert an alte Reiseberichte, die von dem Erstaunen und dem Erschrecken der Wilden berichten, wenn diese ihr Gesicht in einem Stück Spiegel als etwas erblickten, das sie noch nie zuvor in dieser Deutlichkeit gesehen hatten. Aber malen wir uns nur einmal aus, welch wundersame Entdeckung es für uns selbst darstellte, wenn wir unsere Augenfarbe oder die Form unseres Mundes, falls wir sie bis dahin nur vom Hörensagen gekannt hätten, in einem Spiegel entdecken würden.

Der Kinematograph offenbart uns Aspekte unserer selbst, die wir noch nie erblickt oder gehört haben. Das Bild auf der Leinwand ist nicht jenes, das uns Spiegel oder Photo zurückwerfen. Das filmische Abbild eines Menschen unterscheidet sich nicht nur von allen nichtfilmischen Aufnahmen, die von ihm gemacht wurden, sondern es wird auch fortwährend sich

selbst unähnlich. Betrachtet man mehrere Photographien ein und derselben Person in Folge, ganz gleich, ob es sich dabei um Aufnahmen eines professionellen Photographen oder um Schnappschüsse eines Laien handelt, und dazu dann auch noch einige Filmstücke, so bemerkt man zwischen allen diesen Porträts so gewaltige Unterschiede, dass man versucht ist, sie verschiedenen Persönlichkeiten zuzuordnen. Deshalb sagt man auch, wenn man Bild für Bild das gefilmte Gesicht eines Freundes betrachtet: „Hier ist er wirklich er selbst, dort ist er es überhaupt nicht." Und wenn dann noch mehrere Betrachter ins Spiel kommen, gehen die Meinungen noch weiter auseinander: So hat der Mann, den die einen auf einem Konterfei als ganz er selbst erkennen, für andere überhaupt nichts mit ihm gemein. Also, wann ist er jemand, und wer?

Hätte Mary Pickford nach ihrer ersten Selbsterfahrung durch den Kinematographen die Lust verspürt, zu behaupten, „Ich denke, also bin ich", so hätte sie immerhin folgende wichtige Einschränkung hinzufügen müssen: „Aber ich weiß nicht, wer ich bin." Doch kann man mit Sicherheit behaupten, dass man ist, wenn man nicht weiß, wer man ist?

So wirft der Kinematograph, wenn auch nicht als Erster, einen beträchtlichen Zweifel auf: den Zweifel an der Einheit und der Dauer des Ichs, an der Identität des Menschen, an seinem So-Sein. Dieser Zweifel scheint sich dann zum totalen Nicht-Wiedererkennen, zur Verleugnung zu steigern, wenn das Subjekt eine Versetzung in andere Zeit-Räume erfährt: etwa durch den Zeitraffer oder die Zeitlupe. Wie die meisten – wenn nicht alle – der Grundlagen, auf die sich unsere Welt- und Lebensauffassung stützt, so löst sich das Ich nunmehr gänzlich aus seiner Verankerung. Aus einem einfachen und festen Bezugspunkt wird eine komplexe und relative Realität, eine Variable.

Schon lange vor dem Kinematographen war bekannt, dass alle Zellen des menschlichen Körpers sich innerhalb weniger Jahre fast vollständig erneuern, aber die gängige Meinung sah in ihm weiterhin so etwas wie eine Kolonie, die einen Polypen regeneriert, der immer mit sich identisch bleibt, dessen psychische Natur ein für alle Mal als spezifischer Typus festgelegt worden ist, als unteilbares Ganzes. Dabei war sich jeder bewusst, dass er von seinen Freunden als hübsch, gut und intelligent beurteilt werden konnte, während ihn seine Feinde als hässlich, böse und dumm ansahen. Aber alle hielten sie an der mehr oder minder vorteilhaften Meinung fest, die sie sich selbst zurechtgelegt hatten, allen Widersprüchen, die man nur für subjektive Irrungen hielt, zum Trotz.

Nun aber gibt es eine Maschine, deren Mechanismus jeglicher Subjektivität unverdächtig ist, und die darüber hinaus auch noch in der Lage zu sein scheint, ausgezeichnete Porträts zu erzeugen. Erstaunlicherweise vermag diese Mechanik, deren Funktionsweise vollkommen nachvollziehbar ist, und die weder Bosheit noch Tücke kennt, das Bild eines Menschen wiederzugeben, von dem dieser schwören könnte, es sei das eines anderen, oder dass, wenn er es

schon selbst sein sollte, die Wiedergabe nicht wirklichkeitsgetreu sei. Wenn diese Mehrdeutigkeit zweier Porträts ein und derselben Person bereits andeutet, dass die Subjektivität einen reichen Quell von Unwägbarkeiten und Verzerrungen darstellt, so kann sich das mechanische Bild berechtigt sehen, über größeres Wahrheitspotenzial zu verfügen als die psychische Vorstellung, die das Subjekt von sich selbst hat. Aber diese photochemische Wahrheit erweist sich als uneins mit sich selbst. Sie neigt zu Winkelzügen und Launen; sie offenbart unerklärliche Vorlieben; sie drückt, sukzessiv und diskordant, Aufrichtiges aus; sie ist beeinflussbar und parteiisch; sie lässt also auch eine Art Subjektivität erkennen. Das Subjekt, das in ihr eine Konstante vorzufinden hoffte, einen Prüfstein, mit dessen Hilfe das Wahre vom Falschen in all seinen Manifestationen zu unterscheiden sei, stößt erneut auf Unbeständigkeit und Verwirrung. Sein wahres Ich muss der Mensch offensichtlich aus einer Vielzahl möglicher Personalisierungen herausfinden, die alle mehr oder minder wahrscheinlich sind. Die Individualität ist ein beweglicher Komplex, den sich jeder mehr oder weniger bewusst wählt und konstruiert, um ihn im Folgenden unablässig umzugestalten, wobei er einer Vielfalt von Aspekten Rechnung zu tragen hat, die ihrerseits wiederum weit davon entfernt sind, einfach oder dauerhaft zu sein. Allein deren Masse kann, wenn sie sich als zu gewaltig erweist, dem Trachten des Individuums, für sich selbst eine klare Form zu entwerfen und zu bewahren, arge Hindernisse bereiten. So wird die angebliche Persönlichkeit zu einem diffusen Wesen, das von der Polymorphie zum ganz und gar Amorphen tendiert und sich im Strom der Wasser, aus denen alles Leben kommt, auflöst.

Wir begegnen also dieser verdächtigen Ähnlichkeit wieder, mit der die Extreme unseres Wissens sich berühren und deckungsgleiche Figuren zeichnen, als ob sie ein und derselben Grundform entstammten. Das Ich, diese psychische Struktur aus sehr komplexen materiellen Organismen, ist eine Variable, bei der diese oder jene Ausformung nur die eine oder andere von unzähligen, mehr oder weniger wahrscheinlichen Existenzvarianten darstellt. Die Realität des Ichs bildet sich nach den Regeln von Annäherung und Wahrscheinlichkeit, nicht anders als es beim einfachsten Samenkorn der Fall ist, sowohl im Hinblick auf dessen materielle wie energetische Entfaltung. Das heißt, dass die Persönlichkeit dem allgemeinen Gesetz unterliegt, demzufolge jede Art von Verwirklichung auf eine spezifische, in Mengenbegriffen darstellbare raum-zeitliche Konstellation zurückzuführen ist, von einer Quantifizierung in der Raum-Zeit abhängt. So wird ein Ich, dem es an Varianten mangelt, schwerlich imstande sein, in sich die Fülle einer Individualität auszubilden, während es andererseits einem Ich, in dem ein Überfluss an Varianten angelegt ist, schwerfallen wird, jene präzise Konzentration aufzubringen, wie sie zur Definition dessen gehört, was man als Individuum oder einzigartiges Wesen bezeichnet. Ein Übermaß an divergierenden Möglichkeiten lähmt offenbar die Fähigkeit zur Bündelung der quantifizierbaren Energien, die für die Entfaltung der Persönlichkeit konstituierend ist.

Das Pauli'sche Prinzip[*] geht davon aus, dass ein Elektron nur identifizierbar, das heißt existent ist, wenn man ihm vier unterschiedliche und gleichzeitig vorhandene Referenzwerte in Raum und Zeit zuordnen kann. Dieses Mindestmaß von vier Werten ist die Schwelle, unterhalb derer

ein Realitätseffekt sich nicht mehr einstellt, vergleichbar dem Effekt des Reliefs, welcher sich nur über eine binokulare Ansicht offenbart. Versucht dagegen noch eine fünfte Referenz, die sich von den vier ersten unterscheidet und ihnen gegenüber irreduzibel ist, das Elektron besser zu identifizieren, sorgt sie im Gegenteil für eine solche Verwirrung unserer Vorstellung von dieser Realität, dass diese gar zu verschwinden, das heißt in ihren Ausgangszustand mathematischer Virtualität zurückzufallen droht. Die berühmten Ungleichheiten Heisenbergs[**] präzisieren algebraisch diese Flucht des Realen, dieses Ausblenden der Identität, in einem Fallbeispiel: das des Elementarteilchens, das es nicht schafft, das Quorum von vier zusammengehenden Relationen in sich zu vereinigen, obwohl es eine Unendlichkeit anderer Referenzen, die in Raum und Zeit verteilt sind, aufnehmen könnte. Die Realität des Ichs, das heißt die Identität, ist wie die Realität des Elektrons ein Phänomen, das ganz bestimmten quantitativen, also in Zahlen auszudrückenden Bemessungsgrenzen unterliegt.

Als Resultat einer Berechnung, die einen Mittelwert aus individuellen Möglichkeiten ergibt, stellt das Ich ein mathematisches und statistisches Wesen dar, eine Figur des Geistes wie das Dreieck oder die Parabel, deren spezifische Klarheit und Konstanz imaginär sind und eine weite Zone unzähliger annäherungsweiser Verwirklichungen umfassen. Die Abstraktion eines ein-

*) Der Atomphysiker Wolfgang Pauli (1900–1958) erhielt 1945 den Nobelpreis für das Pauli'sche Prinzip. Er löste das Problem des Betazerfalls durch Voraussage des Neutrinos.

**) Mit den „berühmten Ungleichheiten" spielt Epstein auf die Heisenberg'sche Unschärferelation an. 1932 erhielt Werner Heisenberg (1901–1976) für seine Forschungen auf dem Gebiet der Quantenmechanik den Nobelpreis für Physik.

zigen und stabilen Ichs geht aus einer Unzahl örtlich und zeitlich begrenzter Personifizierungen hervor, die jeweils das Resultat eines Entstehungsprozesses sind, der nach Art einer Wahrscheinlichkeitsrechnung verläuft. Diese gänzlich subjektive Abstraktion statten wir nun mit einem Höchstmaß an Realität aus, die allerdings lediglich funktionaler und virtueller Natur ist, da sie die Gesamtheit einer Unmenge kleinster, diskontinuierlicher Verwirklichungen repräsentieren soll, deren wirkliches Zusammenspiel dabei abwegig erscheint, obwohl nur dieses die fundamentale Wahrheit darstellt.

Das Spektrum dessen, was realisierbar ist – realisierbar vielleicht nicht als Substanz, so doch als Prozess, der dann das einheitliche, rationalisierte Ich hervorbringt –, enthält in sich ein Inselchen, das von einem Meer immer schwächer werdender Wahrscheinlichkeiten, immer stärker werdender Unwahrscheinlichkeiten umgeben ist und schließlich zu einem Ozean vollständiger Irrealität wird. Das heißt nun nicht, dass dort nichts wäre, aber das, was dort ist, hat entweder nicht genug Referenzen oder zu viele, als dass ihm die Passage ins Reale gelingen könnte. Das Irreale ist nicht das Nichts, sondern die Nicht-Materie und der Ort, aus dem das mathematische Netzwerk des Geistes sich seine Formen des Realen herholt, wo er sie modelliert. Andererseits kann das Reale nicht mehr als ein einheitlich determiniertes Kontinuum, als die Gesamtheit fest verankerter, ein für allemal spezifizierter Wirklichkeitsmomente angesehen werden, sondern eher wie eine Staubschicht mehr oder weniger zufallsbedingter, mehr oder weniger ausgeprägter, mehr oder weniger realer und irrealer Verwirklichungen, die zwischen allen Abstufungen von Existenz und Nichtexistenz vibrieren. So zeigt uns der Kinematograph, der uns schon dazu geführt hat, die tiefe Äquivalenz der Materie und des Geistes zu denken, auch das tiefgreifende Ineinander von Realem und Irrealem, die durch feine Verbindungen untereinander verknüpft sind und sich ständig neu bilden oder auch lösen.

Die kartesianische Gewissheit erscheint uns nun also nur als *ein* Aspekt der Wahrheit. Ein oberflächlicher, makroskopischer Aspekt. Eine Wahrheit, die auf der Ebene der einfachen menschlichen Praxis gültig ist, auf der Ebene des Summarischen und jener Tatsachen, die sich als solche definitiv herauskristallisiert haben. Dennoch muss man anerkennen, dass trotz der sichtbaren Altersrisse auf der Rationalismus-Oberfläche das erste nach dessen „Tabula rasa" aufgestellte Axiom seine Gültigkeit bewahrt. Die Gleichung *Ich denke, also bin ich* bietet der Kritik nur eine geringe Angriffsfläche, aber ihre Aussage, insofern sie das Sein außerhalb des Denkens des Seins stellt, ist anstößig. Das eigene Denken genügt nicht als Beweis, dass man etwas anderes sei als nur *die Vorstellung* einer wirklichen Existenz. Ich denke, also kann ich *denken*, ich sei. Dass ich was sei? Nichts weiter als der Gedanke, der mich als zufälliges Produkt eines ausgedehnten Spiels von Möglichkeiten denkt. In der Bündelung dieser Wahrscheinlichkeiten ist jede Verwirklichung des Ichs nur eine Ansammlung von Möglichkeiten, eine Zahl unter Zahlen. Und in diesem Paket von Virtualitäten stellen auch jene, die sich nicht oder nur unvollständig verwirklichen – weil sie selbst entweder einen Mangel oder einen Überfluss an Referenzen aufweisen und so den anderen die Gelegenheit geben, sich zu manifestieren –, die also eigentlich inexistent sind, einen integralen Bestandteil des Ichs dar.

Obwohl er noch kaum und nur sehr indirekt erkennbar ist, obwohl er sich jeder Bezeichnung entzieht, darf man annehmen, dass dieser irreale Teil des Ichs unermesslich groß ist, so wie die unzählbare irrationale Zahlenfolge eine unvergleichlich umfangreichere Unendlichkeit darstellt als die reelle Zahlenfolge, deren Serie indes ebenfalls kein Ende hat. Unter diesem Licht betrachtet, ist jeder auch das, was er nicht ist, vielleicht sogar in einem höheren Maße als das, was er ist. Die Eindeutigkeit, zu sein, zieht die des Nicht-Seins nach sich, aus der sie hervorgeht. So wie es sich auch mit vielen anderen Begriffen verhält, wie dem der Perfektion beispielsweise, welche besser durch das definiert werden, was darin *nicht* realisiert ist, als durch das, was sich jeweils durchgesetzt hat, erscheint auch der Begriff des Ichs, sobald man ihn *negativ* definiert, klarer. Kein Mensch wäre in der Lage, ein perfektes Messer zu zeichnen, aber Tausende von Menschen können ohne weiteres sagen, warum dieses oder jenes Messer unvollkommen ist, worin seine Unzulänglichkeit besteht, warum es nicht der vollkommenen Existenz eines Messers entspricht. So definiert sich auch das Ich vor allem, wenn nicht gar ausschließlich, durch seine Unzulänglichkeiten, seine Mängel oder Lücken, vor allem dann, wenn es sich nicht verwirklichen kann, vor allem dort, wo es ihm nicht vergönnt ist, sich zu realisieren. Dann erwacht das Bewusstsein, das heißt, der Schmerz über das eigene Ungenügen, das Leiden an dieser Unvollkommenheit setzt ein. Ich denke, also bin ich nicht das, was ich erstrebe zu sein. Jede Überzeugung zu existieren, stützt sich zunächst auf das, was nicht existiert.

Ob wohl manche der unzähligen Debütantinnen, die den Eindruck hatten, dass die Probeaufnahmen, die von ihnen gemacht wurden, sie entstellt haben, solche Überlegungen in aller Deutlichkeit anstellten? Seine auflösende Wirkung auf die traditionelle Schwerfälligkeit des Denkens übt der Film nur diskret und langsam aus; er sondert sein subtiles intellektuelles Gift in kleinen Dosierungen ab, die dann in einer riesigen Flut verführerischer und scheinbar harmloser Bilder schwimmen. Diese deutliche Abschwächung der Arznei zögert zwar ihre Wirkung hinaus, gestattet jedoch damit der Vergiftung, sich hinterrücks in den Organismus einzuschleichen, ohne Vorwarnung, die es ihm ermöglichen würde, noch rechtzeitig entsprechende Abwehrkräfte zu mobilisieren.

Die Überzeugungen, die die filmische Erfahrung umzustürzen beginnt, sind so eng mit dem Funktionieren der Intelligenz verbunden, haben so beständigen Anteil an deren praktischem Nutzen und überkommener Respektabilität, dass sie unverrückbar geworden zu sein scheinen. Man begegnet Skeptikern, die Himmel und Hölle oder auch die Vorsehung in Frage stellen, ja jedweden Gott, aber alle Welt glaubt – mit einer Hingabe, die selbst Märtyrer beschämen würde –, dass derjenige, der denkt, auch existiert, dass die Vernunft unfehlbar ist, dass die Gewissheit unantastbar ist, dass alle Dinge durch Wirkung und Ursache miteinander verbunden sind, dass alle Phänomene nach festen Gesetzen aufeinanderfolgen. Die Mechanik bildet demnach die eigentliche katholische – das heißt universell anerkannte – Religion der zivilisierten Welt. Dass es sich tatsächlich um eine Religion handelt, wurde deutlich, als man zugeben musste, dass die Geometrie – die es, was ihren Bekanntheitsgrad, ihre Verbreitung als Lehrstoff und die ihr entgegengebrachte Hochachtung betrifft, mit dem Katechismus durchaus aufnehmen kann – eigentlich auf einem absurden Dogma, einem reinen Mythos, basierte: auf der Existenz von Parallelen.

Wahrscheinlich war Descartes nur einer unter mehreren wichtigen Doktoren, die den Kult der Vernunft kodifiziert haben, aber es hat sich eben so ergeben, dass sein Name zum Symbol der ganzen rationalistischen Metaphysik geworden ist, deren Prinzipien in der nach ihm benannten kartesianischen Methode und Analyse zusammengefasst sind. Im Bereich der intellektuellen Wertigkeiten, von einem Ende der Skala bis zum anderen, ordnet ein jeder, sobald er spricht oder schreibt, seine Gedanken nach diesen Regeln, ohne welche die Wissenschaftler den schwindelerregend hohen Bau ihrer Physik nie und nimmer hätten errichten können. Vom Lastenträger bis zum Akademiker hinauf sind wir allesamt auf so durchgreifende und selbstverständliche Weise kartesianisch geworden, dass es uns kaum noch bewusst ist. Erst in dem Moment, da wir – und sei es auch nur zeitwei-

lig – diese Gewohnheit abstreifen müssen, zeigt sich ihr Beharrungsvermögen, es bedarf unserer ganzen Anstrengung, um uns gegen sie zur Wehr zu setzen. So neigen wir auch dazu, nicht-kartesianische System-Entwürfe als anti-kartesianisch anzusehen. Jedoch: Riemann, Einstein, de Broglie haben Euklid, Newton und Fresnel nicht überholt*, um deren Werke zunichtezumachen, sondern um sie weiterzuentwickeln und in umfassendere Konzepte einzubinden. Ohne Euklid, ohne Newton, ohne Fresnel hätte der stets additive Verlauf der Wissensanhäufung nicht bei den transeuklidischen Geometrien, den transnewtonschen Mechaniken, der transfresnelischen Optik anlangen können. Wenn der kartesianische Rationalismus uns schließlich zu einem Punkt geführt hat, an dem er über sich selbst hinausweist, so war und ist er ein Führer, dessen Gewicht man an der extremen Schwierigkeit messen kann, den der Geist verspürt, sobald er ihn zu einem Teil-System herabzustufen versucht, das in einem umfassenderen, weniger rationalen, wenn nicht irrationalen, weniger determinierten, wenn nicht undeterminierten Ganzen enthalten ist. Diese neue Sicht auf den kartesianischen Rationalismus würde wohl kaum Aufsehen erregen und vielleicht nie das Denken der großen Öffentlichkeit berühren, wenn da nicht die diskrete, aber beharrliche, weithin reichende Propagierung durch jenes Instrument der transkartesianischen Repräsentation wäre, als das wir den Kinematographen von seinem Wesen her begreifen.

*) Augustin Jean Fresnel (1788–1827) war ein französischer Physiker und Ingenieur, der wesentlich zur Begründung der Wellentheorie des Lichts und zur Optik beitrug. Er studierte sowohl theoretisch als auch experimentell das Verhalten von Licht. Fresnel erfand Doppelspiegel und Biprisma und konstruierte Zonenlinsen für Leuchttürme. – Georg Friedrich Bernhard Riemann (1826–1866), Mathematiker aus Göttingen, schuf mit einem System geometrischer Sätze, der Riemann'schen Geometrie, in der der Raum eine von Ort zu Ort veränderliche Krümmung haben kann und demzufolge der Begriff der Geraden durch den der kürzesten Linie ersetzt ist, eine der Grundlagen für Einsteins Relativitätstheorie. – Louis-Victor Pierre Raymond de Broglie (1892–1987), einer der bedeutendsten Physiker des 20. Jahrhunderts, erhielt für seine Entdeckung der Wellennatur des Elektrons (Welle-Teilchen-Dualismus) 1929 den Nobelpreis. In seinen frühen Forschungen beschäftigte er sich mit dem lichtelektrischen Effekt von Röntgenstrahlen und der Quantentheorie.

Jean Epstein, „Le doute sur la personne",
in: Epstein, Le Cinéma du Diable, Paris 1947.
Auch enthalten in: Écrits sur le cinéma,
Band 1, Paris 1974, S. 392ff.

Poesie und Moral der Gangsterfilme

Indem er eine Vielzahl von Varianten im Ausdruck einer Persönlichkeit offenbart, ahmt der Kinematograph in gewisser Weise die Psychoanalyse nach und trägt dazu bei, eine Verdrängung aufzuspüren und zu beseitigen. Das erklärt die hartnäckige Ablehnung vieler Menschen, sich filmen zu lassen, besonders der interessantesten, die möglicherweise ahnen, dass das Objektiv in der Lage ist, ein von ihnen wohlgehütetes Geheimnis aufzuspüren, dessen Bewahrung ihnen lebensnotwendig zu sein scheint. Bei einem Greis oder einem Hässlichen kann man verstehen: Sie werden alles meiden, was sie an ihr Alter oder ihren körperlichen Makel erinnern würde. Darüber hinaus taucht diese Ablehnung der Entdeckung eines anderen als desjenigen, der man sein möchte oder zu sein glaubt, aber auch bei praktisch allen auf, die von der Polizei abgeführt werden, sowohl bei denen, die wissen, was sie getan haben, wie bei denen, die sich unschuldig wähnen. Niemand jedoch hat ein derart reines Gewissen, dass er sich gänzlich jenseits von Kriminalität oder Laster fühlen könnte: sei es, dass er eine Tat beging oder nur die Absicht dazu hegte, sie bereits plante oder nur davon träumte. Dieser individuellen Beschaffenheit der Mentalitäten entspricht auf gesellschaftlicher Ebene eine kollektive seelische Disposition, die ihrerseits Psychosen gebiert, Kollektivpsychosen, auf die der Kinematograph ebenfalls eine beruhigende, befreiende oder heilende Wirkung auszuüben vermag.

Im Allgemeinen ist der Zustand einer Zivilisation unmittelbar an den Zwängen ablesbar, die die Gesellschaft dem Individuum auferlegt. Codes und Gebräuche zügeln, kanalisieren, ersticken; sie zwingen dazu, gewisse Bestrebungen und Triebe mit Rücksicht auf die Gemeinschaft, deren Bedürfnisse höher als die individuellen Bedürfnisse eingestuft werden, zu sublimieren. Diese mehr oder minder mühsame Anpassung des Menschen an das gesellschaftliche Leben verläuft nicht ohne zermürbende Verdrängungsprozesse im Bewusstsein vieler, die dann an Verwirrungen leiden. Indem sich diese einzelnen Störungen in der Massenseele summieren, bringen sie kollektive Neurosen oder Psychosen hervor, die den Durchschnitt aller individuellen Werte ausdrücken, wobei die Psychose des Sündenfalls womöglich das typischste Beispiel darstellt. Im Licht einer Analyse der gesellschaftlichen Moral entdeckt man in Kriegen, Religionen, in Verbrechenswellen, wirtschaftlichen Doktrinen, politischen Systemen und in allen historischen Entwicklungen mentale Ursachen, die eine logische Folge materieller Bedürfnisse sind. Obwohl im Allgemeinen die Letzteren als ausschlaggebend ange-

Seite aus *Bonjour Cinéma*

nur die des Platon – ihren Dichtern und anderen Künstlern häufig so wenig Platz, Wertschätzung und Unterstützung gewähren. Die Dichtung und die Kunst im Allgemeinen sind der Gesellschaft äußerst nützlich, weil sie die unschuldige Befriedigung von Begierden erlauben, die als ordnungswidrig gelten müssten, würden sie im Rohzustand ausgelebt werden. Ihre völlige Nichtbefriedigung allerdings würde zu anderen, inneren Störungen führen. Diese sind insofern gefährlich, als sie sich letzten Endes nach außen hin manifestieren und die Harmonie des öffentlichen Lebens zerstören. In der Kunst und der Poesie bilden sich Prozesse der Sublimierung und seelischen Entlastung heraus, die zunächst individueller Natur sind, die aber auch als ein kollektives Geschehen in Form von kulturellen Ereignissen organisiert werden, wie wir sie häufig im Laufe der Geschichte als Heilmittel gegen Volkszorn und Volkserhebungen eingesetzt sehen.

Wir haben bereits angemerkt, dass sich keine Kunstform, kein auf Repräsentation basierendes Ausdrucksmittel besser zur Popularisierung eignet als der Kinematograph. Dem Film wohnt eine einfache, konkrete und gefühlsbetonte Eloquenz inne, die unmittelbar ergreift und überdies perfekt dazu geeignet ist, die Massenseele zu berühren und jeglichem mentalen Unwohlsein abzuhelfen. Wir haben darüber hinaus festgestellt, dass der Film als visuelle Sprache eng mit dem Traum verwandt ist, dem natürlichen Ventil jeder Zensurbestrebung. Außerdem tragen alle gewöhnlichen Begleitumstände einer Filmprojektion dazu bei, die Ähnlichkeit zwischen den Bildern des Traums und denen der Leinwand zu unterstreichen. Still, bequem und entspannt in dem sie umgebenden Dunkel sit-

führt werden, sind die Erstgenannten mindestens genauso wichtig.

Wir wissen, dass der Mensch in der Lage ist, mittels Verdrängungen seine unterdrückten Neigungen bis zu einem gewissen Grad über den Weg des Traums, der Träumerei oder der Fiktionen zu befriedigen. Es liegt demnach eine Ungerechtigkeit darin, wenn die Republiken – nicht zend, verfallen die Zuschauer in eine Art Lethargie, in der sie sich von ihrem Alltag befreit fühlen, und geben sich der Hypnose hin, die Licht und Geräusche, die Bewegung der Bilder auf sie ausüben. Sie überlegen wenig und kritisieren nicht; ihnen ist kaum bewusst, dass sie überhaupt noch denken; sie leben einen vorgefertigten Traum, den ihnen das Zelluloid liefert, eine bereits zu drei Vierteln ausgedachte Dichtung, die ihnen übereignet wird, um aufgesaugt und vom eigenen Emotionspotenzial ergriffen zu werden. So läuft alles darauf hinaus, die Kinematographen-Vorführung als die beste Ergänzung zur Träumerei anzusehen, den besten Ersatztraum, der wegen seiner befreienden Funktion zum kollektiven Bedürfnis transponiert und multipliziert wird. Und indem er so seine heilsame Wirkung entfaltet, offenbart er auch seinen hohen öffentlichen Nutzen.

Die Frage, wer was verursacht hat, das Organ seine Funktion oder umgekehrt die Funktion das Organ, wird von den Anhängern der Deszendenztheorie, wie auch von ihren Gegnern, heftig diskutiert. Bilden die Neuronen des vierten Ventrikelbodens den Anlass für die Fähigkeit zu träumen und zu dichten oder hat umgekehrt erst die Praxis des Träumens und des Dichtens zur Erzeugung dieses Gehirnzentrums geführt? Hat das filmische Instrument eine neue bildliche Spezies dichterischer Schöpfungskraft hervorgebracht oder hatte vielmehr das Bedürfnis nach dieser neuen Art Schöpfung die Herstellung des entsprechenden Werkzeugs zur Folge? Warum aber sollte man überhaupt eine Festlegung der zeitlichen Priorität von Funktion oder Organ treffen, wenn doch alles auf ein Zusammengehen ohne eine derartige Hierarchie hinweist?

Unsere westliche Zivilisation fordert in ihrem derzeitigen Zustand eine Extravertiertheit des Geistes und einen Rationalismus, für die der Traum eine gefährliche Nutzlosigkeit und die Dichtung eine Verschwendung darstellen und geradezu nach strengen Gesetzen gegen solchen Luxus schreien. Unter ihren jungen Schülern machen die Pädagogen Jagd auf diese ketzerischen Fähigkeiten: Sie da, Sie träumen! Sie halten Maulaffen feil! Aber die gebratenen Tauben fliegen nicht von alleine in Ihre aufgesperrten Münder! Und das Kind, das trotz dieser Appelle an die Vernunft weiterhin seinen Gedanken nachhängt, wird verdächtigt, sich genussvoll einem sündigen Gedanken hinzugeben, denn man weiß, dass der Teufel sich leicht in die Träumerei des Kindes einschleicht, um es zu beeinflussen. Jedoch birgt diese Verfolgung der Fantasie auch eine Gefahr, da die Praxis des Träumens und des Dichtens einen Faktor mentaler Hygiene darstellt und unentbehrlich für das psychische Gleichgewicht ist. Nicht dass man dem Menschen durch Erziehung das Träumen im Schlaf abgewöhnen könnte. Aber vielleicht ist es ja auch nicht völlig abwegig zu glauben, dass man umso mehr Träume hat, je mehr man sich für sie interessiert und versucht, sich an sie zu erinnern. Was die Träumerei und die Dichtung betrifft: Wiewohl sie vor allem von der Veranlagung abhängig sind, so steht doch auch fest, dass sie durch vorsätzliches Einwirken mehr oder weniger gefördert oder auch unterdrückt werden können.

Heute wie einst erfüllen einige Dichter die Rolle geistiger Therapeuten. Das breite Publikum aber wendet sich von der Dichtung ab: aufgrund einer Lebensweise, die immer mechanisierter, reglementierter und standardisierter ist, und einer Wirtschaft, die zunehmend gelenkt und rationalisiert wird. Wir haben zwar einen Aragon, einen Eluard, die als Gegenreaktion eine sehr subtile und poetische Dichtung für eine kleine Anzahl von Spezialisten hervorbringen, aber wir haben keine Volksdichter mehr, weder einen Victor Hugo noch einen Lamartine, auch keinen Laprade oder Delavigne, auf deren Werke die Imprimerie Nationale* warten würde, um sie unter die Menschen zu bringen. Wir besitzen zahllose Instrumente, die unsere Fähigkeit zu abstrahieren, zu urteilen und in mathematischen Kategorien zu denken, um ein Vielfaches übertreffen; Hunderte von mechanischen und graphischen Verfahren, die wohl oder übel das logisch artikulierte Denken verbreiten; Maschinen, die das Gehirn beim Rechnen um ein Vielfaches schlagen; und Geräte, mit denen man alles analysieren, schematisieren, messen kann, und die alles auf geometrische Figuren und Zahlen reduzieren können. Wenn einige dieser Geräte es gelegentlich zuwege bringen, uns träumen zu lassen, Kunst und Poesie zu erzeugen, dann nur, weil sie ihrer eigentlichen Bestimmung entfremdet wurden. Andererseits brachte man es bei der Erzeugung von Geräten, die sich vornehmlich und unmittelbar dem Ausdruck der Empfindsamkeit widmen oder dem künstlerischen Schaffen dienen, nur zu zwei Sorten von Apparaten: jenen, die das Photographieren ermöglichen, und jenen, die man zur

Aufnahme oder mechanischen Wiedergabe von Musik verwendet.

Der Kinematograph tauchte als Produkt einer Kreuzung aus Photoapparat und Laterna magica auf, ohne dass man zunächst wusste, wozu er dienen könnte. Aber in den ersten zufällig gedrehten Filmen erahnte der Instinkt der Masse die außerordentlichen Möglichkeiten des bewegten Bildes als Ausdrucks- und Übertragungsform eines sehr einfachen Denkmodus, der sehr nahe an der spürbaren Wirklichkeit blieb und auf wunderbare, bewegende Weise fähig war, eine Form der Poesie zu vermitteln, die für alle zugänglich ist. Diese Maschine, die Träume serienmäßig zu erzeugen vermochte – eine Maschine, derer die Zivilisation dringend bedurfte, um die Auswüchse und Folgen der Rationalisierung zu bekämpfen –, bot sich dem Publikum wie von alleine dar. Dem Publikum seinerseits wurde erst bewusst, dass es sich auf der Suche nach einer solchen Entdeckung befunden hatte, als diese bereits gemacht war. Nicht immer wird das gefunden, was man sucht, aber manchmal entdeckt man, dass das, worauf die Suche zielte, sich gerade eben schon eingefunden hat. Ein großer Teil der Menschheit, der ein Mangel an Poeten und Poesie drohte, lief gerade Gefahr, sich das Träumen abzugewöhnen und seine verdrängten Neigungen nicht mehr sublimieren zu können, als man damit begann, den Kinematographen im Sinne eines Kunst-Heilmittels, das Ventil-Vergnügen hervorruft, einzusetzen und zu missbrauchen. Das ist nämlich die mysteriöse Seite, die sich hinter dem wunderbaren Erfolg des Films im Laufe des letzten Vierteljahrhunderts versteckt hält.

So gesehen empfiehlt es sich, das Anfängerur-

*) Die Imprimerie Nationale, 1640 von Kardinal Richelieu als Manufacture royale d'imprimerie gegründet, war bis in die neunziger Jahre des 20. Jahrhunderts für alle Drucksachen des französischen Staates verantwortlich. Dazu zählten neben Gesetzblättern, Verordnungen und offiziellen Formularen auch Schulbücher und Anthologien, die befugt schienen, die sprachliche Identität der Grande Nation zu stützen.

teil zu korrigieren, das man so häufig über gewisse Filme und ein gesamtes Genre gefällt hat, welches sich vergnügt dem Ausmalen der abenteuerlichen, leidenschaftlichen, ja verbrecherischen Exzesse des Lebens widmet. Man wirft diesen Filmen und Büchern aufgrund ihrer scheinbaren Unmoral vor, die Menschen dazu anzustiften, sich all ihren Impulsen hinzugeben, sich gegen jedes Gesetz aufzulehnen und als einziges Ideal die Befriedigung ihrer Instinkte anzuerkennen. Dieser Vorwurf ist nicht ganz unbegründet, aber auch nicht völlig berechtigt.

In unserer Zivilisation erlauben die unzähligen und tyrannischen Einschränkungen, mit denen die Gesellschaft dem Individuum gegenübertritt, diesem nur noch einen immer enger gefassten Teil seiner persönlichen Bestrebungen zu verwirklichen. Der öffentlichen Verwaltung gelingt es kaum noch, sich in dem Labyrinth der Ordnungsmaßnahmen, die von ihr selbst getroffen wurden, zurechtzufinden. Das führt dazu, dass alles verboten zu sein scheint, und dass heute eigentlich niemand mehr leben kann, ohne die eine oder andere Anordnung zu verletzen. Diesem grotesken Zustand verdankt sich das Drama der gepeinigten Seele, die zur Verdrängung genötigt wird. Zwischen seiner Neigung, die aufgerichteten Verbote zu übertreten oder in einen gänzlich pathologischen Zustand zu verfallen, bleibt dem Menschen nur dieser Weg, um der Neurose zu entgehen, die ihn bedroht oder sich bereits eingeschlichen hat. Um sein Potenzial an unbefriedigten Trieben zu entladen, hat er nur die Wahl zwischen drei Alternativen: erstens, ganz und gar diesen Trieben nachzugeben und die verbotene Tat wirklich zu begehen, was in gesellschaftlicher Hinsicht gefährlich ist. Zweitens, nur zur Hälfte nachzu-

geben und eine Befriedigung des Verlangens innerlich, psychisch zu simulieren, was gesellschaftlich unauffällig ist, oder: drittens, gänzlich zu schummeln, den Kurs zu ändern, das Bedürfnis so zu verschieben, dass es in einem gegenständlichen Werk befriedigt wird, was für die Gesellschaft nützlich ist. Moralisch gesehen wäre die dritte Lösung natürlich wünschenswert, aber sie erfordert eine individuelle kreative Begabung und günstige äußere Bedingungen, was beides meistens nicht gegeben ist. Die zweite, einfachere und öfter praktizierte Lösung ist für die Aufrechterhaltung des mentalen Gleichgewichts beim durchschnittlichen zivilisierten Menschen enorm hilfreich. Sie benötigt nur Fantasie. Diese scheint jedoch bei vielen Personen nicht sehr ausgeprägt zu sein, solange sie sich selbst überlassen sind. In diesem Fall kann die Fantasie erst dann die äußere Wirklichkeit kompensieren, wenn sie stimuliert, genährt und von einem frischen Schub von Darstellungen belebt wird, die von außen kommen: von der natürlichen Wirklichkeit oder einer künstlich zusammengestellten, wie sie eine Zeitung, ein Buch, ein Gemälde oder ein Schauspiel bieten.

Von all den in Überfülle angebotenen Fantasieprodukten ist der Film dasjenige, das auf die direkteste Weise assimilierbar ist, das die Gefühle am meisten aktiviert und dem es am besten gelingt, uns in jenen Zustand der Träumerei zu versetzen, der den brachliegenden Emotionsüberschuss zu absorbieren vermag. Mehr noch als ein Nährboden für Träume ist der Film selbst eine Art Ersatztraum, dem sich Gemüter mit wenig Fantasie und Persönlichkeit schnell und unreflektiert hingeben, ohne Nacharbeit. Da nun aber der Film-Traum an die unmoralischen Neigungen anknüpfen und an ihnen festhalten muss, und da die überwältigende Mehrheit der Zuschauer kaum in der Lage ist, ihre antisozialen Bestrebungen so umzugestalten, dass sich soziale Ziele damit erreichen lassen, muss der Kinematograph, wenn er seiner moralischen Rolle gerecht werden will, einen erheblichen Anteil an Werken präsentieren, die vorrangig dazu dienen, einfach und wirkungsvoll diesen bösen, kaum unterdrückten Gelüsten entgegenzukommen, von denen die Zuschauer erlöst werden sollen. Ebenso wenig wie man Fliegen mit Essig fängt, ködert man schlimme Begierden mit sittenstrengen Bildern. Indem er gelegentlich, aber intensiv sich vorstellt, ein Banditenleben zu leben, gelingt es einem von der monotonen Ordnung seiner täglichen Beschäftigungen zermürbten Menschen, den Hunger nach Abenteuern zu überlisten, den Verlockungen, seiner Misere zu entfliehen, imaginär zu folgen und damit eine Unzufriedenheit zu kurieren, die, mal dumpf, mal schmerzlich, seinen Seelenfrieden stört.

Sicher ist der Exorzismus immer ein naher Verwandter der Verzauberung, und ein schwacher oder ungeschickter Exorzist stachelt die Geister eher an, entfesselt sie, anstatt sie zu vertreiben. So wirft man Filmen gerne vor, dass sie die Kriminalität eher fördern als ihr vorzubeugen. Das ist vermutlich eine oberflächliche Betrachtungsweise. In geringer Dosierung können Kriminal- oder Gangsterfilme bestimmt eine eher günstige als ungünstige Wirkung auf die Triebe ausüben. Im Übrigen stellen sich nach dem zwanzigsten oder fünfzigsten Anschauen solcher Filme zunächst Sättigungserscheinungen und Desinteresse, dann Widerwillen ein. Die unmoralischen Neigungen ermüden und

werden, erschöpft, vom Spiel mit ihnen bezwungen.

Wie man weiß, pflegen vollständige Verbote zu scheitern und Ausschweifungen herbeizuführen, die schlimmer sind als jene, die man zu verhindern suchte. Mit Befehlen vermag man elementare Bedürfnisse, seien sie nun körperlicher oder geistiger Art, nicht zu beseitigen, im Gegenteil: Man stachelt den gefesselten Trieb nur zusätzlich an; es sei denn, man bringt es fertig, ihn zu beherrschen, indem man ihn neutralisiert, entlastet, imaginäre Befriedigungen für ihn bereithält. Die menschliche Natur besteht nun mal nicht nur aus Nächstenliebe. Ein Menschenjunges, beurteilt man es nach seinem uranfänglichen Verhalten, kommt geil, diebisch und mörderisch zur Welt. Das ist die Tausende Jahre alte Erbschaft des ständigen Existenzkampfs, der allzu langen Unterwerfung unter das Gesetz des Stärkeren und Schlaueren, aller althergebrachten Notwendigkeiten, die in unseren Zellen als Reflexe des Jägers und Räubers gespeichert sind. Ein relativ neues gesellschaftliches Übereinkommen legt uns nahe, diese rohen Triebe einfach zu verdrängen, als ob ihr Verfallsdatum überschritten wäre. Das ist nur machbar, wenn man dem veralteten Naturell – das beständig und ungestüm zur Rückkehr drängt – erlaubt, sein Feuer in einer Art *No Man's Land* zu entfachen, das genau zu diesem Zweck als eine Welt der Vorstellung erschaffen wird. Um tatsächlich dem Vergewaltigen, Töten und Plündern zu entsagen, bedarf der Mensch im Grunde nur weniger Dinge: sich manchmal, einige Viertelstunden lang, das Leben eines Attila, Mandrin* oder Al Capone zu erträumen. Darauf beruht die Moral der Gangsterfilme. Darin besteht auch ihre Poesie.

Bedeutende Kritiker haben festgestellt, dass man mit guten Absichten lediglich schlechte Literatur erzeugt. Auch die Ästhetik kann sich indes nicht dem allgemeinen Prinzip der Nützlichkeit entziehen: Die wirkliche Schönheit einer Maschine, eines Möbelstücks, eines Hauses, eines jeden Gegenstands oder Werkes hängt in hohem Maße von ihrer Anwendbarkeit und Nützlichkeit in der Praxis ab. Doch ein rein tugendhaftes Kunstwerk ist nicht nur zu wenig nutze, sondern sogar auf ungebührliche Weise verschwenderisch, denn es belässt jene Neigungen, die sich als reale Handlungen äußern sollten, in bloßer Passivität. Außerdem besteht für die Seele keinerlei Anlass, ihre Moralität, mit der sie im Allgemeinen ja nicht im Überfluss ausgestattet ist, in imaginären Ersatzhandlungen wie dem Erzeugen von Poesie zu vergeuden. Es ist inkonsequent und unter Umständen sogar gefährlich, aus Güte Kunst machen zu wollen; im Übrigen bleibt es ein unmögliches Unterfangen. Das Gute, welches, gemessen an dem, was man davon bräuchte, noch jung, arm, knapp und unzulänglich ist, sollte sparsam verwendet werden und dem praktischen Tun vorbehalten bleiben. Deswegen sind alle die gutgemeinten, natürlich in bester Absicht entstandenen Filme widersinnig. Faktisch sind sie bar aller Poesie. Sie führen zu keinerlei moralischem Handeln und sind vor allem langweilig.

*Jean Epstein, „Poésie et morale des gangsters",
in: Epstein, Le Cinéma du Diable, Paris 1947.
Auch enthalten in: Écrits sur le cinéma, Band 1,
Paris 1974, S. 397ff.*

---

*) Nachdem in Frankreich 1748 die Steuern erhöht wurden, kam es zu einer großen Unzufriedenheit unter der Bevölkerung. Unter Louis Mandrin schlossen sich über dreihundert Leute zusammen, die den Schmuggel von Leder, Tabak, Pulver, Blei usw. organisierten, um die Steuern darauf zu umgehen. Außerdem wurden Geldtransporte des Königs überfallen und das Geld unter der Bevölkerung verteilt. Im Jahre 1755 wurde Louis Mandrin nach Verrat auf dem Schloss Rochefort aufgebracht und am 26. Mai hingerichtet. Seine Geschichte wurde mehrfach verfilmt – z. B. von Jean-Paul Le Chanois (*Mandrin, bandit gentilhomme*, 1962); außerdem drehte das französische Fernsehen die sechsteilige Serie *Mandrin, bandit d'honneur*, die 1972 erstmals ausgestrahlt wurde.

Kinoanalyse oder Poesie aus industrieller Fertigung

Unsere wissenschaftlich geprägte Gesellschaft neigt dazu, die menschliche Art so zu formen, dass sie sich perfekt den geforderten technischen und sozialen Notwendigkeiten anpasst. Dieses normierte, typisierte und extrem extravertierte Produkt kann man wohl Übermensch nennen, wobei es dem beruflichen und bürgerlichen Über-Ich zukommt, energisch die individualistische Fantasie des Ichs zu dominieren. Das Über-Ich, welches selbst schon so weit wie möglich nach den Mittelwerten einer Gruppe vereinheitlicht und angeglichen ist, ermöglicht so die Entstehung homogener Gemeinschaften, deren Verhalten und Leistung in hohem Maße vorhersehbar sind. Mit Sicherheit ist eine Situation, in der Nahrungsknappheit herrscht, in der es wirtschaftliche Restriktionen gibt und die Sittlichkeit sich nach polizeilichen oder, allgemeiner gesprochen, totalitären Kriterien bemisst, einer solchen psycho-technischen und psycho-politischen Planwirtschaft förderlich, trägt sie doch auf hundert unterschiedliche Arten und Weisen dazu bei, den Ur-Elan des Individuums herabzusetzen. Dieses jedoch ist noch nicht so sehr unterdrückt, dass es nicht darunter leiden würde oder die Verdrängungen klaglos hinnähme, die von der methodischen Kontrolle der Gedanken, der Gesten und des Tuns ausgehen und im Zusammenhang gesellschaftlicher Aktivität ebenso überflüssig wie schädlich sind. Der ewige Gegensatz, die unaufhörliche Austauschbewegung, die Dialektik, wenn man so will, zwischen der Rationalität, die die Umwelt fordert, und den irrationalen Affekten, von denen das Dasein befeuert wird, scheinen einer Schieflage Platz zu machen, die das Zusteuern auf eine akute Krise anzeigt.

Die erste Rettung aus dem Unbehagen, das entsteht, wenn die Außenwelt dem Streben nach Befriedigung Hindernisse entgegensetzt, haben die Menschen in der Poesie gefunden, wobei ich dieses Wort in seinem allgemeinen Sinn verstehe, den ich mit Sublimierung umschreibe. So ist zum Beispiel das Ideal des Stachanovismus[*] vor allem eine Poesie der Zwangsarbeit; eine Transfiguration des demütigenden Zwangs, sich bis zu einer fixierten Norm hin abzumühen und die glorreiche Freiheit zu erlangen, sich darüber hinaus, freiwillig diese Norm noch übersteigend, zu erschöpfen; eine Übertragung, die es ermöglicht, eine Transgression durch Entsagung herbeizuführen, im Hinblick auf Entschädigung durch das soziale Wohl. Neben solchen heroischen Verfahren einer Poesie als Handlungsanweisung bleiben aber auch andere, traditionellere und moderatere Mittel, die man unter der Bezeichnung Kunst zusammenfasst, in Gebrauch.

Zweifellos bewirken die Literatur, das Theater, die Malerei, die Musik, die Skulptur et cetera immer wieder, dass eine Leser-, Zuschauer-, Zuhörerschaft in einen höheren Zustand eintritt, in dem die Poesie durch das gebildete Publikum eine Resonanz erfährt. Geht es jedoch darum, ein sehr zahlreiches Publikum anzusprechen, dann erweist sich die befreiende Wirkung, die diese Ablenkungen auszulösen vermögen, oft als zu begrenzt und zu eingeschränkt. Wenn es unter den zeitgenössischen französischen Schriftstellern keinen mehr gibt, den man einen großen populären Dichter nennen könnte, so nicht, weil es ihnen an Inspiration oder Talent fehlte; es liegt vielmehr einfach daran, dass die Literatur nicht mehr in der Lage ist, Poesie auf eine Weise unter die Menschen zu bringen, die der Tatsache Rechnung trägt, dass diese Menschen einerseits ein Massenpublikum darstellen und dass sie andererseits von mächtigen Maßregeln und Verboten umstellt sind, was unweigerlich Bestandteil jenes Spiels werden muss, in dem das Publikum zur Selbst-Analyse findet. Der Mensch von der Straße, dem es nicht mehr gelingt, die weit ins Tausend gehenden Verordnungen aufzuzählen, die ihm auferlegen, etwas zu tun oder zu lassen, zu lieben oder zu hassen, sich zu nähren oder sich zu mühen, zu klagen oder hinzunehmen, benötigt offensichtlich ein Mittel zur Sublimierung der Triebe, um sich wenigstens ein bisschen für die Unmengen unterdrückter Begierden zu entschädigen: also ein Medium von Poesie, das intensiv, beweglich und überdies industriell gefertigt ist, um massenweise zur Verfügung zu stehen.

Solcherart ist das Schauspiel der Kinematographie. Ihre Erfinder haben weder die Nützlichkeit noch den Erfolg vorausgesehen, welcher, wie sich schnell und gewissermaßen spontan herausstellte, darin bestand, dass sie sich als fähig erwies, einerseits ein großes, tendenziell weltweites Publikum an bewegenden Fiktionen teilhaben zu lassen, andererseits aber auch die Exzesse und Auswüchse einer verbotenen Affektivität in sich aufzunehmen, also zu binden.

Diese Macht des kinematographischen Automaten erklärt sich in erster Linie daraus, dass der Diskurs dieser Maschine vor allem aus bewegten Bildern besteht und sich, dank seiner Visualität und Bewegtheit, an die Funktionsweise mentaler Bilder anschmiegt und deren Modi, was die Gestaltungsprozesse sowie die Herstellung von Verbindungen und Übergängen angeht, nachzuahmen vermag. Der dem Kino eigene Stil hat sich ganz selbstverständlich dadurch herausgebildet, dass er sich der Techniken von Vergrößerung (oder Großaufnahme) und Vereinzelung (oder Schnitt) bediente und so Objekte aus einem Umfeld herauslöste, das eigentlich nur fließend und konturlos ist; indem er Zeitabläufe verformte, sodass sie von unbe-

*) „Unglücklich das Land, das Helden nötig hat", ließ Bertolt Brecht 1938 seinen Galilei sagen. Zu diesem Zeitpunkt hatte die Sowjetunion bereits seit einigen Jahren unter der Losung „das Land soll seine Helden kennen" die Serienproduktion sozialistischer Helden aufgenommen. Während im Russland der zwanziger Jahre zunächst noch die anonymen proletarischen Massen kollektiver Held der neuen Gesellschaft sein sollten, kehrte jetzt das außerordentliche Individuum mit bolschewistischem Furor ins öffentliche Rampenlicht zurück. Das wohl bekannteste Beispiel dieser Heldenrenaissance des Stalinismus war der sowjetische Bergmann Aleksej Stachanov (1906–1977), der 1935 zum Aushängeschild der nach ihm benannten Mobilisierungskampagne wurde. Am 31. August 1935 soll er 102 Tonnen Kohle in fünf Stunden abgebaut haben. Das war das 14-fache des Plansolls. Zwei Wochen später, am 19. September, übertraf er seinen eigenen Rekord, indem er während einer einzigen Schicht 227 Tonnen schlug. Am 16. Dezember 1935 erschien er in den USA als Titelheld des Time Magazine.

stimmter Geschwindigkeit erschienen, entweder rasend schnell oder unendlich träge; indem er den Eindruck von Allgegenwart vermittelte; indem er die symbolische Verschiebung von Identitäten und die Übertragung von Empfindungen betrieb; indem er Beziehungen schuf durch effektive Verkettungen. All das nach Art jenes alten und profunden visuellen Denkens, welches sich schon von jeher in Träumen oder Fantasien Ausdruck verschafft hat. So ist der Film also besonders geeignet, die Erinnerung und visuelle Vorstellungskraft seiner Zuschauer zu bereichern und in Schwingung zu versetzen – direkt und ohne verbale Vermittlungsprozesse, mittels derer sonst Sachverhalte benannt oder negiert werden.

Nun findet sich auf allen Ebenen dieses tief im Unterbewusstsein verankerten visuellen Denkens ein überbordender Reichtum an Gefühlswerten, die dieses Denken ebenso steuern, wie sie von ihm gesteuert werden. Der Film macht sich also gefühlsmäßige Gegebenheiten zunutze und bildet sie aus. Daraus wiederum bezieht er eine Überzeugungskraft, die sich auf Anhieb geltend macht und als unwiderstehlich erweist. Zutiefst instinktiv, gefühlsmäßig und bewegend, eignet sich das visuelle Denken nicht nur hervorragend zur poetischen Verwendung, diese ergibt sich in einer Vielzahl von Fällen geradezu zwingend. So betrachtet erscheint der Film, mehr als jedes andere Ausdrucksmittel, dazu geschaffen, um der Poesie als Vehikel zu dienen.

Hinzu kommt, dass die Darbietung der kinematographischen Poesie immer unter Umständen erfolgt, die der Ansteckung förderlich sind. Die Dunkelheit der Kinosäle, die Reglosigkeit, der sich die Zuschauer ausliefern, der Ausschluss aller anderen Angriffe auf die Sensibilität, außer eben jener, die vom gerade laufenden Film ausgehen, all das versetzt den Zuschauer in einen Zustand, in dem das Band zu den äußeren Belanglosigkeiten reißt und die Zwänge des alltäglichen, oberflächlichen Handelns ihre Wirksamkeit verlieren. Damit sind die Bedingungen jeglichen Traumzustands erfüllt. Gewöhnlich muss der schöpferische Mensch, der Leser, der Zuschauer oder der Zuhörer eines Gedichts, sich gegenüber der Umgebung, in der er sich befindet, mental isolieren, um so den Alltagstrott für einen Moment vergessen zu können; dies zustande zu bringen, ist nicht immer leicht, denn solches Abschotten bedarf einer gewissen Stärke, und die ist selten. Der Kinozuschauer dagegen befindet sich in einer Situation, in der von vornherein jegliche Ablenkung ausgeschlossen ist und seine Aufmerksamkeit von einem einzigen Zentrum in Anspruch genommen wird: der Leinwand. Eine Bedingung, die der Hypnose ebenso zuträglich ist wie der Poesie.

Dabei ist es nicht gleichgültig, dass diese Hypnose kollektiv vonstatten geht. Zunächst einmal deshalb, weil die Hingabe einer kleinen Versammlung von Menschen an das gleiche Gefühl diese versichert, dass ihr Erleben Realität und Legitimität besitzt, wodurch zwischen diesen Individuen ein anschwellender Strom von Sympathie in Bewegung gesetzt wird. Hinzu kommt, dass der Genuss der Poesie auf diese Weise um einen sozialen Aspekt bereichert wird. Man kann darin, zumindest teilweise, eine Rehabilitierung oder, sagen wir, eine Anerkennung des Rechts auf eine Existenz sehen, worin das Ideale wenigstens teilweise seinen Platz hat; eine Anerkennung jener Tendenzen also, die vom Ich als am meisten ihm zugehörig, das heißt eher als etwas Kostbares denn als etwas, das Unglück birgt, erachtet und die dennoch verdammt, relegiert und von realer Befriedigung ausgeschlossen werden.

Platon, der schon die Dichter aus seinem totalitären Staat verbannte, hätte das Kino, jene Maschine, die in großer Menge Poesie produziert, erst recht verboten. Aber wäre die öffentliche Ordnung nicht gerade dann gefährdet, wenn die persönlichsten Leidenschaften, schwer vereinbar mit den staatlichen Normen, die in der Kontrolle durch das Über-Ich verinnerlicht sind, keinerlei Möglichkeit hätten, imaginär befriedigt zu werden? Wie würde man der Unruhe der Bürger begegnen, ihrer Verängstigung und erzwungenen Unkenntnis von sich selbst; Staatsbürger, die, durch innere Zerrissenheit neurotisch geworden, schließlich zur Revolte schritten gegen eine Unterdrückung, wie sie durch exzessive Bindung an die patriotischen Werte ausgeübt wird?

~

Im Kino wie auch anderswo stellt sich der wirtschaftliche Ertrag nicht ein, ohne dass dadurch die Qualität beeinflusst wird. Da die Poesie des Kinos in sozialer Hinsicht eminent nützlich ist, muss die von ihr imaginierte Gefühlswelt hinreichend allgemein gehalten werden. Nur so lässt sich der Sublimierungsbedarf einer möglichst großen Zahl von Zuschauern befriedigen. Nach dieser Regel wird die Entscheidung für ein Drehbuch immer nur zwischen einigen sehr banalen und nicht sehr weit auseinander liegenden dramaturgischen Alternativen getroffen werden. Originalität ist nur im Feld der Zutaten erwünscht oder zugelassen, und sie ist notwendig,

um die zwangsläufige Gleichförmigkeit der Gesamtkonzeption zu verbergen. Beim Buch oder im Theater ist eine viel speziellere, auch vielfältigere Themenwahl erlaubt, da dort nur die Befriedigung eines viel kleineren Publikums berücksichtigt werden muss. Auf der Leinwand aber ist jede psychologische Betrachtung von Ausnahmeerscheinungen (des großen Geistes ebenso wie der Einfalt), jeder Held, der keinen allgemein zugänglichen Typus verkörpert (wie etwa einen armen Bauern oder einen Ausbund an Tugendhaftigkeit), für gewöhnlich zum Scheitern verurteilt. Diese vielgeschmähten, auf den kommerziellen Erfolg zielenden Erwägungen lassen sich tatsächlich auf ein poetisches Gesetz, oder ein Gesetz der Psychoanalyse, zurückführen: Das Publikum, in der millionenfachen Vielfalt der Seelen, die es ausmacht, vermag sich einer dramatischen Fiktion nur dann wirklich zu überlassen, wenn diese sich an Instanzen und Affekte richtet, die hinlänglich zahlreich und allgemein in allen diesen Seelen vorhanden sind.

Diese Notwendigkeit, die kinematographische Poesie an die am weitesten verbreiteten Instanzen und Affekte anzupassen, verbietet es den Filmautoren auch, sich tiefgründig und minuziös mit etwas zu befassen, das dann Gefahr laufen würde, zu speziell – also unrentabel zu werden. Sähen sich doch die Zuschauer dann der gewohnten Möglichkeit beraubt, ihren Appetit auf Dinge, die ihnen vorenthalten werden, auf eine sublime Art zu stillen und in der Freude am perfekten Ersatz den Bedingungen ihrer eigenen Existenz gemäß zu reagieren. Man muss zugeben: Die Schlichtheit, die dem Film eigen ist und an die er uns gewöhnt, ist überwiegend derber Natur, kurz und bündig. Diese hundertprozentig herrlichen Küsse der Liebenden; diese blutrünstigen und blutigen Schießereien unter Gangstern; diese Schicksalsdramen zwischen Leidenschaft, Elend und Ruhm, in denen kleine Daktylografinnen* vergöttlicht werden, in denen Mechaniker sich in Milliardäre verwandeln, in denen sich herkulische Naturen, unbeugsam, auch zum zehnten Mal wieder aufrappeln: All diese äußerst populären Leinwandthemen sind nur eine kümmerliche Kost, dazu da, um den großen Hunger eines sesshaft gewordenen Volkes zu betrügen, das trotz seiner Zivilisiertheit, Ruhe und Emsigkeit von alten Begierden gequält wird, die immer noch lebendig sind, immer wieder hintergangen und verdrängt werden, ganz gleich, ob es bei diesem Verdrängungskino um eine imponierende Tat geht oder um etwas mehr Tragisches, um persönlichen Triumph oder unmögliche Liebe. Ein dringend benötigtes Stilmittel und eine Rosskur, wie man sagt, die während anderthalb Stunden in Form einer ununterbrochenen Hypnose erfolgt. Wenn sie dann ihre wöchentliche Behandlung hinter sich haben, wenn sie die Praxis verlassen, dann fühlen sich die Zuschauer einerseits benommen, entkräftet, so sehr glauben sie, selbst gekämpft, gelitten, geliebt und gesiegt zu haben, andererseits aber auch erleichtert, als ob man sie von einem Abszess befreit hätte, ja erlöst, als würde ein Fieber, nachdem es seinen Höhepunkt erreicht hat, endlich wieder fallen.

So kompensiert die kinematographische Poesie das, was sie in puncto Finesse vernachlässigen muss, durch allgemeine Effizienz; was der Kinoanalyse an spezifischem Eingehen auf den einzelnen Patienten abgeht, das gleicht sie durch die große Anzahl der von ihr ausgelösten Abreaktionen aus. Einer Dramaturgie, die sich an der Masse orientiert, entspricht notwendigerweise eine Form der Analyse, die nicht der größtmöglichen Vielfalt, sondern der größtmöglichen Übereinstimmung Rechnung trägt. Eine Epoche der allgemeinen Planwirtschaft, der Typisierung von Denkweisen, der methodischen Organisation von Verdrängungen, folglich auch der Verbreitung und Standardisierung psychischer Krankheiten, eine solche Epoche gebietet vehement auch die Verbreitung und Standardisierung des poetischen Gegengiftes, das heißt eine Ausrichtung seiner Wirkkräfte an jener Trieb-Zensur, die das Übel verursacht hat. Die Beschränktheit der Kinoanalyse im Hinblick auf individuelle Spezifizierung führt sie – auf der Ebene größtmöglicher Schnittmengen – auf jenen Mittelweg, der hinwieder zur größtmöglichen kollektiven Wirksamkeit führt; ein Mittelweg, der sich vermutlich am treffendsten anhand des kommerziellen Erfolgs definieren lässt.

Damit soll freilich keineswegs gesagt sein, dass die Relation zwischen psychologischer Beschränkung und kommerziellem Abschneiden ein für alle Mal festgeschrieben ist: dass es nicht notwendig sei, an der Verschiebung dieses Verhältnisses zu arbeiten, mit dem Ziel eines zunehmend verfeinerten Unterscheidungsvermögens, einer immer tiefergehenden Wirksamkeit der Heilkräfte. Die Filme, die im Verlauf eines Jahres am häufigsten verliehen wurden, geben nur den Stand der Neurosen und der kollektiven Innenschau eben dieses Jahres wieder. Wie beweglich dieser Status quo mit der Zeit wird, stellt man fest, wenn man sich bei der Betrachtung alter Filmstreifen dabei ertappt, das, was da zu sehen ist, reichlich kindisch zu finden. Oder ein anderes Beispiel: die Enttäuschung jener Produzenten, die sich einbilden, dass sie nur die

Muster und Themen, die sie mit einem Anfangserfolg hatten, ein zweites und drittes Mal aufwärmen müssten, um die gleiche reiche Ernte einzufahren.

Was diese Veränderungen betrifft, so schreitet die Entwicklung der Dramaturgie und der kinematographischen Poesie einmal in fortwährender, langsamer Bewegung voran; ein andermal geht die Wandlung schlagartig vor sich. Immer aber verläuft die technische und künstlerische Transformation, die der Erfolgsfilm anzeigt, auf einer Bahn, die bereits anderswo – mitunter durch wissenschaftliche Versuche, mitunter auch nur durch blindes Wagnis – geebnet wurde; eine Bahn, die bereits vorgezeichnet wurde durch eine Avantgarde, deren Werke das Publikum insofern erschreckten, als sie ihm etwas Unbekanntes andeuteten, das dann später erkennbar wurde, etwas Flüchtiges, das daraufhin aus dem Unterbewusstsein entweicht und bewusst wird. Die kommerziellen Misserfolge sind die Pilotfilme des kommerziellen Erfolgs, da sie, sei es zufällig, sei es auf experimenteller Basis, die Entwicklung der Kinoanalyse von einem optimalen Ergebnis zum nächsten führen.

Auf ihrem ersten Höhepunkt war die vom Kinematographen dargebotene Poesie der von Fortsetzungsromanen, hübschen Liedchen oder Postkarten vergleichbar. Der plötzliche, fast ans Verschwinden grenzende Niedergang des volkstümlichen Bühnen-Melodrams bestätigte die größere Produktivkraft, die im Kino wirksam war. Dank dieser Kraft war das Kino auch in der Lage, den Gefühlen eines großen Publikums Rechnung zu tragen, sie zu wecken, zu befriedigen und damit aufzubrauchen. Die Theaterdramaturgie war in dieser Hinsicht begrenzt, ließ andererseits aber auch die Möglichkeit zu, Situationen zu entwickeln, in denen psychologische Sachverhalte feiner, tiefer, auch spezieller verhandelt werden konnten.

Inzwischen aber führten die Notwendigkeit der Kinoanalyse und ihre Perfektionierung – eine Entwicklung, die sich wechselseitig ergab – dazu, dass auch der Film weniger allgemeine und weniger schematisierte Konflikte darzustellen vermag. Die Klientel des Kinos weitet sich aus und umfasst jetzt auch Personen, die für die Registrierung innerer Vorgänge in Filmen empfänglich sind. Bis dahin war es so gewesen, dass der szenische und literarische Dialog sich auf das Erklären und Zerreden störender mentaler Instanzen beschränkte.

Um die ihm eigene Nützlichkeit, aus der es schließlich seine Existenzberechtigung bezieht, zu unterstreichen, sollte das Theater bestrebt sein, das zu tun, was das Kino aus ökonomischen Gründen noch längst nicht zu leisten vermag, obwohl die technischen Voraussetzungen gegeben wären: die sublimierende Idealisierung der Gegebenheiten des Lebens zur Darstellung zu bringen. Das Theater sollte eine Psychologie kultivieren, mit deren Instrumentarium es sich entweder den Ausnahmen widmet, oder Einzelfällen, welche am Ganzen gemessen zunächst als vollkommen gewöhnlich erscheinen, die aber mit solcher Genauigkeit analysiert werden, dass schließlich die Anomalie, also die Besonderheit jeglichen Einzelnen aufscheint. Genau in diesem Interesse für das Einzigartige, dem sich unzählige, für ein kleines Publikum mit ausgeprägtem Geschmack bestimmte Theaterunternehmungen überlassen, liegt auch die Fülle an

---

*) In einer zeitgenössischen Übersetzung wäre vermutlich das Wort „Schreibfräulein" oder „Tippmamsell" verwendet worden.

Stücken begründet, die genaugenommen nichts anderes sind als klinische Beobachtungen spezieller Neurosen.

Auf gar keinen Fall sollte man in diesen Ausführungen herabsetzende Kritik vermuten. Die soziale Rolle und der individuelle Effekt, sowohl des kinematographischen wie des Bühnen-Schauspiels, bestehen im Ineinander von Belehrung und Kurzweil, sowie von psychoanalytischen Behandlungsmethoden und Vergnügen. So wird der Zuschauer mit dem natürlichen Mechanismus gewisser Trübungen der Seele vertraut gemacht, damit er vor ihnen weder erschrecke, noch durch sie belastet werde, sind sie doch weder beschämend noch monströs. Auch bedarf der Geist einer Reinigung, wie sie durch den Gefühlsausbruch bewirkt wird, sei es, dass dieser auf wirklichen Geschehnissen beruht oder aber auf die Konsumierung einer entsprechenden Überfülle an Trugbildern der Leidenschaft zurückzuführen ist. Das Kino und das Theater, jedes auf seine Weise, bringen den Menschen dazu, sich besser zu erkennen, und sie erzeugen dabei ein mentales Klima, das man als angstfrei bezeichnen könnte. Oft wird zwar gesagt, das Theater und das Kino seien Rivalen, doch sind sie beide von einem gemeinsamen Eifer beseelt, nämlich dem, den Zuschauer einzuladen, in sich zu gehen. Wenn der Einfluss des Kinos, der seiner Verbreitung und zunehmenden Tiefgründigkeit geschuldet ist, das Theater schließlich dazu zwingen wird, sich seinerseits mehr und mehr auf das Singuläre zu spezialisieren und die eigenen Instrumente zu verfeinern, so haben wir daran ein Beispiel, wie zwei separate Entwicklungen sich wechselseitig befeuern. Auch stellt sich in diesem Vorgang, so wie er sich abzeichnet, die allgemeine Bewegung des Denkens dar, durch das der Mensch ohne Unterlass versucht, sich der furchterregenden Sphinx zu nähern, als die er sich selbst ständig gegenübertritt, sie zu packen und zu entwaffnen.

Jean Epstein: „Ciné-Analyse ou poésie en quantité industrielle". Erstmals erschienen in der Zeitschrift Psyché, *Juli 1949 (Themenheft zur Psychologie und den Künsten). Auch enthalten in:* Écrits sur le cinéma, *Band 2, Paris 1975, S. 53ff.*

Geburt einer Akademie

Zwischen den beiden Kriegen tauchte in den Zeitungen vier oder fünf Mal die Anregung auf – sie wurde lanciert, wieder aufgegeben, erneut vorgebracht –, die Leserschaft zur Wahl von vierzig Persönlichkeiten aufzufordern, die sich zu einer Akademie des Kinos zusammenschließen sollten. Mit der Zeit wurde dieses Unterfangen schließlich nur noch als Scherz aufgenommen.

Inzwischen hat es auf eine seriösere Art tatsächlich zum Ziel geführt, es ist eine Art Institut entstanden, das den Namen Centre de Filmologie trägt oder Association pour la recherche filmologique. Diese Vereinigung, deren Mitgliederzahl keiner Beschränkung unterworfen ist, hat sich dem Ziel verschrieben, nicht nur eine Reihe gewichtiger Filmschaffender zu versammeln, sondern auch Philosophen, Wissenschaftler, Literaten und Würdenträger, die verbunden sind durch ihr prinzipielles und erklärtes Interesse, zur Entwicklung der Kinematographie beizutragen.

Nachdem der Film zu einem Schauspiel geworden ist, das sich nicht nur großer Verbreitung, sondern auch hoher Anerkennung erfreut, erscheint er einem großen Teil der Öffentlichkeit als Bezwinger des Theaters. Jenseits dessen, was seine künstlerische Aufgabe ist, und bestens gerüstet, sich zu einer allgemeinen Ausdrucksform des Denkens und vor allem des Füh-

lens zu entwickeln, erweist sich das Kino inzwischen sogar als Rivale des Buches, der gedruckten Sprache. Von daher ist es richtig, ja sogar notwendig, dass das Kino danach trachtet, sich im Bereich des Geistigen zu organisieren, sich eine Konstitution zu geben, wie sie andere Künste, andere künstlerische Ausdrucksformen längst besitzen. In diesem Sinne erscheint die Bildung eines Filminstituts als absolut angebracht. Ihr voraus ging die Gründung der Cinémathèque Française und des Institut des Hautes Études cinématographiques.

Zweifellos wird diese neue Akademie für die siebte Kunst eine Vielzahl an Aufgaben zu erfüllen haben, und wird sie auch erfüllen: Sie könnte sich zum Beispiel der Erarbeitung eines enzyklopädischen Filmlexikons widmen, dessen Notwendigkeit seit einigen Jahren offensichtlich geworden ist. (Einige Verlage haben zwar Anstrengungen in diese Richtung unternommen, brachten sie aber nicht zu Ende.) Sie könnte auch die Formulierung einer Grammatik und Rhetorik des Films in Angriff nehmen, in der sich die fundamentalen Regeln des visuellen und akustischen Ausdrucks zusammengefasst und fixiert finden. Sie könnte die Perfektionierung aller kinematographischen Herstellungsverfahren befördern, indem sie die interessantesten Neuerungen anzeigt, diskutiert und gegeneinander abwägt. Sie könnte Auszeichnungen vergeben, sei es an junge, noch wenig bekannte Talente, sei es an Regisseure, Drehbuchautoren, Kameramänner, Darsteller, Filmarchitekten, deren Verdienste in der Vergangenheit übersehen worden sind. Schließlich, und vielleicht vor allem, sollte sie sich der bislang kaum gestellten Frage widmen, welchen Einfluss das bewegte Bild auf das geistige Leben, die intellektuelle und gefühlsmäßige, die moralische und soziale Verfassung der Leute ausübt. Der *Homo faber*, das schaffende menschliche Wesen, entwickelte sich, dank des Buches, zum *Homo sapiens,* zum wissenden und vernunftbegabten menschlichen Wesen. Dieses wird dank der Photographie und des Films, welche seiner Bequemlichkeit entgegenkommen und direkter den Hunger nach starken Gefühlen befriedigen, zu einem Wesen wiederum anderer Art, zum *Homo spectator,* zum Menschen, der nicht mehr liest, weder Zeitung noch Plakate, sondern dem es genügt, etwas zu betrachten, um davon berührt zu werden.

Indessen haben Akademien häufig einen schlechten Ruf: Sie gelten als Horte der Routine, als Hochburgen für Allgemeinplätze. Und tatsächlich bestehen sie ja mehrheitlich aus Angehörigen der abdankenden Generation, die bereits alles, was sie zu sagen hatten, gesagt haben und denen nur daran gelegen ist, sich selbst in ihren eigenen Wiederholungen zu ergehen oder andere sich darin ergehen zu lassen. Überwiegend verhält es sich so, dass die Mitglieder einer Akademie kaum den Drang verspüren, jenen Veränderungen, deren Zeugen sie sind, nachzuhelfen. Diese Veränderungen allerdings vollziehen sich sowieso, auch ohne sie, ja gegen sie, gemäß dem üblichen Ausgang der ewigen Aus-

einandersetzung zwischen den Bewahrern und den Erneuerern.

Im Kino kann man sich vergleichsweise schnell als „arriviert" betrachten, und so werden viele Mitglieder des neuen Instituts der siebten Kunst vermutlich weniger als vierzig Jahre alt sein. So ist zu erwarten, dass sie den kontinuierlichen Veränderungen und Erweiterungen, die auf dem Gebiet der Kinematographie jederzeit zu gewärtigen sind, positiv gegenüberstehen, nicht zuletzt deshalb, weil jeder von ihnen noch persönlich an diesem Prozess beteiligt ist. Gleichzeitig muss aber gesagt werden, dass Originalität mehr dem Bereich des Individuellen als dem des Gemeinschaftlichen angehört. Ein Geistiges, über das allgemeines Einvernehmen erzielt werden soll, wird sich kaum als etwas anderes erweisen als eben eine Übereinkunft, ein mittleres Maß, entsprechend dem gesunden Menschenverstand. Und wie andere Akademien auch wird sich die Filmakademie dem Risiko ausgesetzt sehen, lediglich einen Durchschnitt von Meinungen zwischen dem sehr Alten und dem ganz Neuen zu repräsentieren und zu äußern: Durchschnittselite, ein irgendwie zustande gekommenes, aber eben auch verdurchschnittlichtes Verständnis von Qualität, dessen relative Stabilität umso schwerer ins Gewicht fallen wird, als die Entwicklung der Kinematographie ein Eigenleben aufweist, dem Unrast und Spontaneität innewohnen.

Wogegen man Einspruch erheben muss, ist indes die Ansicht, dass die Freiheit des Fortschritts, die unablässige Häutung der Filmsprache ausschließlich vorteilhaft sei. Formen altern im Maße der Geschwindigkeit, mit der sie sich erneuern. Ein Film, der erst fünf Jahre alt ist, weist bereits ein abgelaufenes Verfallsdatum auf, er hat etwas Fades und Lächerliches, und falls er mitunter doch noch berührt, dann meistens anders als beabsichtigt. Löste ein Film, als er noch jung war, Bewunderung aus, so kann es durchaus sein, dass er bald schon nur noch Anlass zur Belustigung gibt. Wie wird es möglich sein, die Kultivierung dieser Ausdrucksform angesichts ihrer extremen Unbeständigkeit voranzutreiben? Wie soll man etwas so aufzeichnen, dass es auch über eine äußerst eng gefasste Aktualität hinaus noch verständlich bleibt? Der Exzess der Mobilität macht Bremsen ratsam. Das Institut des Kinos könnte und müsste diese oft undankbare Rolle übernehmen. Es müsste sich als regulierende und fixierende Instanz einer vielfältigen Kunst, einer formbaren Sprache, einer undisziplinierten Technik anbieten. Das Kino braucht auch eine Nachhut, eine Arrière-Garde, und deren wenig glorreiche Mission besteht einfach darin, nichts zu erringen, sondern an ihrem Platz zu verharren und mit der Zeit zu verschwinden.

Jean Epstein, „Naissance d'une académie",
in: La technique cinématographique,
26. Dezember 1946. Auch enthalten in: Écrits sur
le cinéma, *Band 2, Paris 1975, S. 73ff.*

Das große Projekt der Avantgarde

Der erste Poet der Leinwand war zweifellos Méliès. Zwar war er primitiv, kindlich. Doch es gebührt ihm die Ehre, als Erster begriffen zu haben, dass diese neue Art des Schauspiels unseren Blick auf die äußere Welt erweitern könnte und müsste, um ebenso konkret eine andere Realität zur Darstellung zu bringen, die, unsichtbar fürs nackte Auge, weitreichender und von subtilerer Beschaffenheit war. Schon damit hat er die Frage der Raison d'être der Kinematographie aufgeworfen, ihr essenzielles Prinzip erfahrbar gemacht.

Aber wie gelangte Méliès zu diesem seinem Übernatürlichen? Wir werden dessen gewahr in der geschickten Anordnung von Dekorationen, in einem Karneval der Verkleidungen, in Tricks, die er aus der Oper oder vom Rummel übernahm, in sorgfältig ausgearbeiteten Täuschungsmanövern, in denen er die vertraute Natur der Dinge übermalte, sie überklebte oder umnähte. Bei der Ausübung dieser „Kunst des Toupets" zog er aber nicht im Entferntesten in Betracht, auch dem Aufnahmeapparat, also dem Kino selbst, den Einsatz von dessen eigenen Fähigkeiten abzufordern, um so das Geheimnis einer Erscheinung, die Poesie einer Bewegung, das Ungewöhnliche einer Begegnung zu enthüllen. Dem Objektiv kam nur die Aufgabe zu, eine wunderbar und vollständig künstlich fabrizierte Täuschung zu registrieren. Wenn dieses Verfahren zu spektakulären Anwendungen geführt hat und immer noch führt, so stellt es doch, kinematographisch gesehen, den größten denkbaren Widersinn dar, insofern, als damit der Weg einer Avantgarde eingeschlagen wurde, den man als abwegig bezeichnen muss: speziell jenen Weg, der sich nur als ein ganz bestimmter Bildstil profilierte, wie es etwa beim deutschen Expressionismus der Fall war.

Der Irrtum steigerte sich zum Schwindel in einigen Filmen, die als surrealistisch galten. Denn in ihnen ging es mitnichten um den Surrealismus der Natur, den aufzuspüren und in jeglichen Äußerungen des lebendigen Daseins einzufangen die Kamera tatsächlich prädestiniert wäre, ganz zu schweigen von deren geistesgegenwärtiger Erfindungskraft, die unweigerlich automatischer ist als die unkontrollierteste Écriture automatique. Bei ihnen handelte es sich vielmehr um einen Studio- und Schmink-Surrealismus, sorgsam verkünstlicht und komponiert: die authentische Photographie einer Imitation, die Kopie eines Kunst-Musters.

Einer der ersten Filme von Abel Gance brachte, wenn nicht die Entdeckung, so doch die dramatisch und komisch betonte Bestätigung dessen, dass dem Objektiv selbst eine persönliche, originelle, außergewöhnlich durchdringende Sicht der Ereignisse eigen sein kann. In *La folie du Docteur Tube* (1915) erscheint die Phantasmagorie nicht als etwas, das ohne den Apparat und vorab produziert wurde, sondern sie ist dem Wesen des Aufzeichnungsgeräts zugehörig: einer Maschine, die innerhalb dessen, was sie um sich herum sieht und was zuerst nur banal erscheint, die Sur-Realität aufspürt und schöpferisch zum Ausdruck bringt.

Optische Linsen können also ungesehene, unerfasste, unverstandene Aspekte des Universums bergen, auf Filmstreifen können sie konserviert und über Leinwände reproduziert werden. Eine ganze Welt öffnet sich diesem Erstaunen, dieser Bewunderung, Erkenntnis, Liebe und wird vom Blick aufgesogen. Von nun an bildet die Bereicherung der Erinnerung und der visuellen Vorstellungskraft, also auch der Sensibilität und der Intelligenz das wahre Ziel, das die Existenz einer kinematographischen Avantgarde rechtfertigt und notwendig macht.

Allzu oft hält man überraschende Perspektiven, extreme Vergrößerungen, atemberaubende Bewegungen, Zeitlupe oder Zeitraffer, Unschärfen oder Verzerrungen, deren Aufzeichnung manche Regisseure ihren Objektiven unablässig zumuten, für ästhetische Spielerei. Die Kunst, die Schönheit bei solchen Unternehmungen entsteht tatsächlich nur nebenbei und zufällig. Viel häufiger jedoch kündigt ein Gefühl, das mehr mit Angst oder Panik zu tun hat, oder auch mit der angespannten Erwartung eines befürchteten Skandals, dem Forscher an, dass das Instrument etwas entdeckt hat; etwas, das bislang noch unberührt war, eine jener Adern des Phantastischen im Realen, wie sie die unermessliche Region des Verborgenen durchziehen. Schrecknis und Wunder sind in allem, überall

brechen sie hervor: aus einem überraschten Gesicht, Ereignissen, die sich zufällig ergeben haben, einem fliehenden Himmel, einem Wasserstau, einem Baum, der plötzlich dasteht, als wüsste er nicht, dass man ihn anschaut.

Und vor gar nicht langer Zeit hat uns auch das Mikrofon mit seiner aufschlussreichen Mission vertraut gemacht; es hat die Lizenz erworben, zu lauschen und Töne zu empfangen, die kein Ohr hätte hören können; die tausend Geräusche zu entwirren, deren Knäuel die Tiefe der Stille ausmacht; die Schreie und Musiken aus dem herauszufischen, was sich sonst stumm darbot. So eröffnete sich ein weiteres Gebiet, das dem Menschen bisher unzugänglich war, und mit dessen Erkundung er nun, dank eines zweiten kinematographischen Forschungsinstruments, beginnen kann. Was in der gewöhnlich sichtbaren Realität geschah, wird sich im Bereich der gewöhnlich hörbaren Realität wiederholen: Das Feld wird erweitert, die Empfindlichkeit erhöht. Eine neue Avantgarde beginnt eine neue Magie auszuüben, wobei die Gedanken dazu gebracht werden, ihre größten und bislang immer verschwiegenen Geheimnisse auszuflüstern; jene Worte, die im Lärm der Städte und in der Stille der Felder, im Atmen des Meeres und in der Erinnerung alter Häuser eingefroren waren.

Jean Epstein, „Le grand œuvre de l'avantgarde",
in: Ciné Club, März 1949. Auch enthalten in:
Écrits sur le cinéma, Band 2, Paris 1975, S. 72f.

Alkohol und Kino

Seit langem kennt und verwendet man eine Reihe von Mitteln, nicht nur künstlerische, die der vernunftgesteuerten Intelligenz Entlastung verschaffen. Auf diese Weise findet sie sich erquickt und die analogischen*, vom Gefühl gesteuerten Geisteskräfte, die im Unterbewusstsein angesiedelt sind und aus ihm dann hervorbrechen, werden angeregt. Unter diesen Mitteln, deren Wirkmechanismus rein physiologischer Art ist, und die eine berauschende Wirkung auf den Verstand sowie eine stimulierende auf die affektiven Instanzen haben, ist der Alkohol am weitesten verbreitet. Der Betrunkene, der gegen einen Laternenpfahl prallt und diesen dann scharf zurechtweist, eine lange Diskussion mit ihm anfängt und ihn schließlich unflätig beschimpft, surrealisiert dieses Hindernis als ein bösartiges Wesen, das verantwortlich ist für vergangene und gegenwärtige Unglücksfälle, das ein Symbol aller Zwänge und aller Ungerechtigkeiten darstellt und dem Leben eine abscheuliche Ordnung aufzwingt. Was die Surrealisten betrifft, so verhinderte ihr Schamgefühl, das sich als stärker erwies als ihre Lust auf Skandale, jenes Loblied auf die Alkoholvergiftung, das man eigentlich von ihnen hätte erwarten können, ruft diese doch einen mentalen Zustand hervor, in dem wir noch am ehesten die Art von Verwirrung spüren, die sich durch die Vermengung von Handeln und Traum, Äußerem und Innerem ergibt. Die surrealistische Revolution vollzieht sich tagtäglich durch die unzähligen Trinker auf der ganzen Welt.

Der Betrunkene, der den Laternenpfahl beschimpft, handelt zweifellos als Poet, als Poet, der ganz und gar eingenommen ist von seiner Inspiration. Während unsere Moral uns gelehrt hat, solch ein Delirium zu belächeln, gibt es, wie man weiß, andere Völker, die solch ein Verhalten respektieren, ja sogar als gesegnet erachten. Im Übrigen bedarf es keines Vollrausches, um die Surrealisierung zu konstatieren, die vom Alkohol hervorgerufen wird. Dabei muss es nicht unbedingt so weit kommen, dass man einen Wegweiser für ein wildes Tier hält. Lang wäre die Liste der Berühmtheiten – Schriftsteller wie Baudelaire oder Poe, Philosophen wie Nietzsche, Mathematiker wie Hamilton –, die bezeugt haben, dass ein gewisser Grad an Trunkenheit eine gute Voraussetzung für künstlerische und wissenschaftliche Vorhaben darstellt. Womit auch immer man die Trunkenheit herbeiführt, Alkohol bleibt doch das sicherste und billigste unter den Rauschmitteln, allgemein zugänglich und relativ wenig schädigend.

Banalerweise trinkt der Mensch, um, wie man sagt, seine Sorgen zu ertränken, das heißt er versucht, eine genetische Disposition zu korrigieren, eine Irritation loszuwerden, eine Depression aufzuhellen, die den mehr oder weniger zahlreichen und schlimmen Enttäuschungen im Leben geschuldet ist. Vermittels des Alkohols verspricht er sich eine Stärkung seiner instinktiven und affektiven Regungen. Diese drängen in die Vorstellungskraft des Menschen, aktivieren sie, beherrschen sie, verwandeln sie in halluzinierende Träumereien, in denen der Trinker der Illusion erliegen mag, sich an seinem Gegenüber zu rächen, oder gar den Mut findet, in einer kritischen Situation standhaft zu bleiben, um am Ende zu siegen. Im Zustand der Trunkenheit werden die logischen und kritischen Determinanten, die für unsere Beziehung zur Außenwelt bestimmend sind, stets geschwächt, unterminiert – mitunter auch ganz außer Kraft gesetzt – zugunsten einer Vorstellung, die vom Gefühl geprägt und an unseren Leidenschaften orientiert ist. Würden die Menschen sich nicht so gezügelt fühlen durch die rationelle Organisation des täglichen Lebens und so tyrannisiert durch die Notwendigkeit, den Großteil ihrer Gedanken an eine gleichförmige Ordnung anzupassen, dann würden sie auch nicht in einem solchen Maße der Neigung frönen, ja dem Zwang ausgesetzt sein, zu trinken, und sich manchmal gar gezwungen sehen, zu trinken, um loslassen zu können und sich einem beruhigenden und tröstenden Traumzustand zu überlassen, dem eine überwältigende Poesie innewohnt.

Aus ähnlichen Motiven greifen schöpferische Menschen zur Flasche. Sie wollen ihren Geist aus dem Räderwerk herausreißen, das ihnen die Zivilisation aufgezwungen hat. Dieses produziert zwar rigoros kritisches Denken und perfekte Beweisführung, die aber wiederum jeglicher Erfindungsgabe zuwiderlaufen. Künstler, Wissenschaftler, Philosophen erwarten vom Alkohol, dass er ein Nachlassen der rationalen Kontrolle der Intelligenz bewirkt, damit sich ihnen, daraus folgend, der Zugang zu einem fantasievolleren Schaffensprozess eröffne, der

*) Epstein bezieht sich auf die philosophie- und kunstgeschichtlich relevante Unterscheidung zwischen analogischem, katalogischem und dialogischem Denken. Jean Starobinski hat das in seinem Buch *Aktion und Reaktion. Leben und Abenteuer eines Begriffspaars*, Frankfurt am Main 2003, dargelegt. Darin referiert er eloquent die Vorbehalte, die z. B. Johann Wolfgang von Goethe gegen die mechanistisch-kausalistische Idee einer rein mathematischen Vermessbarkeit der Natur geltend machte. An Goethes Beharren auf einer Verbindung der Kräfte des Sonderns und denen des Vereinigens, der Analyse und der Synthese verdeutlicht er das Erbe einer auf Heraklit zurückgehenden Tradition und zeigt, wie das Gesetz der Einheit des Unterschiedenen, das die Erscheinungen der Welt lenkt, für Goethe auch die Tätigkeit des erkennenden Bewusstseins bestimmt. Heraklit ist in seinen Fragmenten *Über die Natur* von einem Zusammenhang des Gegensätzlichen ausgegangen und davon, dass die Menschen irren, wenn sie den Dingen einen Namen (katalogische Festschreibungen) gäben. Sie sagten etwa Tag und vergäßen, dass Tag etwas sei, das aus der Nacht entstanden ist und in der Nacht wieder vergeht. Im analogischen Verständnis stehen Tag und Nacht zeitlos neben-, gegen- und füreinander, sich gegenseitig bedingend in einem Gegensinn der Urworte. Sigmund Freud hat sich ebenfalls damit beschäftigt, als er *Die Traumdeutung* schrieb. Dort heißt es, „das Verhalten des Traumes gegenüber der Kategorie von Gegensatz und Widerspruch" sei ausschließender Art. Dieser Gegensatz werde „schlechtweg vernachlässigt", das Nein scheine es für den Traum nicht zu geben. „Gegensätze werden mit besonderer Vorliebe zu einer Einheit zusammengezogen, also als solche dargestellt. Der Traum nimmt sich auch die Freiheit, ein beliebiges Element durch seinen Wunschgegensatz darzustellen, sodass man zunächst von keinem Element, welches ein Gegenteil aufweist, zu sagen vermag, ob es in dem Traumgedanken positiv oder negativ enthalten" ist. In vielen Wörtern und Begriffen kommt der Gegensinn dessen zum Ausdruck, was sie eigentlich katalogisch bezeichnen. Beispielsweise lässt das Wort Ab-Sicht sinngemäß auf Hinsicht oder gar Zuversicht schließen, obwohl es wörtlich aussagt, dass derjenige, der etwas ab-sichtlich tut, davon absieht.

es ihnen erlaubt, wie durch Zufall, aus jenem reichhaltigen Inneren zu schöpfen, welches dem Bewusstsein bis dahin gar nicht bekannt war. Auf diesem Weg werden unerwartete Zusammenhänge entdeckt, neue Eingebungen hervorgerufen, die ihrerseits zu Entdeckungen führen, deren Status sich im Wesentlichen daraus ergibt, dass keine Vernunft der Welt ihnen überhaupt eine Daseinsberechtigung hätte zugestehen wollen. Sicher verspüren nicht alle schöpferisch tätigen Menschen, oder zumindest nicht in gleichem Maße, die Notwendigkeit, künstlich den analogischen Beitrag ihres Unterbewusstseins zu erhöhen. Dieses Unterbewusstsein kann aus sich heraus und ohne Hilfsmittel völlig hinreichend aktiv sein, so aktiv gar, dass eine weitere Eindämmung der logischen Zensur unter Umständen nur dazu führen würde, dass es sich in Wahnideen ergeht, die nicht mehr fruchtbar zu machen sind. Aber solche Ausnahmen bestätigen nur die Regel: Die originellsten Schöpfungen des Geistes sind immer aus dem Delirium entstanden. Und bei vielen Individuen kann sich dieses paranoide Befinden nur im Stand der Trunkenheit zu kreativer Originalität wandeln, einfach indem die Vernunft gezügelt, indem das Nachbeben von Eindrücken und Empfindungen gesteigert wird, indem die Verkettung von Beziehungen, die durch Sympathie- oder Ähnlichkeitswerte geprägt sind, sich offenbart.

Beim gemeinsamen Trinkgelage wie beim Rausch, wenn er von Intellektuellen gezielt herbeigeführt wird, hinterlässt der Alkohol – ebenso wie das Kino – seine Wirkung, indem er den schwachen Opfern ihrer Paranoia hilft, sich das Delirium zu verschaffen, nach dem es sie gelüstet. Daraus lässt sich schließen, dass der Alkoholismus ebenso eine historische wie eine unvorhergesehene Mission erfüllt, genauso wie es vermutlich alle Krankheiten tun, jede auf ihre Art. Demnach scheint es auch unnötig zu sein, darauf herumzureiten, wie sehr der Alkohol die Menschheit bereits durchdrungen hat, besonders in der zivilisierten Welt. Eine reichhaltige Literatur, romanhaft ausgeschmückt oder sachlich medizinisch, gibt darüber bereits unmissverständlich Auskunft.

So liest man von den wüsten Auswirkungen, den schlimmen Folgen des Alkoholkonsums, was den Anhängern und Verteidigern der Enthaltsamkeit zur Bekräftigung ihrer Warnungen dient. Dabei wäre doch zu bedenken, dass, wann immer man ein Übel beim Namen nennt, sich dieses gleichzeitig eingeschrieben findet in eine allgemeinere Zweckbestimmung, in eine Notwendigkeit, die aus ihm auch wiederum etwas Gutes macht. Der Segen des Alkohols, oder sagen wir seine Nützlichkeit, besteht darin, der Erzeugung eines Deliriums des irrationalen Begreifens förderlich zu sein und damit zu einer Lockerung jenes mentalen Zustands beizutragen, bei dem sich praktisch die gesamte bewusste Aktivität der Menschen ins Joch der formalen Logik, der Ratio, eingespannt findet. Diese ist zwar ebenfalls als ein Delirium anzusehen, aber als ein gewissermaßen entgegengesetztes, das nach dem Alkohol als einer Art Wunderdoktor verlangt: einem Wunderdoktor, der die Fähigkeit zum Träumen wiedererweckt, deren Verlust den Menschen, die zu Opfern einer in ihrem Streben nach perfekter Rationalität vertrockneten Zivilisation geworden sind, so zusetzt. Der Siegeszug des Alkohols ist nichts anderes als die Bestätigung der Wirksamkeit dieses Heilmittels. Dass jene Heilmittel, die eine

Wirkung erzielen, gleichzeitig Giftstoffe sind, wissen wir nur zu gut, aber dagegen können wir nichts tun.

In übersteigerter Ausprägung vermag der Alkoholrausch die in der Öffentlichkeit viel zu häufig herbeizitierte Form eines plötzlichen halluzinativen Erschreckens vor Tieren, eines wilden Deliriums, anzunehmen. Sicher kommt so etwas vor, doch verdankt sich der Bekanntheitsgrad dieses Symptoms weniger der Häufigkeit seines Auftretens als dem pittoresken Drama, als das es sich äußert. Dabei stellen die Delirien, die durch Alkohol hervorgerufen werden, keinen psychologischen Sonderfall dar. Ein bekannter Aphorismus besagt, dass wir im Delirium nur dem begegnen, was sowieso in uns angelegt ist. Der Wüterich, der seine unbeherrschten Impulse zurückhielt, lässt sich nun von ihnen hinreißen; hingegen wird der Zärtliche, von Angst erfüllt, in Tränen ausbrechen und versuchen, in jemandes Arme zu flüchten. Angstvorstellungen aus Kindertagen stellen sich wieder ein, mit ihren Schlangen und Ratten, oder Bruchstücke religiöser Traditionen, die den gelernten Atheisten schließlich dazu bringen, das Wundersame wiederzuentdecken, an es zu glauben und Reue zu spüren. All das kennen wir genauso von Fieber- oder Alpträumen, oder man kann es beobachten, wenn jemand aus einer Narkose auftaucht.

Ähnlich allen anderen Formen des Deliriums und des Traums, weist das Alkoholdelirium mehr oder weniger offensichtlich, mehr oder weniger symbolisch den Weg zu gewissen tiefen Schichten der Seele, in denen sich etwas offenbart, gegen das die Kontrolle der nach außen gerichteten Intelligenz im Normalzustand Einspruch erheben würde. Man kennt diese Besessenheit von Betrunkenen, die kein Geheimnis für sich behalten können und vor allem nicht ihr eigenes. Zehn bis vierzig Gramm Alkohol genügen, um eine erschütternde Psychoanalyse auszulösen, die umso schonungsloser ist, als sie normalerweise keinen Zuhörer zum Zeugen hat, der Fragen stellen würde.

Es liegt also auch keine Besonderheit darin, dass der Alkohol-Traum, den kritischen Geist lähmend, zu voreiligen und tollkühnen Schlüssen führt, die auf einer einfachen Analogie gründen und alles Differenzierende übergehen. Das Profil eines Steins sieht aus wie eine Hundeschnauze, also *ist* dieser Stein ein Hund. Genauso denkt der Betrunkene, aber genauso dachten auch poetisch veranlagte Völker, die Legenden von versteinerten Mönchen ersannen oder die Legende vom Teufel, der auf einem Thron aus Granit Platz nahm, nachdem ihn ein fantastischer Ritt, dessen Spuren sich im zerklüfteten Felsen finden, dort hingeführt hatte. Nicht anders dachte auch jener Gelehrte, der in einem Akt der Intuition, nicht der Deduktion, das Herunterfallen eines Apfels mit der Schwerkraft eines Planeten in Verbindung brachte.

Der Wachtraum, den der Alkohol hervorruft, ist unter den beiden wesentlichen Gesichtspunkten sehr banal: Er fördert die Ausbildung von verdrängten Teilen der Persönlichkeit und er führt zu Wahrnehmungen, deren Zustandekommen auf beliebigem Analogieschluss beruht. Insofern führt der Alkohol zu einem Denken, das gefügig den Strömen der Gefühlswelt folgt und eine symbolische Über-Realität der Empfindungs-Welt schafft. Die generelle Ähnlichkeit zwischen der Wirkungsweise des Alkohols und der des Kinos besteht darin, dass beide dazu tendieren, den Geist vor der Unterwerfung und der Auszehrung durch die Vernunft zu retten. Vernunft ist hier in doppelter Hinsicht zu verstehen: als die aktuelle Vernunft der Logik und als die verschüttete, altherkömmliche Vernunft der Moralisten, also das, was für die Psychoanalyse das Über-Ich ist. Aber zwischen der Wirkung des Alkohols und der des Kinos gibt es auch gravierende Unterschiede.

Zunächst einmal steht die physiologische Schädlichkeit des Alkohols, die sich unmittelbar und langfristig bemerkbar macht, der Abwesenheit einer solchen Schädigung durch den Film gegenüber. Die Leberzirrhose und andere organische Folgeschäden bieten dem kompromisslosen zivilisatorischen Rationalismus einen exzellenten Vorwand, um gegen den alkoholischen Irrationalismus Sanktionen zu verhängen. Es ist eine Schande, wie der Alkoholtod verdammt wird, während man es weder skandalös noch schändlich findet, an den Folgen der Völlerei zu sterben. Bei der Verdammung des Alkohols geht es also nicht um Hygiene, nicht darum, dass er die Gesundheit ruiniert, vielmehr handelt es sich dabei um ein ethisches Verdikt, ja ein politisches, rationalistisches, das darauf abzielt, Verstöße gegen das herrschende System zu ahnden.

Im Übrigen gilt, dass der Trinker sein Delirium nur aus dem eigenen mentalen Inneren bezieht. Der Alkohol fügt dem nichts Neues hinzu. Der Film dagegen hält eine Menge zusätzlicher Elemente bereit, um den Traum-Bedarf des Zuschauers zu nähren: Dazu gehört eine spezifisch kinematographische Bereicherung der Vorstellungskraft; ebenso Modelle, an denen sich diese entwickelt; desgleichen lange Abfolgen visueller und klanglicher Gewebe und schließlich bis ins kleinste Detail organisierte Träumereien, zu denen ein Großteil der Zuschauer von sich aus nie in der Lage gewesen wäre.

Zweifellos hat der durch Alkoholkonsum hervorgerufene Rauschzustand mehr als Delirien anderer Art zur Herstellung künstlerischer Werke beigetragen. Einerseits erweist er sich als ein probates Mittel, um den Geist anzuregen, andererseits sind alkoholische Getränke leicht zugänglich, nicht nur für die betreffenden Intellektuellen, sondern auch für die in ständigem Halbrausch befindliche Masse der Trinker. Er steigert das Empfindungsvermögen und fördert das Denken in seiner vitalen Neigung, die vorgezeichneten Wege der Logik zu verlassen und sich stattdessen einem träumenden Vagabundieren hinzugeben. Mit Gewissheit lässt sich sagen, dass der Alkohol insofern auf das Bewusstsein einwirkt, als er Romantisierungen begünstigt, die zum Zerbröckeln der soliden klassischen Struktur führen. Indessen wird man bei dem, was hierbei hervorgebracht wird, nicht von einer Kultur des Alkohols sprechen können. Denn der Alkohol, wenngleich er auch Fühl- und Denkweisen tangiert, schafft doch, um ehrlich zu sein, kein neues Objekt, an dem sich das Fühlen und Denken reiben könnte. Das Kino dagegen, indem es Darstellungen entwickelt hat, die nur ihm eigen sind, Darstellungen, die sicht- und hörbar ein zuvor unbekanntes Universum bilden, konfrontiert den Geist mit einer solchen Fülle überraschender Gegebenheiten, dass er diese nur aufnehmen kann, wenn er sich in seiner Anlage von Grund auf neu erschafft.

Die Verbreitung des Alkohols in den meisten zivilisierten Ländern von heute, die auf einen vorhandenen Hang, sich träumerischen Erfahrungen zu überlassen, schließen lässt, muss dazu beigetragen haben, dass das Publikum die Erfindung des Kinos, das als Schauspiel so sehr von Traumhaftem geprägt ist, begrüßt hat. Es besteht also ein Zusammenhang zwischen der Konjunktur des Alkohols und dem Aufkommen des Films insofern, als sie beide, Film wie Alkohol, dem Bedürfnis entgegenkommen, der exzessiven Rationalisierung zu entwischen. Man kann demnach sagen, dass der Alkoholismus langfristig jener Gewohnheit den Weg geebnet hat, die darin besteht, mit offenen Augen zu träumen. Das Kino wiederum hat von dieser zur Gewohnheit gewordenen Fähigkeit profitiert, indem es sie zur Grundlage nahm, um sein eigenes, viel weiter reichendes System der Traumarbeit auf ihr aufzubauen.

Zu jener Zeit, als der Mensch schon Gefahr lief, zu einer Vernunftmaschine zu werden, zu einem Wesen, das nur der Bestimmung diente, in einem System von tausend anderen rationalen Prozessen zu funktionieren, musste das Bedürfnis nach Maschinen, die Träume fabrizieren, so übermächtig werden, dass das Kino nur die Spuren seiner Vorläufer zu sichern brauchte, um dann zielstrebig seinen Weg zum Erfolg einschlagen zu können. Dabei können wir davon ausgehen, dass bei der großen Anzahl von Zuschauern, an die sich das Kino richtet, nicht alle von ihnen bereits Alkoholerfahrungen gehabt haben werden. Weiterhin können wir davon ausgehen, dass diejenigen, die diese Erfahrung bereits im Übermaß gemacht haben, in ihrem Illusionsbedürfnis schon so erschöpfend befriedigt worden sind, dass ihnen die Art von Illusionen, wie sie die Leinwand zu bieten hat, ziemlich lächerlich vorgekommen wären. Generell lässt sich sagen, dass der Alkohol – sei es in

seiner direkten Einwirkung auf die Individuen; sei es indirekt, insofern sich Teilbereiche des künstlerischen Schaffens dem Rausch öffnen – ein Klima erzeugt hat, das dem träumerischen Denken, dessen sich das Kino letztlich bedient, günstig ist. In diesem Sinne also hat der Alkohol das Aufkommen des Films begünstigt.

Diese Allianz zwischen Alkohol und Film gestaltete sich allerdings nur zu Beginn des Kinozeitalters problemlos. Sobald das Leinwandspektakel akzeptiert war und zu eigenen Gewohnheiten beim Publikum geführt hatte, tat sich ein Antagonismus zwischen den beiden Stimulanzien der traumhaften Euphorie auf. Ein unvermeidlicher Antagonismus, der aus der unterschiedlichen Wirkungsweise dieser beiden Mittel resultierte. Infolge ihres Überreichtums an Formen; der Neuheit des Mediums; der Schale aus Heimlichkeit und Amüsement, die ihren kulturellen Kern umgibt; ihrer physischen und psychischen Unschädlichkeit; des geringen Grads von Benommenheit, den sie im Kopf des Zuschauers hervorruft; des schnellen Verschwindens der Eindrücke, sobald der Bedarf an ihnen gedeckt ist, sodass danach wieder das nach außen gerichtete Denken einsetzt, entsprechend der Notwendigkeit, sich wieder völlig auf die Welt des Realen einzustellen: Infolge alles dessen hat sich die kinematographische Spielart der Träumerei ihrem bierseligen Rivalen als überlegen erwiesen. Wenngleich der Film der auf Logik basierenden Moral auch suspekt erscheinen mag und demnach oft zu Unrecht angeklagt wurde, den Blick zu verstellen, zu verdummen und zu verderben, so bietet er doch weitaus weniger Angriffsfläche als der Alkohol.

Mochte das Kino auch nicht in der Lage sein, eine ähnlich umfassende Betäubung der Sinne hervorzurufen wie die Trunkenheit, so wurde ihm genau dafür die Gunst des durchschnittlichen Publikums zuteil, welches in allen Dingen und Tätigkeiten auf ein mittleres Maß aus ist; die Gunst jener großen Masse, deren Unbefriedigtheit nicht ausuferte und deren Wünschen bescheiden blieb; die es weder (verzweifelt) nach völliger Betäubung noch (frenetisch) nach Ersatzgenüssen dürstete. Die große Masse derer also, die dazu neigen könnten, im Alkoholgenuss Ablenkung zu suchen, wird es demnach vorziehen, sich dem Leinwandspektakel zuzuwenden, einem Linderungsmittel, das – als die weniger harte Droge – in höherem Ansehen steht und preiswerter ist. Zu bedenken bleibt überdies, dass eine Alkoholvergiftung oftmals eine sehr aufwändige Therapie nach sich zieht, um sowohl das betroffene Individuum als auch seine Umgebung, ja die ganze Gesellschaft vor den durch das Gift freigesetzten destruktiven Kräften zu schützen. Um dieser von ihr selbst heraufbeschworenen Gefahr vorzubeugen, hat die Zivilisation mit der Erfindung und Verbreitung des Kinos geantwortet.

Wenn das Kino auch niemals in der Lage sein wird, solch ein aggressives Rauschmittel zu sein wie der Alkohol, so darf es ebenso wenig nur fade Träumereien anbieten, denn dann wäre es unwirksam. Man macht sich eine falsche Vorstellung, wenn man glaubt, dass Filme, die tugendhaftes Handeln propagieren, dieses auch bei den Zuschauern zu bewirken vermöchten. Das Desinteresse, ja die Ablehnung des Publikums gegenüber solchen Produktionen zeigt vielmehr die Nutzlosigkeit dieses Unterfangens an. Die Auffassung, dass Kunst dazu da sei, um unmittelbar moralisch auf die Menschen einzuwirken, wird durch die Schwierigkeit, ja Un-

möglichkeit widerlegt, Kunst zu produzieren, die ein eindeutig moralisches Sujet aufweist.

Tatsächlich gibt es nur wenige Menschen, die dermaßen vor Mitgefühl brennen, dass sie nach entsprechend vollbrachten Taten immer noch das Bedürfnis hätten, die Restbestände ihres Altruismus in gutgemeinten Fiktionen anzulegen. Und wenn uns auf der Leinwand die Güte eines Menschen offenbart wird, der sein letztes Hemd den Armen gibt, so wird das Publikum noch lange nicht danach streben, es ihm gleichzutun. Es wird dieser Darstellung nicht folgen wollen, weil sich ihm der Antrieb, der dahintersteckt, verschließt, und infolgedessen wird es sich darüber mokieren oder sich einfach nur langweilen. Selbst wenn es dem Regisseur geglückt sein sollte, einige poetische Effekte in das Werk einzuschleusen, wird diese Poesie, insofern sie nur zufällig, beliebig dort hineingeraten ist, kaum Eindruck machen: sie ist fehl am Platz, und das muss auch so sein. Liegt doch das Ziel der Poesie immer darin, einer realen Unbefriedigtheit abzuhelfen. Nur: Wie sollte man ein Bedürfnis befriedigen, das gar nicht vorhanden ist?

Jene exzessiven, real existierenden Wünsche und Sehnsüchte, zu deren Regulierung man die kinematographische Hypnose ins Leben gerufen hat, sind im Gegenteil gerade die, deren Erfüllung von den moralischen Instanzen verhindert oder nur eingeschränkt zugelassen wird. Den größten Erfolg werden immer die Filme haben, in denen Liebesträume in ihr Gegenteil umschlagen; in denen Macht und Reichtum verhöhnt sowie der Hochmut und die Ambition derer, die den Unabhängigen und individuell Überlegenen zu zerstören trachten, gebrochen werden. Das, wonach die Seele in der Wirklichkeit, kaum verhüllt, dürstet, findet sie in diesen

Filmen artikuliert. Es findet demnach eine psychische Kompensation versagter realer Befriedigungen statt, die zur Folge hat, dass sich die aufgestauten anarchischen Tendenzen mit der Zeit verlieren und eine Beruhigung eintritt. Das Gleichgewicht zwischen Individuum und sozialer Ordnung stellt sich wieder her.

So sind die Filme, die man zunächst ihres Inhalts wegen als unmoralisch zu bezeichnen geneigt war, diejenigen, die als Einzige moralisches Handeln zu bewirken vermögen: indem sie das Zerren der inneren Kräfte abschwächen, also sublimieren, was zur Folge hat, dass eine Entladung in strafbaren Handlungen verhindert und sozial verträgliches Verhalten ermöglicht wird. Den Leidenschaften gefällig sein, sie nähren, sie umschmeicheln, sie sättigen, damit man ihnen nicht über Gebühr Beachtung schenken muss, das mag erscheinen, als wolle man der Moral durch Immoralität dienen, jedoch ist das weitaus praktischer, weniger gefährlich, auch weniger absurd als diese überkommene Psycho-Chirurgie, die das Seelische zurichtet, die abfackelt, um so die Instinkte auszumerzen, ohne die diese Seele gar nicht mehr Seele ist. Darüber hinaus vernebeln moralisch gesteuerte Erwägungen unnötigerweise den Sinn für die Realität. Man verlangt doch auch von einem echten Ventil lediglich, dass es den Druck mindere. Dies soll es leisten, und würde es versagen, dann bliebe dem Kessel nur übrig zu platzen.

Je stärker gewisse Begierden dazu verurteilt sind, unbefriedigt zu bleiben, desto mehr verstopfen sie die Seele, beeinträchtigen sie, bringen sie aus dem Gleichgewicht. Entsprechend ist es auch notwendig, ihr die Möglichkeit zu geben, sich in Tagträumen von gewisser Intensität zu ergehen. Das bedeutet also: Um wirksam zu sein, genügt es nicht, dass die Filme nur unmoralisch sind – in dem Sinne, wie es die offiziell bestallten Zensoren verstehen –, sie müssen dies auch auf eine kräftige, entschiedene Art und Weise sein.

Jean Epstein, „Alcool et Cinéma", zu Lebzeiten des Autors unveröffentlichtes Manuskript. Erstmals erschienen in: Écrits sur le cinéma, *Band 2, Paris 1975, S. 240ff.*

Kino, Hysterie, Kultur

Die Maske des Sonnenanbeters trug die Macht Gottes in sich; ein Amulett, in das ein verletztes Raubtier eingraviert war, garantierte erfolgreiche Jagd; eine Figur, die ihre Gabe auf dem Altar darbrachte, ersetzte das wirkliche Opfer. Zwischen der Wirklichkeit und ihren Abbildungen gab es stets Verbindungen. Das zeugt ebenso von Telepathie wie von der Fähigkeit, ihrer gewahr zu werden. Es drückt sich in solchen Symbolen außerdem die menschliche Begabung aus, einen Segen oder ein Leid kundzutun – und damit auch: sie mit anderen Menschen zu teilen –, womit die Macht des Schicksals letztlich gebrochen, auf ein menschliches Maß reduziert wird. Dieser Aberglaube vergangener Jahrhunderte wird heute herablassend belächelt, was allerdings nicht auf einen höheren Grad an Erkenntnis schließen lässt, sondern nur auf die Herrschaft der Vernunft! Ist es nicht auch heute so, dass sehr zivilisierte Menschen sich massenhaft faszinieren lassen und über Bildern von Liebe und Schmerz in Trance geraten? Vortäuschungen vermögen in ihnen den Eindruck von Liebe oder Schmerz, von Freude oder Hass wachzurufen. Man erzittert, schluchzt, verliert sein Herz an eine Vorspiegelung, die wie Heroin wirkt; man fordert das Blut eines Gespenstes, eines Zeichens, das als Fantasiegebilde eines Kriminellen existiert, aber gewiss nicht real ist.

Hätte man sich nicht daran gewöhnt, so würde einem auffallen, dass dieser Elan des Glaubens, diese Macht der Magie in deutlichem Kontrast steht zum rationalen Habitus unserer Epoche, zum logischen System unseres Denkens und Lebens. Die Wahrnehmung einer Kluft wäre unvermeidlich und würde nicht nur daran erinnern, sondern auch unterstreichen, dass darüber hinaus mit weiteren Spaltungen zu rechnen ist.

Zunächst innerhalb der äußeren Welt. Dort, im ganzen sogenannten gegenständlichen Universum, wähnten sich Vernunft und Intelligenz bereits unwiderruflich im Besitz der Macht. Tatsächlich war dieser verordnete Frieden aber nie gänzlich flächendeckend. Es gab Unruhen. Einige Kampfherde waren noch übrig geblieben, wo man sich der Vernunft nicht unterwerfen wollte, wo weiter die Kampfeslust geschürt wurde, ohne dass man die wirkliche Wurzel dieser Rebellion hätte ausmachen können; auch kam es vor, dass das, was über die Evolution erreicht wurde, nicht überallhin weitergegeben werden konnte, da es einfach an soliden Vermittlungs- oder Übertragungsinstanzen fehlte. Aber solche Widrigkeiten bedeuten nur ein geringfügiges Hindernis für die unzähligen glänzenden Triumphe, die auf dem Feld der Theorie dazu geführt haben, dass die wissenschaftliche Nutzbarmachung von Erkenntnissen Priorität bekam. In der Praxis führte dies dann dazu, dass das menschliche Leben durch sagenhaften Komfort erleichtert wurde. Über diese seine Erfolge erwarb sich der Rationalismus einen solchen Kredit, dass niemand daran zweifeln mochte, dass auch die letzten Inselchen eines irrationalen Widerstandes innerhalb kurzer Zeit endgültig verschwinden würden.

Nun enthüllte aber gerade die rational und kontrolliert betriebene wissenschaftliche Forschung der letzten Jahrzehnte eine Reihe von rätselhaften Phänomenen, die in nächster Nähe und weitester Ferne angesiedelt sind, entweder außerhalb unseres Selbst liegen oder unmittelbar diesem selbst zugehören. Die Vernunft allein vermag diese Phänomene nicht zu erfassen, einer exakten Definition entziehen sie sich. Gleichzeitig hat die auf mathematischer und experimenteller Grundlage betriebene Physik das Kausalitätsgesetz außer Kraft gesetzt, das für die Wissenschaft unabdingbar und notwendig erschien. Zwar fiel diese darüber nicht auseinander, doch schien sie vorübergehend geradezu willkürlich gehandhabt zu werden, so als sei sie zurückgeworfen worden in einen nunmehr absurd erscheinenden Urzustand. Diesen Rückfall mit Vernunftgründen zu erklären, brachte nur hilflose Bemäntelungsversuche hervor. War es nicht ein Skandal, über den allerdings nur geflüstert wurde, den man unter den Teppich zu kehren oder gar zu leugnen versuchte: dass sich die Vernunft dank ihrer eigenen Fortschritte selbst als machtlos erkennen sollte, dass ihre Grundthese von der profunden und generellen Ultra-Rationalität der konkreten Welt zum Scheitern verurteilt war? Dieser Skandal hing damit zusammen, dass sich Wissenschaftler und Philosophen inzwischen dazu ge-

nötigt sahen, die Konzeption eines umfassenderen, transrationalen Systems ins Auge zu fassen, worin das Rationale enthalten ist, jedoch nur als ein Teilbereich unter anderen.

Indessen konnte diese ganze Wirrnis, solange sie nur einer Versuchsanordnung im Labor entsprach, das große Vertrauen des Publikums in die Vernunft nicht erschüttern, da ihm deren Segnungen tagtäglich zugute kamen. Erst als sich Ökonomen, Soziologen und Politiker daranmachten, den größten Teil dessen, was die Menschen betraf, nach möglichst rationellen Regeln neu zu organisieren, stellte sich heraus, dass dies zu ebenso enttäuschenden wie lästigen Ergebnissen führte, und je mehr sich die Vernunft zur despotischen Herrscherin über das Leben aufspielte, desto klarer sah sich gar der Mann auf der Straße dazu getrieben, ihre Tauglichkeit zu hinterfragen.

Was die Innenwelt der Menschen betrifft, so hat die Psychoanalyse zur Genüge die darin so gründlich wirksame Irrationalität aufgedeckt. Dabei hat sie allerdings keineswegs deterministischem Denken entsagt; lediglich die Begriffe, derer sie sich bediente, waren gänzlich anderer Art als die der auf Dinge der Außenwelt angewandten Logik. Jedenfalls trug die atavistische Blickrichtung der Psychoanalyse auf Grundsätze wie jene der persönlichen Freiheit und Verantwortung (durch die der Hochmut des Einzelnen sowie dessen soziale Nützlichkeit mit ins Spiel gebracht worden waren) dazu bei, dass diese neue, die menschliche Psyche kennzeichnende Version des Unlogischen ohne weiteres akzeptiert wurde. Die Folge davon war aber auch, dass man sich einfach mit den Unwägbarkeiten des Seelenlebens abfand, dessen Realität und Materialität außer Acht ließ und sich damit begnügte, den Spuren zu folgen, die es im äußeren Verhalten der Menschen, in ihrer Sprache und Schrift hinterließ. In der Anpassung der Psychoanalyse an die Logik, als zwingender, notwendiger Folgerung, oder auch schon in der psychoanalytischen Terminologie, die als unmittelbarer Ausfluss jenes Logischen erscheint, verrät sich im Übrigen ihr Buhlen um Anerkennung durch die etablierten Wissenschaften. Seitens der Psychoanalyse lässt sich hier ein gewisses Sicherheitsdenken konstatieren: Erklärte man das vom Ganzen abgespaltene Irrationale auf rationale Weise, so wurde es immerhin nachvollziehbar.

Bereits Hegel jedoch hatte der Sprache nachgesagt, bloß ein Nichts zu sein, wirkend im Nichts, und in Hegels Nachfolge haben mehrere Philosophen die Spur der Scholastiker aufgenommen, indem sie sich der Erforschung dieses Nichts der Worte widmeten. Verbirgt sich die Wahrheit in diesem Nichts? Im Geflecht brillanter Wortspiele? Hinter der Verschleierung, die sie bewirken? Im Verneinen der Verneinungen? Heute, als seien sie erschöpft von ihrem Tun, kommen viele Denker zu dem Schluss, dass die Logik, wenn sie sich sprachlich äußert, untauglich ist zur absoluten Grundlegung von irgendetwas: nicht des Subjekts, nicht des Objekts, nicht der Existenz, noch der Nicht-Existenz, und sie müssen die angsteinflößende Feststellung treffen, dass der Mensch, der auf den Straßen der diskursiven Vernunft unterwegs ist, sich dabei nur von sich selbst und den anderen entfernt, dass er sich in Labyrinthen verliert, in denen das Echo dem Echo antwortet, wo aber niemand wirklich anwesend ist.

Derart eingespannt zwischen einem Psychischen, das sich unterhalb des Rationalen abspielt, und dem jenseits des Rationalen angesiedelten Physischen, stößt die Herrschaft des Verstandes alsbald auf brutale Weise an ihre Grenzen. Die verbale Kultur, wenngleich sie das entscheidende Werkzeug beim Siegeszug über die Ungeheuer der inneren Nacht und über die äußeren Gefahren war und bleibt, diese Kultur vermag nicht mehr für eine Gesamterkenntnis der Dinge der Welt einzustehen, auch gibt es keine Gewissheit mehr, ja: Diese wird sogar durch die verbale Kultur regelrecht verhindert. Damit ist eine neue Phase im lange währenden Konflikt zwischen dem Verstand und dem Irrationalen erreicht. Es handelt sich um einen neuen Abschnitt im alten Krieg, den die schöpferischen Kräfte miteinander führen und der, in einer Formulierung von Louis Weber[*], zum „Rhythmus des Fortschritts" gehört. Während der Vorgeschichte und der Geschichte schien dieser Rhythmus durch das Alternieren von Perioden gekennzeichnet zu sein, die einmal von intuitivem oder, sagen wir, mystischem Denken geprägt waren, ein andermal dem Geist der Deduktion huldigten, der dann in die Ausbildung jeweils spezieller, technischer Fertigkeiten mündete. Insgesamt allerdings hat sich unsere kulturelle Entwicklung, seit die Sprache und die mit ihr einhergehende logische Ideation[**] als dominierendes Werkzeug eingesetzt wurden, stetig und allumgreifend rationalisiert und beschleunigt, was man an der Herausbildung und Hierarchie der verschiedenen wissenschaftlichen Disziplinen ablesen kann.

Ganz ähnlich sah es Maurice Dide[***], für den die Zivilisation einen Feldzug darstellt, bei dem primitive und hysterische Ausdrucksformen auf der Strecke bleiben. Dazu zählt er auch die Mythomanie und die Magie der Ent-Individualisierung, ebenso den gelebten Traum sowie Erfahrungen visionärer Natur. Die so entstandenen

Leerstellen werden anderweitig okkupiert, zunächst durch religiöse, später durch wissenschaftliche Systeme. Für die Surrealisten war in diesem Zusammenhang die Hysterie das vornehmste aller Ausdrucksmittel, der Gipfel der Kunst, wird in ihr doch das Verbum zum Fleisch; der Geist bildet aus dem Körper, in dem er wohnt, eine lebende Statue, das erschütternde Symbol der Leidenschaft. In Meisterwerken dieser Art bricht sich ein ursprüngliches Denken Bahn, wodurch sie zum Vehikel enormer instinktiver Kräfte werden, einzig der Steuerung durch Sympathie oder Antipathie unterliegend, unvermittelt die Kruste des Denkens aufreißend, die nur noch dazu da war, eine logische Imitation wirklicher Vorgänge aufzurichten. Je mehr die nach äußeren Maßgaben funktionierende Seele sich aber den Anschein gibt, die innersten Antriebe einzudämmen und sie entweder in vernunftbestimmte Handlungen umzuwandeln oder sie insgesamt zu verdammen, umso mehr erhöht sich die hysterogene Spannung im Feld jener nicht rationalisierbaren Überbleibsel, welche sich in zahlreichen Zusammenhängen finden und die normalisieren zu wollen, nur Rebellion erzeugt. Genau hierin liegt begründet, dass von Zeit zu Zeit diese auf mentale Ursachen zurückgehenden Epidemien ausbrechen: Plünderungen, Revolutionen, Wunderglauben, Massaker, Ausbrüche neuer Religiosität, Zerstörungsexzesse.

Die Machtergreifung der Vernunft hat sich weder reibungslos noch von heute auf morgen abgespielt, vielmehr gab es immer wieder drosselnde Eingriffe, irrationales Aufbegehren, Anfälle von Romantizismus, wie zum Beispiel denjenigen, dem wir im literarischen und künstlerischen Ausdruck begegnen. Diese einfachste Spielart des Romantizismus erwies sich als hochgradig ansteckend, nur sporadisch ausbrechend, aber permanent auf der Lauer liegend. Dann der philosophische Romantizismus, manchmal offen vertreten, dann wieder unter rationalem Gewand verborgen. Schließlich auch der wissenschaftliche Romantizismus, der aus der Irrationalität einer sich rein auf Fakten berufenden Lehre folgt, die noch deren überzeugteste Repräsentanten verunsichern muss. Aber auch die Vorstellungskraft von Schriftstellern, die sich in vereinfachender Weise fantastisch geben, gebiert diese Art des Romantizismus. Und nicht zuletzt der Romantizismus der individuellen, politischen oder sozialen Aktion, bei der die Poesie im unmittelbaren Leben der Menschen ihren intensivsten Ausdruck findet. All diese Zustände sentimentalischen Fiebers und analogischer Delirien haben jedoch die Vernunft nicht daran hindern können, der rationalen Kristallisation zuzustreben, so wie Überschwemmungen und Vulkanausbrüche es nicht vermochten, das Erstarren der Erdkruste aufzuhalten.

Wesentlichen und beschleunigenden Anteil an dieser Entwicklung des Rationalen hatte und hat das Druckereiwesen. Es hat eine immense Annehmlichkeit hervorgebracht, indem es das Buch

*) Französischer Soziologe im Gefolge von Auguste Comte. Zeitgenosse von Emile Durkheim und Marcel Mauss, mit denen er 1930 das Buch *Civilisation. Le Mot et l'idée* herausgab. Sein Hauptwerk *Le rythme du progrès. Étude sociologique* erschien 1913.

**) Bestimmung von Grundbegriffen der Geometrie, der Kinematik und der Dynamik.

***) Maurice Dide (1873–1944) leistete Pionierarbeit in der Erforschung der Parkinson'schen Krankheit. Epstein bezieht sich hier auf sein Werk *Les idéalistes passionnés* (1913). Dide war während der deutschen Besatzung Frankreichs Führer der Resistance-Zelle Combat in Toulouse. Nach seiner Festnahme wurde er ins Konzentrationslager Buchenwald deportiert, wo er infolge eines Hundebisses starb.

– das heißt die logische Denkweise, in ihr entsprechender Form – allen zugänglich gemacht hat. Ohne Bücher hätte das logische System kaum die Verbreitung gefunden, wie wir sie heute konstatieren. Bücher sind es, die dafür sorgen, dass das logische Denken zu seiner präzisen Form findet, so wie sie auch dazu beitragen, seine Ausübung universell werden zu lassen. Dass es den Flutwellen der unterschiedlichsten Romantizismen nie gelungen ist, das Regime des logischen Denkens wirklich ins Wanken zu bringen, liegt zu einem guten Teil daran, dass jene Wellen eines anderen Denkens sich unbeirrbar als gedruckte Zeichen manifestierten und so nur unzählige weitere Schutzwehre gegen sich selbst aufrichteten – von Wörterbüchern und Abhandlungen in Bibliotheken bis hin zu den fliegenden Blättern, die der Wind auf den Straßen vor sich hertreibt.

Die Konjunktur, die sich gegenwärtig bemerkbar macht und auf eine Krise des rationalen Denkens schließen lassen könnte, ist im Zusammenhang einer Betrachtung des Gesamtverlaufs der Dinge nicht neu, nur schärfer ausgeprägt. Sie führt zu dem Schluss, dass die Notwendigkeit einer schnellen und gründlichen Intervention seitens der rationalen Kräfte dringlicher denn je ist. Zum einen, weil es sich nunmehr um größere Bevölkerungsteile handelt, die zum Irrationalen tendieren; zum anderen, weil die Sorgen und Nöte der Menschen, die irgendwie versuchen, sich einzurichten, größer geworden sind. Indessen lässt sich von der Vernunft sagen, dass sie sehr an der Suche nach Heilmitteln gegen das Übel der Un-Vernunft, die sie selbst aus sich gebiert, beteiligt ist. Was der Kinematograph an mentalen, emotionalen Prozessen auslöst, wird von ihr sehr wohl registriert und wissenschaftlich erfasst.

Bevor das Kino in die Welt kam, verfügte das tief romantische Denken über kein einziges Mittel, das der Bedeutung des Buches wirklich hätte Paroli bieten können. Alle die Dinge, denen dieses elementar vernunftlose Denken mit seiner ganzen Beweglichkeit und Erfindungsgabe, auch seiner sensorischen und visuellen Kraft, Form zu geben vermag, konnten sich vordem nur mittels mehr oder weniger unzulänglicher technischer Vehikel mitteilen oder, sehr indirekt, durch die Verwendung der gesprochenen, geschriebenen, gedruckten Sprache, das heißt mittels eines logischen Scharniers. Was aber konnte von der Originalität und Kraft eines irrationalen geistigen Akts bleiben, wenn dieser durch rationale Formulierungen denaturiert worden war?

Erst im Kino fanden gewisse mentale Aktivitäten, die entweder einer theoretischen Stichhaltigkeit ermangeln oder aus zutiefst unvernünftigen Quellen entspringen, eine Ausdrucksweise, die diese Aktivitäten zwar nicht absolut identisch überträgt, sich ihnen gegenüber aber doch als äußerst treu erweist. Darüber hinaus ist sie auch in der Lage, weite Verbreitung zu gewährleisten. Im Kino fand die anhaltende romantische Revolution eine gleichwertige, wenn nicht gar überlegene Waffe gegenüber der Druckmaschine, die ganz im Dienste der herkömmlichen Ordnung steht. Und, um noch einen Schritt weiter zu denken: Dem Kino – dessen Sprache auf dem halbstarr-halbflexiblen Trägermaterial des Films fixiert wird, was auch eine gewisse, zumindest einige Jahre andauernde Stabilität, Gültigkeit und Tradition zur Folge hatte – wird sich das Fernsehen hinzugesellen, welches Film ist, ohne auf Film fixiert worden zu sein, das sich keinerlei konservierender Elemente bedient und ohne historischen Ballast ausschließlich der oralen, ergo ungesicherten, ergo zerbrechlichen Überlieferung verpflichtet sieht. Fernsehen ist in seiner Durchlässigkeit und Beweglichkeit gesteigertes Kino, etwas, das ebenso wenig wieder verwertbar wie rückgängig zu machen ist, etwas, das die flüchtige Evidenz eines Blicks aufweist. Von nun an, da der Kampf mit gleichen oder kaum sich unterscheidenden Waffen geführt wird, kann es nicht mehr als ganz so sicher angesehen werden, dass die Vernunft sich weiterhin noch erfolgreich behaupten kann, dass sie ihre Dominanz gegenüber dem suggestiven und assoziativen Denken weiterhin mit solcher Vehemenz durchzusetzen vermag.

Aber dieses Kino, dieses Fernsehen, die als rationelle Instrumente der Unvernunft existieren, sind von der Vernunft blind gezeugt worden. Sie konnte nicht wissen, dass sie damit etwas erschafft, dessen Mechanismen letztlich gegen sie selbst wirken. Alle die Techniker, die seit einem Jahrhundert daran teilhatten, diese Erfindungen, die ins Kino mündeten, zu realisieren und zu verbessern, waren sich niemals im Klaren darüber, dass sie dazu beitrugen, höchst wirksame Instrumente des Nicht-Rationalen in Stellung zu bringen, dass sie Medien zur Übermittlung einer irrationalen oder transrationalen Kultur entwickelten. Es war also nicht die Vernunft, die zielgerichtet eine Lösung für ein Problem verfolgte, vielmehr verhielt es sich so, dass sie dieses noch nicht einmal richtig erfasste. Sie zog nur zahlreiche Keimlinge. Manche waren fruchtbar, andere unfruchtbar. Sie entwickelte Techniken, die nützlich oder überflüssig, amüsant oder ärgerlich waren und die das, was man mit ihnen würde anstellen können, erst nur in sich trugen, ohne dass es wirklich absehbar war. Die Vernunft vermochte erst rück-

wirkend etwas als sinnvollen Prozess zu erfassen, ereignet hat er sich indes ganz naturwüchsig und spontan. Alle Schöpfung, ob von natürlicher, göttlicher oder menschlicher Art, scheint diesem obskuren und riskanten Muster zu folgen – darauf ist die Paläontologie ebenso gestoßen, wie man es beim Spiel „Alle Vögel fliegen hoch" erkennen kann. Man mag ja versuchen, ein Kamel zum Fliegen zu bringen, aber das ist keine sehr dankbare Aufgabe … Einer Taube hingegen ist diese Fähigkeit einfach gegeben.

Wenn es zur Geburt des Kinos kommen konnte, so deshalb, weil dieses den Bedürfnissen einer Zivilisation entsprach, in der das rationale Prinzip, welches die gesamte Organisation der äußeren Welt bestimmt, obsiegt hat. Überrollt von diesem unnachgiebigen und kompromisslosen Rationalismus musste sich der menschliche Geist paralysiert sehen. Dieser Geist, der von komplexerer Art ist, der ebenso rationalen wie irrationalen Impulsen folgt, zielgerichtet wie ziellos agiert, wurde zur Hälfte seiner Fähigkeiten beraubt, ja zur Untätigkeit verdammt, sobald Aktivitäten ins Spiel kamen, die nicht auf deduktiver Spezialisierung beruhten. Der einzelne Mensch erschien mehr und mehr reduziert auf ein bloß noch anonym funktionierendes Rädchen im Getriebe der Menschheit, die das Universum nach perfekten, allgemeinen und absolut unpersönlichen Regeln verwaltete und dabei jegliche Eigenart des Individuums missachtete.

Nun ist es aber ebenso willkürlich wie gefährlich, die Aufmerksamkeit, das Verhalten und Tun ausschließlich auf jene Kategorie von Phänomenen zu richten, die mittels rationaler Wahrnehmung erfasst werden können, und darüber hinaus andere Zonen der Wirklichkeit, die eher intuitivem und persönlichem Erleben zugänglich sind, systematisch und aus Faulheit zu ignorieren, bloß weil sie durchs Raster der allgemein verbindlichen Vernunft fallen. Irgendwo, irgendwann werden sich all die Werte, die als zu individuell missachtet wurden, zusammenballen; ihre Energie – und das ist nichts weiter als Physik – wird zur Masse: einer Masse, die sehr gut in der Lage ist, das reibungslose Funktionieren einer Maschinerie zu beeinträchtigen, die ihrerseits auch nichts anderes ist als eine große und bewegte Masse von Energie.

Ein Getriebe darf die anarchische Störung, die ein einzelnes Sandkorn in seinem Inneren hervorruft, getrost vernachlässigen. Sobald sich aber diese Anarchie auf hundert Körner ausbreitet, stellt das schon ein veritables Hindernis für den mechanischen Ablauf dar. Die Abweichung um ein Tausendstel eines Millimeters mag einem Irrationalitäts-Potenzial von nahezu null entsprechen; eine Abweichung aber, selbst wenn sie wesentlich kleiner ist, sich dafür aber vierzigmillionenfach bemerkbar macht, lässt ein System, das sich in seiner Rationalität als absolut und unfehlbar begreift, plötzlich als mangelhaft erscheinen, was von seinen Verfechtern als skandalös empfunden werden muss. Nehmen wir nur das metrische Längensystem: Sein Ur-Maß, das so sicher konserviert und wie ein Augapfel gehütet wird, ist objektiv falsch, das heißt bis zur Schande unzuverlässig und bis zur Lächerlichkeit irrational. Oder das ganze System der Zivilisation: In dem Maße, in dem vorgegeben wird, damit ein effektives und rationales Regulativ der menschlichen Angelegenheiten zur Hand zu haben, wird das Auftreten von Pannen geradezu herausgefordert. Denn beim Verwalten von zwei Milliarden Individuen mit jeweils partikularen Interessen kommt die vernunftmäßige Ordnung gar nicht umhin, ihre lähmende Ohnmacht zu bekennen.

So entstand die Notwendigkeit, die Vernunft zur Vernunft zu rufen. Denn wie sollte die Vernunft, die weder den ganzen Menschen noch die ganze Natur ausmacht, in der Lage sein, alles Menschliche und Natürliche zu regeln, ohne dass es dabei zu Übertreibungen, Fehlern, Lügen oder Entgleisungen käme? Also wurde es dringlich, den anderen Modus geistiger Aktivität wieder schätzen zu lernen und zu aktivieren, den man vergessen zu haben schien. Als Kraftspender der Intelligenz verleiht er ihr Beweglichkeit und Lebendigkeit, dank derer dann die Vernunft sich ihren klar umrissenen Aufgaben widmen kann, nämlich das Wissen zu ordnen und auf konkrete Nutzanwendung hin praktische Umwandlungen vorzunehmen. Denn was der Vernunft völlig versagt bleibt, ist die schöpferische Aktivität. Ihr gegenüber ist und bleibt sie nachgeordnet, tributpflichtig. In der Entwicklungsgeschichte des Geistes ist das Irrationale dem Rationalen vorgelagert, so wie der Vater vor dem Sohn, der Rohstoff vor dem gefertigten Produkt kommt – jene sind die Nahrung, ohne die das Nachfolgende nicht bestehen kann. Die Vernunft neigt zum Hochmut, umso mehr, als sie Erfolg hat. Das blendete sie, hat sie unvernünftig werden lassen, brachte sie dazu, ihre Abhängigkeit von der Unvernunft zu verleugnen und der Verlockung nachzugeben, diese Abhängigkeit nicht nur loszuwerden, sondern sogar umkehren zu wollen. Dem gleichgewichtigen Zusammenwirken der geistigen Sphären, das für die moralische Gesundheit ebenso unverzichtbar ist wie für das physische Wohlergehen, droht Gefahr, ja, es ist bereits empfindlich gestört. Dieser Missstand schreit nach der Wiedereinsetzung irrationaler, instinktiver und affektiver Werte, was nicht ohne Rehabilitierung des Einzelnen und seiner Originalität zu bewerkstelligen ist. Dies wiederum ist nicht anders möglich als durch Befreiung, Übung, Bewusstwerdung des präverbalen Denkens und unter massivem Einsatz der Emotionalität und Inanspruchnahme größtmöglicher Interpretationsfreiheit.

Aus diesem Grund finden sich Psychologie und Literatur schon seit Jahren damit beschäftigt, die Botschaften des Unbewussten aufzunehmen und sie mit einem Minimum an Untreue in die universelle Sprache der Wörter zu übertragen, was allerdings wenig adäquat ist, da diese an sich schon dem rationalen Regime unterliegt. In dieser Situation oblag es dem Kino, eine Technik zu entwickeln, die zur Übermittlung und Förderung geistiger Wesenheiten taugt, die diese andere Intelligenz und dieses andere Wissen konstituieren. Warum bot sich das Kino dafür an? Weil es die direkte Verbindung von Auge und Herz herstellt, weil es unmittelbar Liebe und Hass auszulösen vermag, weil es von einem hysterischen, das ganze Sein durchdringenden Elan beseelt ist. Gewiss sind sie Hysteriker, diese Zuschauer, die ein Unglück auf der Leinwand in sich aufnehmen und sich so weit mitreißen lassen, dass sie diese Illusion für ihre eigene Wirklichkeit halten, dass sie weinen über dieses Leid in ihnen, weinen über die anderen in sich selbst. Gänzlich unvernünftige Emotion, absurde Tränen, schamhaft gerötete Augenlider, versteckt hinter einem Taschentuch, während man dem Ausgang des Kinos zustrebt. Aber es sind auch Male der Erleichterung, die auf diese Weise sichtbar werden, Zeichen einer partiellen Gesundung. Bei den einen dienen die kleinen Krisen harmloser Unvernunft, in die sie durch Filme versetzt werden, als Ventil für den gefährlich ansteigenden emotionalen Druck, den sie unter der Last der rationalen Ordnung empfinden; bei anderen führen diese Hypnosen nach und nach dazu, dass sie ihre intuitiven und symbolischen Fähigkeiten, welche die Kultur der Logik lähmte, ja fast bis zur Bewusstlosigkeit erstickte, zu reaktivieren vermögen.

Auf diese Tabula rasa, die seit Jahrhunderten währt und so sehr bewundert wird, baute unsere Zivilisation ihr immenses Werk deduktiver Konstruktionen auf, von deren Perfektion man überzeugt war. Aber je höher diese hochmütige Architektur aufragte, umso mehr vertrocknete sie und verhärtete sich in ihren Abstraktionen, umso mehr zermalmte sie den lebendigen Untergrund, auf dem sie gründete, und lief schließlich sogar Gefahr, über ihren verkümmernden Fundamenten ins Wanken zu geraten: Die Vernunft hofft, fleht, drängt auf eine Erschütterung durch das Irrationale, das ihr wie das Sprudeln eines Jungbrunnens erscheint. Es ist gut möglich, dass wir eine Epoche durchleben, in der die Exzesse und Schwächen eines Surrationalismus, wie er jede menschliche Ordnung ereilen kann, offensichtlich werden. So entstand auch das dringende Bedürfnis, zu den sprudelnden Quellen der Unvernunft, der Romantik, der Fantasie zurückzukehren, und es sieht so aus, als ob das Kino, indem es als Medium, oder Ausdruck, dieses Bedürfnisses auf den Plan tritt, eine geradezu schicksalhafte, historische Mission erfüllt.

Jean Epstein, „Cinéma, hystérie, culture". Zu Lebzeiten des Autors unveröffentlichtes Manuskript, geplant als Schlussteil für sein Buch Alcool et Cinéma. *Erstmals erschienen in:* Écrits sur le cinéma, *Band 2, Paris 1975, S. 253ff.*

Die letzte Strophe

Meine Wünsche für die Zukunft? Dass der Avantgarde-Film, der Film, der forscht, materiell ermöglicht wird. Denn eine Kunst, in der keine avancierten Positionen vertreten werden, ist nicht lebensfähig.

~

Als wahrhaftig erscheint mir der Mensch nur, wenn er aufmerksam ist gegenüber Phänomenen, die ihn erstaunen und deren Natur er freimütig ausdrückt. Denn der Mensch, der nicht frei ist, kann keinen Anspruch erheben, dass sein Dasein einen Wert habe. Die Idee der Freiheit ist die treibende Kraft der Intelligenz.

~

Man muss zweifeln, wie Descartes, und dennoch in sich selbst die Kraft finden, für das Werk, dem man die ganze Arbeit seines Denkens hat angedeihen lassen und in dem ein eigensinniges Beharren steckt, notfalls ganz allein einzustehen.

Diese Worte Jean Epsteins hat Roger Toussinot kurz vor dem Tod des Regisseurs und Autors aufgezeichnet. Sie erschienen zuerst in: L'Age nouveau, *Oktober 1956. Auch enthalten in:* Écrits sur le cinéma, *Band 2, Paris 1975, S. 261.*

Jean Epstein porträtiert von Jean Mitry

Marie Epstein

Biografische Notiz zu Jean Epstein

Jean Epstein, geboren 1897 in Warschau, ist Sohn eines französischen Vaters und einer polnischen Mutter. Er hat eine französische Schule in der Schweiz besucht und studierte danach Medizin in Lyon. Dort erwachte auch seine Begeisterung für die moderne Literatur und die gerade geborene Filmkunst.

Blaise Cendrars unterstützt die Veröffentlichung seines ersten Manuskripts im Verlag der Editions de la Sirène: *La Poésie d'aujourd'hui, un nouvel état d'intelligence*. Das war 1921. Wenige Zeit später erscheint *Bonjour Cinéma*.

Jean Benoît-Lévy gibt ihm seine erste Chance in der Welt des Kinos, indem er ihm die Realisierung eines Films zum hundertsten Geburtstag von Louis Pasteur anvertraut: *Pasteur* (1922). Aufgrund dieser Arbeit bietet ihm die Produktionsfirma Pathé einen Vertrag an.

Seine Filmkarriere unterteilt sich in zwei Phasen. Während der ersten widmet er sich in den Pariser Ateliers oder an verschiedenen anderen Drehorten mit technischer Meisterschaft der dramatischen Ausformung fiktiver Stoffe oder literarischer Adaptionen bis hin zu *La Chute de la maison Usher* (1928).

Eine kurze Erholungsreise in die Bretagne löst in ihm jenen Schock aus, der seine Haltung gegenüber der eigenen Arbeit als Regisseur völlig verändern wird. Von da an widmet er sich ausschließlich sehr einfachen Themen und Gegenständen, die er aus dem Leben selbst nimmt und mit den Menschen der Gegenden zur Darstellung bringt, in denen er seine Filme dreht. Es ist die Etappe, die er selbst „Annäherungsversuche an die Wahrheit" nennt. Sie beginnt mit *Finis terrae* (1929) und dauert, lediglich unterbrochen von seltenen anderen Projekten zum Broterwerb, bis zu seinem Tod 1953.

Das Schreiben hat er ohne Unterbrechung betrieben: zahlreiche Artikel in den Zeitschriften der zwanziger Jahre und auch Bücher, in denen er sich mit Fragen der Filmtechnik und -philosophie befasst. Allerdings hat er nur zwei Romane verfasst: *L'Or des mers* (1932), der übrigens nichts mit seinem Film gleichen Titels zu tun hat, und *Les Recteurs et la Sirène* (1934). Beide Bücher sind inspiriert und durchtränkt von seiner Liebe für die Bretagne und das Meer.

Seine wichtigsten Bücher sind:

1921 *Bonjour Cinéma*
1922 *La Lyrosophie*
1926 *Le Cinématographe vu de l'Étna*
1946 *L'Intelligence d'une Machine*
1947 *Le Cinéma du Diable*
1955 *Esprit de Cinéma* (posthum erschienen)

Zu seinen wichtigsten Filmen gehören:

1922 *Pasteur*
1922 *L'Auberge rouge*
1923 *Coeur fidèle*
1923 *La Montagne infidèle* (Dokumentarfilm)
1924 *Le Lion des Mogols*
1925 *Le Double amour*
1925 *L'Affiche*
1926 *Les Aventures de Robert Macaire*
1927 *Mauprat*
1927 *Six et demi, onze*
1927 *La Glace à trois faces*
1928 *La Chute de la maison Usher*
1929 *Finis terrae*
1931 *Mor'Vran*
1931 *L'Or des mers*
1937 *Les Bâtisseurs*
1947 *Le Tempestaire*
1948 *Les Feux de la mer*

Marie Epstein, „Note biographique".
Erstmals erschienen in: Jean Epstein,
L'Or des mers, Quimperle 1995.

Naturfilme

Von Jean Epstein

Der Verfasser dieses Originalbeitrages,
Jean Epstein, kommt von den Avantgardisten her, hat in seinem bretonischen
Film eine vorbildliche Bildreportage geschaffen und wird nächstens einen Roman
C. F. Ramuz' verfilmen, zu dem der Dichter
die Dialoge selber schreibt. Epstein gilt
als einer der hoffnungsvollsten französischen Filmregisseure.

Der Mensch ist seiner Natur nach nicht schöp-
ferisch; er ahmt nach, und zwar ahmt er schlecht
nach. Ein Glück für ihn, daß er imstande ist, die
Mängel seiner Nachahmungen zu bewundern.
Gewisse ihm vertraute Fehlergruppen pflegt er als
„Stile" zu bezeichnen.

Der Uranfang allen Films, der „dokumen-
tarische" Film, registrierte wahllos, was sich bot.
Kaum weniger empfindungslos als ihre Apparate
speicherten die Operateure Tänze, Meetings,
Schlachten und Schiffbrüche, alle Aktualitäten, in
Bild und Ton meterweise auf. Wir müssen diesem
Mangel an Unterscheidungsvermögen, der Gleich-
gültigkeit und Undifferenziertheit dieser ersten
Filmhandwerker mit Nachsicht begegnen. Denn im
Chaos dieser anonymen Arbeiten haben wir Ent-
deckungen gemacht und entdecken wir immer
aufs neue durchaus filmhafte Aspekte, kleinste
Geschehnisse, die durch die Kamera abgeschwächt,
unterstrichen, mit Grazie gefälscht werden. Ein
Passant nähert sich dem Objektiv: diesem Zufall
verdanken wir die erste Großaufnahme; eine
Fahrt auf der Plattform des Trams: sie gab die
Idee zum Travelling; eine Fußballmatch-Aufnahme:
das Geräusch der Menge, der klangliche Ausdruck
der Menge, ging aus ihr hervor.

Später haben die methodisch arbeitenden Film-
leute, diejenigen, die wissen, was sie sehen und
hören wollen und die nicht ahnen, an wie vielem
sie blind und taub vorübergehen, dem Zufall die
Türe vor der Nase zugeschlagen. Apparate, die
mit ihren zehn Augen den Blick ins Unmögliche
erweitern, Mikrophone, die nie gehörte Fabel-,
Märchentöne vermitteln müßten, Rhythmen, in
denen der Begriff „Zeit" sich ins Unwirkliche verliert, dienen ihnen nun dazu, nachzuahmen, das,
was unserem Auge und Ohr täglich bietet, zu
imitieren. Schlimmer noch, sie ersetzen den Ge-
sang der Vögel durch das Knirschen eines
Fingers auf einer nassen Glasplatte. Sie denken
daran — und technisch ist es möglich —, die
menschliche Stimme künstlich zu produzieren, eine
Stimme mit Standard-Timbre zu fabrizieren, welche
das korrekte Register für jede Phase der Leidenschaft aufwiese.

Sklavische Naturimitation und unwahrster Naturalismus waren logischerweise das Resultat der
theatralischen Auffassung, welche man von Kinematographie auch jetzt noch hat. Man dreht heute
Ozeanfilme in Berlin, ein venezianisches Imbroglio
in Paris. In den letzten Jahren sind nun eine noch
beschränkte Anzahl Filme herausgebracht worden,
die man als „Naturfilme" bezeichnen könnte. Sie
kommen aus den verschiedensten Ländern, den
amerikanischen und niederländischen Kolonien,
Rußland, Afrika, Frankreich, sogar aus der
Schweiz; und jeder dieser Filme ist sublimster
Ausdruck des jeweiligen Landes. Ich weiß, daß die

Filme dieser Art im Anfang meist Fern-Exotisches
brachten, Geschrei und Tam-Tam, Tätowierungen,
Wilde unter Palmen oder bärtige russische Bauern.
Er braucht aber nicht so viel dazu, der kleinste
Winkel hat sein Eigenes. Paris ist zu groß, aber
die Bewohner jeden Quartiers fühlen sich irgendwie als Brüder und haben ein Gemeinsames. Und
selbst die Champs Elysées sind für den, der dort
lebt, ein Dorf mit seinen Geheimnissen und Ge-
rüchten, seinen Winden und Wolken.

Solche Naturfilme haben als Sujet ein Lokal-
ereignis, eine Ueberlieferung, eine mehr oder weniger romantische Episode aus der Geschichte der
Gegend. Sie werden von Einheimischen aller
Klassen und Berufe hergestellt. Durch den
Schmied lernen wir das Leben in der Schmiede
kennen; ein Schauspieler in der Rolle des
Schmieds ließe uns den Gedanken an lernen gar
nicht aufkommen.

Natürlich werden sich nicht alle Einwohner
eines Ortes als erstklassige Schauspieler erweisen.
Es gibt Schüchterne und Ungeschickte und solche,
die sich selber übertreffen wollen; aber nirgends
fehlt es am guten Willen. Als ich meine bretonischen Filme aufnahm, in denen als Akteure nur
Fischer und Fischersfrauen und Mädchen von der
noch ganz unzivilisierten Insel Ouessant auftraten,
hielt ich darauf, für jede Rolle des Dramas drei
oder vier Interpreten zur Verfügung zu haben.
Nach einigen Tagen waren die Leute vertraut
mit den hauptsächlichsten Regeln, die die Technik
dem Ausdruck vorschreibt, die Arbeit wurde
plötzlich ernst genommen. Der Wetteifer erwachte: wer seine Sache am besten machte, wurde
am meisten gelobt. Einige weitere Tage, und auch
dieser naive Fleiß verlor sich, und an seine Stelle
traten Wärme und Spontaneität. In dieser Geistes-
verfassung offenbarte sich rasch der berufenste
Interpret einer jeden Rolle. Ungeahnte Talente
kamen zum Vorschein. Es gibt eine geistige Ansteckung, das habe ich fühlen können während
dieser Wochen, wo eine ganze Insel, die vier-
hundertköpfige Bevölkerung, als ob keine andere
Welt existierte, in einer fiktiven Handlung lebte,
deren Autor, Milieu und Darsteller sie selber war.

Zu dieser Größe sollte man den dokumentarischen Film heben, zu dieser Höhe des Naturfilms,
der nichts anderes sein muß, als ein plastisches
und musikalisches Dokument. Dem lebenden Bild
eines Objektes wohnt eine unwiderstehliche Ueber-
zeugungskraft inne. Wir haben schon oft erlebt,
wie ergreifend das kinematographische Bild einer
Pflanze, eines Tieres sein kann. Der Mensch wird
gewiß nicht weniger photo- und phonogenisch
sein als andere Naturwesen, aber man müßte seine
tausend Arten fassen können in ihrem ureigenen
Klima und in ihrem innersten Wesen. Das bretonische Mädchen, das von der Höhe der Falaise
nach der väterlichen Barke ausschaut, ist schön
wie die Bretagne selber. Das gleiche Mädchen in
Paris: eine schmutzige Küchenmagd.

Aus der Rubrik „Der Film und seine aktuellen Fragen" in: *Neue Zürcher Zeitung*, 11. April 1933

Nicole Brenez

Ultra-modern

Jean Epstein – das Kino im Dienst der Kräfte von Transgression und Revolte

Jean Epstein starb im Jahre 1953. In einer Radiosendung anlässlich seines Todes hieß es: „Jenen, die vom Kino lediglich ihren kleinen Wochenvorrat an Emotionen verlangen, wird der Name möglicherweise nicht viel sagen."[1] Seither ist das Kino der kleinen Emotionsvorräte in Vergessenheit geraten. Die Aura von Epstein, dem Verteidiger der großen Rauschzustände, ist dagegen stetig gewachsen: Kaum einer ist lebendiger als er, sowohl als Theoretiker wie als Filmemacher – dessen Werk drei wesentliche Facetten aufweist (die erste steht für die Pariser Avantgarde, die zweite für seine tiefgründige kinematographische Erforschung der Bretagne, die dritte für den Auftragsregisseur). Epstein wirkt fort; er hat das Denken der Größten auf vielen Gebieten inspiriert, von Gilles Deleuze bis Philippe Grandrieux; als Indizien dafür, wie gegenwärtig er bis heute ist, seien hier nur die Veröffentlichung des Buches *Jean Epstein, cinéaste des îles* von Vincent Guigueno[2], das Projekt des amerikanischen Filmemachers James Schneider, der an einem Film zur Lyrosophie arbeitet[3], sowie Othello Vilgards filmischer Essay *À partir de Jean Epstein*[4] genannt. Dieses Film-Experiment, das in Paris und an verschiedenen Orten in der Bretagne entstanden ist, die auch dem Autor von *L'Or des mers* als Schauplätze gedient hatten, schöpft wesentlich aus den Arbeitsaufzeichnun-

gen des Filmemachers. Ein Kapitel des Films wurde anlässlich der zum 50. Todestag des Regisseurs veranstalteten Retrospektive *Jean Epstein, vite* in der Cinémathèque Française (November 2003) gezeigt.

Die hier vorliegende Anthologie ist ein weiterer Schritt in diesem Prozess einer Re-Evaluierung und Vertiefung der Arbeit von Jean Epstein als Regisseur, Poet und Theoretiker. Dabei steht die Sicherung und Restaurierung vieler seiner Hauptwerke wie *Mor'Vran, L'Or des mers* oder *Les Berceaux* immer noch aus, weshalb etliche seiner Filme quasi zur Unsichtbarkeit verdammt sind. Auch die beiden von Pierre L'Herminier Mitte der siebziger Jahre herausgegebenen Bände der *Écrits sur le cinéma* sind seit langem vergriffen und werden in Filmbuchhandlungen zu atemberaubenden Preisen ge-

1) René Jeanne in einer Sendung des „Service des relations culturelles" im R.T.F. Zitiert nach Pierre Leprohon, *Jean Epstein*, Paris 1964, S. 155.

2) Vincent Guigueno, *Jean Epstein, cinéaste des îles. Ouessant, Sein, Hoëdic, Belle-Île*, Paris 2003.

3) Entsprechend dem Titel eines Buchs von Jean Epstein, *La Lyrosophie*, Paris 1922.

4) Othello Vilgard ist Mitbegründer von L'ETNA (atelier de cinéma expérimental). Der Name versteht sich als Hommage auf Jean Epsteins unrealisiert gebliebenen Film über den Ätna. Siehe: *Le Cinématographe vu de l'Étna*, in: *Écrits sur le cinéma*, Band 1, S. 131. Siehe auch in diesem Band: S. 43ff.

143

handelt.[5] Einst auf *La Chute de la maison Usher* reduziert, erscheint uns Epsteins Werk inzwischen als permanente Suche nach einem filmischen Realismus, der sich immer strenger und unerbittlicher artikulierte, um den Erfordernissen der analytischen Genauigkeit Rechnung zu tragen. Das heißt in der Begrifflichkeit von Epstein: Er arbeitete an einem Kino, in dessen Bestimmung es liegt, gleichermaßen *photogén,* dämonisch und revoltierend zu sein.

In seinem Buch *Le Cinéma du Diable* (1947) schrieb Jean Epstein: „Zur gleichen Zeit, da er seine allererste ästhetische Unterscheidung unter den Erscheinungsformen der Natur skizzierte, wählte der Kinematograph zwischen Gott und Teufel und entschied sich für Letzteren. Da sich alles Bewegliche und Veränderliche, alles, was im Werden begriffen war, um an den Platz des Vergehenden zu treten, als bildwirksam herausstellte, wies das Photogénie – in seiner Eigenschaft als fundamentaler Regel – der neuen Kunst die Aufgabe zu, den Kräften von Transgression und Revolte zu dienen."[6]

Zwei Ausprägungen einer kritischen französischen Tradition

Das Kino – seit jeher verloren

Abel Gance, Robert Bresson, Jean-Luc Godard unterscheiden das real existierende Kino von einem Kino, das möglich wäre. Sie kritisieren den beschränkten Charakter des Ersten und proklamieren die umfassende, aber ungenutzt bleibende Natur des Zweiten.

Abel Gance: „Das Kino hat nur einen geringen Teil seiner Möglichkeiten entwickelt: Das Kino ist und muss um jeden Preis etwas anderes werden als das, was es ist; etwas anderes als das, wozu es derzeit genutzt wird."[7]

Robert Bresson: „Ich glaube, er [der Kinematograph] ist noch nicht verwirklicht. Es gab ein paar Versuche, aber die wurden vom Theater erstickt. Vielleicht werden die dem Kinematographen eigenen Bedingungen lange brauchen, um zu werden. Ich glaube, im Moment versinkt das Kino im Kino. Man verliert den Kinematographen aus den Augen. Vielleicht braucht es noch Jahrzehnte, ihn wiederzufinden."[8]

Jean-Luc Godard (positiv): „Und das Kino wird bald sterben, sehr jung, ohne das gegeben zu haben, was es hätte geben können, man muss also … den Dingen muss sehr schnell auf den Grund gegangen werden."[9]

Jean-Luc Godard (negativ): „Das Kino war also zu nichts nutze. Es hat nichts bewirkt, und es hat keinen einzigen Film gegeben."[10]

Der dem Kino innewohnende Genius

Im Gegensatz dazu sind Louis Delluc, Jean Epstein oder Gilles Deleuze der Auffassung, dass dem Kino schon an sich ein Genius innewohnt. Er besteht aus einem unveräußerlichen Ensemble von Eigenheiten und Kräften, die wirksam werden, ohne dass sie, etwa in einem einzelnen künstlerischen Projekt, konkret zur Anwendung oder Umsetzung gelangen.

Louis Delluc: „Ich kenne nur einen Neuerer im Kino. Das Kino."[11]

Jean Epstein: „Intelligenz einer Maschine."[12]

Gilles Deleuze: „Das Kino ist immer so perfekt, wie es gerade eben sein kann, sofern man es in Beziehung setzt zu den Bildern und Zeichen, die es erfunden hat und die ihm zu einem bestimmten Zeitpunkt zur Verfügung stehen."[13]

Für Jean Epstein ist das Kino an sich bereits eine „eine experimentelle Vorrichtung, die dazu dient, ein Bild des Universums zu konstruieren, das heißt zu erdenken."[14] Die Energie des Theoretikers Epsteins wird sich also den unmittelbaren und dauerhaften Eigenschaften dieser Vorrichtung widmen, wobei er der Exegese einzelner Filme (im Unterschied zu Louis Delluc) ebenso entsagt wie Reflexionen über die Logik der Formen (im Unterschied zu Gilles Deleuze).

Beschreibendes Experimentieren

Bei einer Vielzahl von Gelegenheiten und in unterschiedlichen Zusammenhängen hat Epstein dem Primat der Erzählung ein anderes Regime der Repräsentation gegenübergestellt, welches sich viel eher mit dem Genius der Kinematographie verträgt – ein System, das man beschreibend nennen könnte.

„Es gibt keine Geschichten. Es gab niemals Geschichten. Es gibt nur Situationen, ohne Schwanz oder Kopf; ohne Anfang, ohne Mitte und ohne Ende; ohne Vorderseite und ohne Rückseite; man kann sie rundherum betrachten; rechts wird links, ohne Grenzen der Vergangenheit oder Zukunft, sie sind die Gegenwart."[15]

Ist Aristoteles erst einmal begraben und hat man die elementaren Reflexe des Erlernens von Phänomenen zurückgewiesen, beginnt für Epstein, der versucht, die Relativitätstheorie von Albert Einstein ins Feld ästhetischer Überlegungen zu integrieren, die Arbeit des beschreibenden Experimentierens. Was so entsteht, ist eine Art künstlerisches Protokoll. Das Sehen wird befreit.

„Wir verlangen zu sehen: da wir von unserer Mentalität her darauf aus sind, Dinge zu erproben; da es uns nach einer Präzisierung der Poesie verlangt; da wir gewohnt sind, Zusammenhänge in ihre Bestandteile zu zerlegen; da unbegangene Fehler noch begangen werden wollen."[16]

Experimentieren setzt an die Stelle narrativer Konvention also die Kraft wissenschaftlicher Methoden, die im Feld des Ästhetischen fruchtbar gemacht werden: Die Kinematographie kann und muss sich die Schärfe der analytischen Darstellung zu eigen machen; sie kann und muss dahin gelangen, die Phänomene mittels bildlicher Synthesen neu zusammenzusetzen; sie kann und muss das eigene Genie erkennen, indem sie ihr Terrain absteckt, das ebenso flüchtig wie genau umrissen ist – das der Bewegung.

5) Jean Epstein, *Écrits sur le cinéma*, Band 1, 1921–1947, Paris 1974. *Écrits sur le cinéma*, Band 2, 1946–1953, Paris 1975. Vorwort von Henri Langlois, Einführung von Pierre Leprohon.

6) Jean Epstein, *Le Cinéma du Diable*, 1947, in: *Écrits sur le cinéma*, Band 1, S. 347.

7) Zitiert nach Pierre Leprohon, *Jean Epstein. L'Œuvre écrite*, in: Jean Epstein, *Écrits sur le cinéma*, Band 1, S. 13. Pierre Leprohon argumentiert, dass diese Aussage von Abel Gance „das schriftstellerische und filmische Werk von Jean Epstein resümiert" – zu Unrecht, wie ich meine.

8) Robert Bresson in François Weyergans' Film aus der Reihe „Cinéastes de notre temps", *Robert Bresson ni vu ni connu (Robert Bresson – unerkannt*, 1965). Die Aussage ist nach den deutschen Untertiteln der Arte-Bearbeitung von 1996 zitiert.

9) *Lettre à Freddy Buache*, Regie: Jean-Luc Godard, 1982.

10) Jean-Luc Godard und André S. Labarthe, „Le cinéma pour penser l'impensable" [1994], in: *Limelight – Florilège*, Juni 1997, S. 14.

11) Louis Delluc, „Novateurs, primitifs, primaires" [1. Juni 1923], in: Delluc, *Écrits cinématographiques II/1: Le cinéma et les cinéastes*, Paris 1985, S. 345.

12) Jean Epstein, *L'Intelligence d'une Machine*, 1946, in: *Écrits sur le cinéma*, Band 1, S. 255ff.

13) Gilles Deleuze, „Preface to The English Edition", in: *Cinema 1: The Movement-Image*, Minneapolis 1986.

14) *L'Intelligence d'une Machine*, in: *Écrits sur le cinéma*, Band 1, S. 333. Siehe auch in diesem Band: S. 87ff.

15) *Bonjour Cinéma*, 1921, in: *Écrits sur le cinéma*, Band 1, S. 87. Siehe auch in diesem Band: S. 30.

16) „Grossissement", 1921, in: *Écrits sur le cinéma*, Band 1, S. 97.

Analytische Dekomposition

Von „analytischer Kraft" und „analytischer Stärke"[17] ist in *Der Ätna, vom Kinematographen her betrachtet* die Rede; im weiteren Verlauf seiner Darstellung präzisiert Epstein, indem er von einer „primären Eigenschaft des Objektivs" spricht, ebenso wie von der „unerschöpflichen Quelle der Zukunft der Kinematographie". Aus einem unmittelbaren Impuls heraus ist es der Kinomaschine gegeben, Erscheinungen zu vernichten oder aufzulösen, die Phänomene zu enthäuten, zu verraten, zu sezieren oder zu entfalten. Einer orthoskopischen, also winkelgetreuen Definition der Dinge stellt das Kino die Pluralität „seiner erkennbaren und nicht erkennbaren optischen Interpretationen"[18] entgegen. Mit der Beschreibung steht das Kino aufseiten der insistierenden Variation – indem es auf Bestimmung über die Präzisierung von Details zielt – oder auch aufseiten der Amplifikation[19], das heißt eines potenziell ins Unendliche steigerungsfähigen Beschreibungsvorgangs.

Instabilität – Photogénie – Theorie der Bewegung

Die Beschreibung besitzt zwei Tugenden: Sie ist kognitiv (sie enthüllt, deckt auf), und sie ist hermeneutisch; indem sie den Begriff der Kenntnis selbst modifiziert, bringt sie einen neuen Denkmodus hervor: Einen „beschreibenden Stil" zu praktizieren ist gleichbedeutend mit der Erschaffung eines „philosophischen Werks"[20]. Und die Beschreibung gelingt umso besser, als sie das zu durchdringen sucht, was dem Infra- oder dem Ultra-Natürlichen zugehört, jenem Bereich der Erscheinungen und Phänomene, den zu erfassen dem Photogénie besonders gegeben ist.

Bei Epstein verweist der Terminus Photogénie auf drei prinzipielle Aspekte: (a) das Prinzip der Nicht-Identität, also die Instabilität des Denotats, das heißt den unsicheren Charakter der Dinge, der sich stets der Definition entzieht; (b) die moralische Erhöhung eines Gegenstands durch seine Verbildlichung; und (c) das typologische Protokoll der Bewegung durch das Kino, dessen wesentliche Aufgabe darin besteht „eine Bewegung durch eine andere Bewegung darzustellen"[21]. In seinem „Fazit zum Ende des Stummfilms" z. B. zählt Epstein die dynamischen Elemente auf, derer sich das Kino bedient, um die wesentliche Veränderlichkeit der Phänomene zu fassen: Evolution, Variation, Abfolge von Metamorphosen, Kontinuität in der Veränderung, Entwicklung, Strömung, Flut … Und was die literarische Beschreibung der Bewegung angeht, so erweist sich die Erfindungskraft Epsteins als schier grenzenlos. Mitunter rekurriert er auf Vergleiche aus Landwirtschaft oder Botanik („Aufplatzen der kinematographischen Zeit"[22]), oder er implantiert einfach neue Bedeutungen, als würde die Sprache danach verlangen, geändert, verbogen, verdreht zu werden, einfach weil die Phänomene selbst fluktuieren. Man betrachte nur den unerwarteten Einsatz des Verbs „experimentieren":

„Dünen schlängeln sich; Mineralien erblühen und vermehren sich; Tiere erstarren in sich selbst und versteinern; Pflanzen gestikulieren und experimentieren dem Lichte zu; Wasser wächst fest; Wolken brechen."[23]

In solchen Momenten umreißt Epstein die Dimension dessen, was die Kinematographie in seinen Augen vermag: eine experimentelle Kosmogonie zu erschaffen.

Die synthetische Entdeckung

Die synthetische Entdeckung stellt das erste große Ereignis in der montierenden Ökonomie von Epsteins Denken dar. Manchmal entdeckt die Beschreibung Dimensionen des Realen, die fernab dessen sind, was uns die Segmente unserer normierten Erfahrung nahelegen: Sie exhumiert bildliche Zusammenhänge, sie gebiert „Ungeheuer".

Mehrfach erwähnt Epstein einen Abend, an dem Filme gezeigt wurden, die im Kreis einer Familie entstanden waren: In ihrer Gesamtheit und im lebendigen Zusammenhang der Individuen offenbarte sich unmittelbar eine neue Form der Entität, nämlich das familiäre Band, die Zugehörigkeit eines jeden zu allen anderen – etwas Engelhaftes, eine Dynastie, das Ungeheuer.

„Welche Erleuchtung für das Individuum, das Ungeheuer erkennen zu können, von dem er selbst Teil ist, die Mutterseele, aus der er herkommt und in die er eingeht."[24]

Das Kino wirft tatsächlich die Frage der menschlichen Gemeinschaft auf: Auch hier löst der Film das Prinzip der Identität auf, aber während Epstein im Fall der natürlichen Phänomene die Wandlung der Substanzen und Eigenarten herausarbeitet („Wasser wächst fest; Wolken brechen"), geht es dabei um die Entität an sich, das Individuum existiert nicht mehr, es ist nur noch eine poröse Silhouette, die „Welle der fundamentalen Erfahrung von meinesgleichen"[25], ein Sonderfall in der wesentlicheren Zirkulation der Analogien, die vom Kinematographen spontan wieder in ihr Recht gesetzt wird. Die automatische Erzeugung solch bildlicher Synthesen stellt vielleicht den bemerkenswertesten Effekt des beschreibenden Experimentierens dar, und

genau als solches eröffnet es – auch wenn die filmische Welt „offenkundig phantomhaft" ist – den Zugang zum Realen selbst.

„Seltsamerweise ist es den Geistern der Leinwand gegeben, den Realismus wieder zu einem Denken zurückzuführen, das sich derzeit –

17) *Le Cinématographe vu de l'Étna*, 1926, in: *Écrits sur le cinéma*, Band 1, S. 137. Siehe auch in diesem Band: S. 48.

18) „Le film et le monde", in: *Les Temps modernes*, Nr. 65, März 1951; sowie in: *Écrits sur le cinéma*, Band 2, S. 159.

19) Im Sinne eines psychoanalytischen Verständnisses, wonach der Trauminhalt erweitert wird durch den Vergleich der Traumbilder mit Bildern der Mythologie, der Religion etc., die in sinnverwandter Beziehung zum Trauminhalt stehen.

20) „Logique du fluide", 1950, Abschnitt aus *Alcool et Cinéma*, in: *Écrits sur le cinéma*, Band 2, S. 210.

21) „Rapidité et fatigue de l'homme spectateur", 1949, Abschnitt aus *Esprit de Cinéma*, in: *Écrits sur le cinéma*, Band 2, S. 51.

22) „Le film et le monde", op. cit; sowie in: *Écrits sur le cinéma*, Band 2, S. 162.

23) „Le monde fluide de l'écran", in: *Les Temps modernes*, Nr. 56, Juni 1950; sowie in: *Écrits sur le cinéma*, Band 2, S. 149.

24) „L'Intelligence d'une Machine", 1935, in: *Écrits sur le cinéma*, Band 1, S. 245f. (Der Aufsatz mit diesem Titel ist nicht zu verwechseln mit dem 1946 erschienenen Buch, das diesen Titel trägt.) Siehe auch *Photogénie des Unwägbaren*: „Nein, niemand der dort Versammelten kam mir frei vor, weder in dem, was er gewesen, noch in dem, was er jetzt war, oder in dem, was er sein würde. Und ob aus diesem oder jenem Mund: Immer antwortete mir die ganze Familie, mit ihrer einmaligen Stimme, gemäß ihrem einmaligen Charakter, mit ihrer für sie bezeichnenden rigiden Denkungsart, die durch so viele vergangene, gegenwärtige und zukünftige Körper fortlebte. Wenn der Kinematograph erst einmal hundert Jahre alt sein wird, vorausgesetzt, die Mittel sind da, um Experimente zu wagen und die Filme aufzubewahren, dann wird er viele packende und lehrreiche Erscheinungsformen des Familienungeheuers in Bild und Ton festgehalten haben." (S. 77ff im vorliegenden Band)

25) „Logique du fluide", 1950, Abschnitt aus *Alcool et Cinéma*, in: *Écrits sur le cinéma*, Band 2, S. 214.

durch ein Übermaß rationalisierender Erwägungen – vom Realen abgesondert hat."[26]

Was geschieht also, wenn das Kino nicht mehr über die Ähnlichkeit funktioniert, welche die Phänomene aus den ihnen eigenen Konturen trennt und sie dem Kreislauf der Metamorphosen zuführt, sondern stattdessen mit der Präsenz arbeitet, die das Motiv an sich selbst bindet? Das ist die Erfindung der realen Gegenwart.

Die reale Gegenwart

Von Georges Demenÿ bis John Cassavetes, von Robert Bresson bis Pier Paolo Pasolini hat das Kino seinen ästhetischen Horizont in einem Ideal der exaltierten Mimesis, in der Forderung nach Gegenwart gesehen. Jean Epstein ist eine der schönsten Umschreibungen dieses Ideals zu verdanken:

> „Dies ist das Wunder der realen Gegenwart,
> das manifeste Leben,
> offen wie ein schöner Granatapfel,
> aus seiner Schale gepellt,
> fassbar,
> roh."[27]

Wie bei Cassavetes, Pialat oder Bresson bedeutet die reale Gegenwart nicht einfach die Abbildung der gegebenen Erscheinungen, sondern stellt eine Epiphanie dar. Bei Epstein ist die reale Gegenwart zwei Bedingungen untergeordnet: der Präzision, das heißt der Genauigkeit des beschreibenden Aktes, und der kritischen Intensität, die beansprucht, in eine „innere Perspektive" einzutauchen, jene Perspektive, der an der Erfassung eines Phänomens gelegen ist – nicht um es herzuzeigen, sondern um es herauszuschälen; es offenzulegen, es zu entschuppen, es von „einer Illusion um die an-

dere"[28] zu befreien. Die reale Gegenwart ist nichts, was offen zutage liegt, sie erwächst aus einer Offenbarung und wird immer auch die Erschütterung dieses Moments in sich tragen. Sie gibt sich also unter bestimmten privilegierten Umständen die Blöße ihrer selbst.

Das unterirdisch Verborgene

„Ebenso wie ein zu erschließendes Erdölvorkommen die Landschaftsempfindung eines Bohringenieurs beherrscht, so prädisponiert auch das verborgene Photogénie einen ganzen Bereich neuer Rhetorik."[29]

Die reale Gegenwart exhumiert das Unbewusste des Denotats und bewirkt darüber die Wandlung in ein Motiv; das Kino ist eine „photo-elektrische Psychoanalyse" (so die Überschrift eines Kapitels aus *L'Intelligence d'une Machine*). Daher die Tränen des Schreckens, das Entsetzen von Schauspielerinnen des frühen Films, als sie sich das erste Mal auf der Leinwand sahen und nicht erkannten – diese naive oder primitive Erfahrung des Photogénies schildert Epstein mehrfach.

Die Kehrseite des Durchsichtigen

„Ich wünschte, dass man im Durchsichtigen der Filmbilder zu lesen verstünde und im sehenden Passieren ihre geheimste Kehrseite entdeckte. Diese anwesend Abwesende erscheint mir das eigentliche Thema zu sein."[30] Was hat es mit diesem anwesend Abwesenden, das sich hinter dem Durchsichtigen offenbart, auf sich?

Epstein schlägt gegenüber der als klassisch geltenden Topologie von Sichtbarem und Unsichtbarem, Manifestem und Verborgenem etwas ganz anderes vor: eine Dialektik von Offensichtlichem und Figürlichem (die kritische

Entknotung). Die Dinge sind gegeben, aber nur das Kino sieht sie als das, was sie sind, das heißt, es misst sich mit deren instabiler Natur, dem Ungeordneten, dem Relativen und Unerklärlichen.[31] So gesehen bedeutet das Kino für ein Verständnis des Bildes, was die Relativitätstheorie für die Wissenschaft war: eine Revolution. Es ist in gewisser Weise ihr Äquivalent, ihre Umsetzung, vielleicht auch ihre Waffe in der Domäne des Imaginären. Die reale Gegenwart erfordert einen „Durchgang" an der Grenze des Bildlichen: Dem Ereignis – sei es ein Gesicht, ein Fluss, eine Bewegung – muss in seiner fundamentalen Fremdheit Rechnung getragen werden, ohne dass diese Fremdheit für etwas Mysteriöses, Verbotenes, Finsteres stünde (das wäre die Lösung des deutschen Expressionismus, den Epstein ablehnt); stattdessen verweist sie auf eine Veränderlichkeit, die ihr wesentlich ist, zielt auf eine Anerkennung jener Dimension der Erscheinungen, die man mit Unidentifizierbarkeit und Unreinheit umschreiben könnte, welche das Kino aufzudecken, zu empfangen und zu entwickeln in der Lage ist. Die Fremdheit entsteht nicht aus der rätselhaften Dopplung der Wirklichkeit, sondern aus einem „Exzess des Einleuchtenden"[32].

Im Bereich des Narrativen wird die Idee der Anonymität durch den Protagonisten mit den verwischten und bleichen Zügen, Epsteins Hauptdarsteller in *La Glace à trois faces* (1927), verkörpert. Seine Leichtigkeit, sein Mangel an Beständigkeit und seine gefühlsmäßige Unverantwortlichkeit machen das Katastrophische spürbar, das dem Unidentifizierbaren innewohnt. Es erscheint als Mangel, als unerträglicher Verlust, als tödliches Ausströmen – und tatsächlich wohnt allen großen Werken Epsteins

auch eine große Beklemmung inne. Andererseits kündet jede Einstellung des Films auch von der bildlichen Pracht dieser Veränderlichkeit. Ganz ähnlich findet Epstein auch in seinen bretonischen Dokumentarfilmen, indem er die Verlangsamung in die Beschreibung einführt, das Mittel, der Vergänglichkeit zu huldigen und dem Flüchtigen nichts als seine monumentale Schönheit abzuringen.

Das Meer stellt für Epstein das herausragende Motiv dar, um diese Erforschung eines Sachverhalts mitsamt der ihm eigenen Divergenz durchzuführen. Die Gesamtheit der Welleneinstellungen im Werk Epsteins ist eine kontinuierlich sich steigernde Bildbefragung, die in ihrer insistierenden Rigorosität kaum zu überbieten und für die weniger die Nuance (wie in den impressionistischen Bildserien) als vielmehr die Unterscheidung zentral ist (das Meer ist niemals lokal begrenzt; es ist nie gleich beschaffen; von einer Einstellung zur nächsten ändert sich sein bildlicher Charakter; es existiert kein Meer, das die

26) „Logique de temps variable", 1950, Abschnitt aus *Alcool et Cinéma*, in: *Écrits sur le cinéma*, Band 2, S. 221.

27) „Le Cinéma et les Lettres modernes", 1921, in: *Écrits sur le cinéma*, Band 1, S. 66. Im vorliegenden Buch siehe S. 23.

28) „Fernand Léger", 1923, in: *Écrits sur le cinéma*, Band 1, S. 115.

29) „Grossissement", 1921, in: *Écrits sur le cinéma*, Band 1, S. 98.

30) „Pourquoi j'ai tourné *Pasteur*", 1923, in: *Écrits sur le cinéma*, Band 1, S. 114.

31) Das Kino reißt sein Publikum „aus den versteinernden, weil perfekt geratenen Vergnügungen, dem genau vermessenen Traum, der Illusion, alles und jedes einer allumfassenden Verständlichkeit zuführen zu können". („Logique du fluide", 1950, Abschnitt aus *Alcool et Cinéma*, in: *Écrits sur le cinéma*, Band 2, S. 211)

32) „Cinéma, expression d'existence", in: *Mercure de France*, Nr. 1045, 1.9.1950; sowie in: *Écrits sur le cinéma*, Band 2, S. 138.

Gesamtheit aller möglichen Bilder in sich tragen würde; und jede Einzelerscheinung verweigert die Illusion der Vorstellung eines Ganzen). Ob es sich um eine Analogie handelt, um einen Transfer oder um einen Sprung, die reale Gegenwart kann nur im Zusammenhang eines ontologischen Ortswechsels „aufspringen".

Die prosodische Konstellation und die euphonische Montage

Bei der euphonischen Montage geht es nicht mehr darum, wie im Fall des Familienungeheuers, nur zu einer Synthese der Ähnlichkeiten vorzustoßen, sondern es soll ein neuer Typus des Zusammenhangs der Bilder, eine andere Kopplung zwischen (diesmal andersartigen) Entitäten hervorgebracht werden: Die reale Gegenwart offenbart die tiefe Übereinstimmung zwischen Dingen, die auf den ersten Blick keinerlei Zusammenhang haben. So berichtet Epstein von einem Experiment Walter Moore Colemans über den musikalischen Synchronismus: Man stelle sich eine Masse ungeordneten, unkoordinierten menschlichen Durcheinanders vor; plötzlich aber ergibt sich ein Augenblick, da sich die herrschende Disharmonie zwischen den Bewegungen der Soldaten, Kinder und Tiere in einen musikalischen Einklang auflöst.

„Dies ist das Feld, auf dem das Kino eines Tages seine ihm eigene Prosodie finden wird."[33]

(Halten wir hier fest, dass Epstein mit seinen Ausführungen brillanterweise eine These antizipierte, die Ken Jacobs mittels bildlicher Argumentation viel später in *Tom, Tom, the Piper's Son* [1969] zur Anschauung bringen sollte, und dass die Entdeckung einer metrischen Ordnung inmitten eines Zusammenhangs, der nur vom Chaos bestimmt zu sein scheint, eine der revo-

lutionären wissenschaftlichen Entdeckungen des vergangenen Jahrhunderts darstellt.)

Insofern unterwirft sich das Beschreiben, wie Epstein es versteht, nicht der Ordnung des äußeren Scheins: Um die Dinge zu erfassen, konstruiert es sie, und diese Konstruktion gründet auf der akkumulierten Gesamtheit ihrer Ähnlichkeiten. So erschafft das Beschreiben die „surreale" Ähnlichkeit – das ist die synthetische Entdeckung; und darin ist respektiert: das formale Genie der Kinematographie. Das ist die Differenz, die Kehrseite des Durchsichtigen; sie enthüllt die Übereinstimmung zwischen dem, was nicht verbunden ist – die prosodische Konstellation. Umgekehrt tragen solche Beschreibungen auch zur Erstickung des Normierten bei und zur Zerstörung des leichthin Erwarteten: Das ist die Erfindung des Übergangs als Negierung, als Vertilgung.

Die Vertilgung

Um zu beschreiben, wie sich normalerweise die Verbindung zwischen Einstellungen herstellt, zitiert Epstein einen Vergleich aus der Welt des Schneiderhandwerks: den Heftfaden. Beim Schneidern stellt der Heftfaden jene grobe Fixierung dar, mittels derer Stoffstücke ungefähr und vorläufig zusammengefügt werden, wobei die einzelnen Stücke aber noch als einzelne für sich bleiben.[34] Im Kino entspricht der Heftfaden einer Art allgemeiner Übereinkunft, die regelt, wie die Dinge miteinander in Beziehung treten sollten, einen Vorgang, der dem eigentlichen Umgang mit dem Bild vorgelagert ist. Gegen das Konzept des Heftfadens tritt Epstein dafür ein, ungeregelte Methoden der Verkettung und Auflösung zu erschaffen und zu praktizieren. Diese Methoden würden dann auch „die Konvention demaskieren, mit der die Ordnung dem künstlerischen Schöpfungsakt zusetzt"[35], sie würden das Verschwinden des Prinzips der Identität anerkennen und die Welt neu zuschneiden.

Haptik extrem

In seiner Reflexion wie in seiner Praxis widmet sich Epstein hingebungsvoll und systematisch dem Überdenken des mysteriösesten Verbindungsstrangs im Bereich des Kinos, jenem, der sich zwischen Auge und Bild herstellt.

„Noch nie hat sich ein Gesicht in solcher Nähe über meines gebeugt. Es setzt mir zu. Ich folge ihm. Stirn an Stirn. Kein bisschen Luft ist zwischen uns; ich esse es. Es ist in mir wie ein Sakrament. Maximale visuelle Schärfe."[36]

Eisenstein hat sich umfassend mit der Frage beschäftigt, über welche Kanäle ein Bild von der Leinwand heraustreten kann, wie es in einen Zuschauer dringt, wie es sein Gehirn besetzt oder in seinem Körper Aufnahme findet; aber mit Epsteins Formulierung „Ich esse es" wüsste man nicht, wohin man die Vorstellung des Bildes noch weiter treiben sollte; darin wird die phantasmagorische Natur des Bildes offenbart, das der Einverleibung harrt, der euphorischen Introjektion.

Vom Motiv her betrachtet, entdeckt man überall die Entwicklung solch bildhafter Vermischungen: *Finis terrae* (1929) zum Beispiel findet erst zur Auflösung, wenn zwei Jungs, die sich den Film über als Widersacher gegenübergestanden sind, „Stirn an Stirn" in einem Boot liegen, der eine krank und der andere erschöpft, und schließlich ihre Arme „vermischen", den gesunden Arm des einen mit dem blutvergifteten Arm des anderen; oder vielmehr, sie scheinen über diesen Arm, der mit seinem weißen Verband zum Bildrand nach vorn ragt, eine

Verbindung miteinander eingegangen zu sein. In ihm drückt sich ihre gemeinsame Geschichte aus. So kann also Epstein mit gutem Recht die Kraft für sich in Anspruch nehmen, die er dem gesamten Kino zuschreibt:

„Auch die Natur ist eine andere. Denken Sie nur, dieses Auge [der Kinematograph] sieht Wellen, die für uns nicht wahrnehmbar sind, und auf der Leinwand enthält die Liebe nun etwas, was bislang keiner Liebe je zu eigen war: ihren legitimen Anteil am Ultraviolett."[37]

Erste Theorie der Synkope

Der ultimative Verbindungsstrang wird also schließlich die Wahrnehmungsstörung.

„Ich wünsche, [...] dass ich durch ihre Augen schaue [die der Figur], dass ich sehe, wie ihre Hand von unter mir her sich ausstreckt, als wäre es meine eigene, und dass die lichtundurchlässigen Teile des Filmstreifens den Fluss unterbrechen, als würden sie unseren Lidschlag imitieren."[38]

Wenn das tastende Bild sich wie eine immaterielle Hostie in den Körper injiziert und auf

33) „Der Sinn 1 (b)", 1921, Abschnitt aus *Bonjour Cinéma*, in: *Écrits sur le cinéma*, Band 1, S. 92. Siehe auch in diesem Band: S. 35.

34) „Die Verbindung, die so häufig ausgleichend in die Diskontinuität der Bilder eingreift, ist nichts als ein Heftfaden, der weniger mit der Natur dieser Bilder zu tun hat, auch nicht mit der ihrer Vorbilder, als vielmehr mit der Meinung der Zuschauer, die aber vielleicht nur ein Vorurteil ist, bloß eine Illusion." („Réalisme de l'image animée", 1950, Abschnitt aus *Alcool et Cinéma*, in: *Écrits sur le cinéma*, Band 2, S. 205)

35) „Logique de temps variable", 1950, Abschnitt aus *Alcool et Cinéma*, in: *Écrits sur le cinéma*, Band 2, S. 217.

36) „Grossissement", 1921, in: *Écrits sur le cinéma*, Band 1, S. 98.

37) „Der Sinn 1 (b)", 1921, Abschnitt aus *Bonjour Cinéma*, in: *Écrits sur le cinéma*, Band 1, S. 91. Siehe auch in diesem Band: S. 33.

38) „Grossissement", 1921, in: *Écrits sur le cinéma*, Band 1, S. 95.

diese Weise organische Verdunklungen hervorruft, wird der Film seinerseits zum Körper.

Mit einer solchen Sichtweise antizipiert Epstein die körperliche Anwendung des „Flicker-Effekts" bei Tony Conrad oder Paul Sharits. Auch deren Arbeit besteht darin, dass sie die Wahrnehmungsunterbrechung und das Flickern des Bildes nicht nur als Augenphänomene verstehen, sondern als etwas, das den ganzen Organismus „berührt" – der Körper, der als Ganzes sieht, sein Äußeres ebenso wie sein Inneres, und der durch die Intensität der Lichtunterbrechung einer Umstrukturierung unterworfen wurde.

Bejahung einer Erotik des Einstellungswechsels
Die gegen den Strich sich vollziehende Vertilgung realisiert sich im Einstellungswechsel. Die ganze Fülle dieses Ereignisses hat ihren Ursprung im Begehren.

„Wenn man also vom Auge des Mannes zum Gürtel der Frau ‚wechselt', so drückt dieser Wechsel – exakt dort, wo er sich ereignet – ein Begehren aus."[39]

Wo die Syntax schwankt, weil sie das Epizentrum der Phänomene beschreiben muss, werden die Verhältnisse zwischen Anziehung und Abstoßung geregelt, die stumm zwischen den Kreaturen am Werk sind. Für Epstein sind allein die Bilder in der Lage, den Lauf der Welt zu erfassen und auszudrücken, denn im Gegensatz zum diskursiven Denken sind sie immer konkret und psychisch zugleich, faktisch und traumhaft, exakt und surreal. *Six et demi, onze* (1927) etwa gibt den symbolischen Eigenarten des photographischen Prozesses eine Geschichte: Die Zerstörung des Erscheinungsbildes einer Frau verläuft umgekehrt proportional zur Entdeckung ihrer Geheimnisse und ihrer Wahrheit durch einen Mann, der Porträtaufnahmen von ihr in der Dunkelkammer entwickelt. Bilder werden von affektiven Valenzen „besetzt", und da das Kino solche zu erkennen und zu vertiefen vermag, trägt es zur Verwirklichung jenes alten Menschheitstraums bei, der darin besteht, „sich unmittelbar, von Gehirn zu Gehirn, über Denkbilder austauschen zu können"[40]. So wie Freud aus der Telepathie, oder sagen wir dem „fernen Gefühl"[41], einen Prototypen gemacht hatte, um die Übertragung von Bildern respektive Traumgehalten anschaulich zu machen – einen Prototypen auch dafür, wie sich diese Bilder wandeln, wie aus Bildern, die Erinnerungen aufbewahren, solche werden, die affektiv eine Vorausschau formulieren –, so stellt die Gedankenübertragung für Epstein ein archaisches Modell dar, das sich besonders gut dazu eignet, sich der symbolischen Kräfte des Kinos, „dieser wesensmäßig mentalen Television" (oder sagen wir „der fernen Sicht") bewusst zu werden.[42]

Die Welt als Kreislauf von Analogien, der Zusammenhang zwischen den Dingen, beschrieben in Begriffen von Sympathie und Aversion, die Telepathie als Traum des Kinos: Ist Epsteins Meditation also rückwärtsgewandt, sollte man wieder an anti-klassische Denkweisen anknüpfen, um die Kinematographie zur Erfüllung ihrer Bestimmung voranzutreiben? Im Gegenteil: Solche Reflexionen schreiben sich in eine viel weiter gefasste Perspektive ein, die darin besteht, die Gesamtheit der historischen Denkmodelle, die im Zusammenhang mit der bildlichen Ausdruckskraft formuliert wurden, ins Kino einzubringen. Weil seine Konzeption des Daseins nicht auf einer intakten und umfassenden Identität beruht, ruft Epstein die folgende Analogie herbei: Sie ist für ihn ein Hebel, um einen Grundsatz des narrativen Kinos zur Disposition zu stellen, nämlich den der Ähnlichkeit; es geht nicht mehr darum, dass Bilder als Autonyme realer Ereignisse auftreten, sondern dass die Erzeugung von Bildern Phänomene „kritisch herauslöst, Schwankungen bewirkt, Übergänge eröffnet, alle Zustände in einen Zustand permanenten Übergangs versetzt"[43].

„Der Mensch braucht ein starkes poetisches Gegengift, um die Abfälle seines Individualismus zu sublimieren."[44]

Häufig scheint Epstein mit den Überlegungen, die er in *Esprit du cinéma* angestellt hat, bereits das Ende von *Die Ordnung der Dinge* vorwegzunehmen, jener Archäologie der Humanwissenschaften, die Michel Foucault 1966, also zwanzig Jahre nach Epsteins Texten, veröffentlicht hat. Eben weil seine Konzeption des Bildes ultra-modern ist, vermag Epstein auch das Archaische zu absorbieren: Das Bild fängt ein, breitet sich aus, verzehrt; es übersteigt in seiner Beweglichkeit die der Motive, derer es sich bedient[45]; und diese Art der Beweglichkeit schließt die Arbeit mit Dissonanzen ebenso ein wie mit Verdunklungen, oder mit der Desorganisation und allen Formen der kritischen Entknotung, die sich zugunsten der „unverzichtbaren Kontinuität des Unlogischen"[46] aussprechen. Weil das Kino eine Sache der Beschreibung ist, unterscheidet Jean Epstein nicht zwischen fiktiven und dokumentarischen Filmen. Insofern kann man auch zwischen seinen avantgardistischen Arbeiten, die im Paris der zwanziger Jahre entstanden sind, und den modernen Beobachtungen, die er später in der Bretagne angestellt hat, keinen ästhetischen Bruch ausmachen: Sicher gibt es Unterschiede, was die Motive oder die Geschwindigkeit dieser Filme angeht, aber hier wie dort übte er sich in der gleichen Sorgfalt, um für jede Arbeit die ihr eigene, notwendige Form zu finden.

39) „Réalisation de détail", 1922, in: *Écrits sur le cinéma*, Band 1, S. 105.

40) „Finalité du cinéma", 1949, Abschnitt aus *Esprit de cinéma*, in: *Écrits sur le cinéma*, Band 2, S. 34.

41) Der Begriff „Telepathie" kommt aus dem Griechischen und kombiniert „Tele" (fern, weit) mit „Pathos" (Gefühl, Leiden). Freud war allerdings immer heikel bei der öffentlichen Auseinandersetzung mit diesem Thema. An seinen Biografen Ernest Jones schrieb er zum Beispiel am 7.3.1926: „Sie erinnern sich, dass ich schon während unserer Harzreise ein günstiges Vorurteil für die Telepathie geäußert habe. Aber es bestand keine Nötigung, es öffentlich zu tun, meine Überzeugung war nicht sehr erstarkt, und die diplomatische Rücksicht, die Psychoanalyse vor der Annäherung an den Okkultismus zu bewahren, konnte leicht die Oberhand behalten. Nun hat sich mit der Bearbeitung der *Traumdeutung* für die Gesamtausgabe ein Anstoß ergeben, das Problem der Telepathie wieder zu berücksichtigen, unterdes aber haben meine eigenen Erfahrungen durch Versuche, die ich mit Ferenczi und meiner Tochter angestellt habe, so überzeugende Kraft für mich gewonnen, dass die diplomatischen Rücksichten dagegen zurücktreten mussten. (…) So war es denn unvermeidlich. Wenn Ihnen jemand meinen Sündenfall vorhält, so antworten Sie ruhig, das Bekenntnis zur Telepathie sei meine Privatsache wie mein Judentum, meine Rauchleidenschaft und anderes." (Vgl. Sigmund Freud – Ernest Jones, *Briefwechsel 1908-1939*, Band II: Die in Deutsch verfassten Briefe, hrsg. von R. Andrew Paskauskas, Frankfurt a.M. 1993, S. 43)

42) „Civilisation de l'image", 1950, in: *Écrits sur le cinéma*, Band 2, S. 143. – Auf diese versteckten Gedankengänge Freuds bezieht sich Epstein mehrfach in seinen Texten. Explizit thematisierte der Psychoanalytiker sie lediglich in den beiden Vorträgen „Psychoanalyse und Telepathie", 1921, in: *Gesammelte Werke*, Band 17 (Schriften aus dem Nachlass), S. 27ff., und „Traum und Telepathie", 1922, in: *Gesammelte Werke*, Band 13, S. 163ff.

43) „Cinéma, expression d'existence", in: *Mercure de France*, 1.9.1950; sowie in: *Écrits sur le cinéma*, Band 2, S. 137.

44) „Finalité du cinéma", 1949, Abschnitt aus *Esprit de cinéma*, in: *Écrits sur le cinéma*, Band 2, S. 38.

45) „Und manche dieser Bilder vermögen die Beweglichkeit ihrer Modelle zu imitieren, ja sogar zu steigern." („Civilisation de l'image", in: *Écrits sur le cinéma*, Band 2, S. 139)

46) „Tissu visuel", 1947, Abschnitt aus *Esprit de cinéma*, in: *Écrits sur le cinéma*, Band 2, S. 96.

Epstein geht es darum, dem Offensichtlichen Ausdruck zu verleihen, sich den Melancholikern und Kämpfern hinzuzugesellen: Das real existierende Kino und das kinematographische Genie haben nur wenig miteinander gemein.[47] Sind sie einander nicht sogar völlig entgegengesetzt? In seinem Text *Kinoanalyse oder Poesie aus industrieller Fertigung,* der zwar 1949 verfasst wurde, aber so erscheint, als stamme er aus der Feder eines Guy Debord, der gerade *Die Gesellschaft des Spektakels* geschrieben hat, analysierte Epstein mit unerhörter Schärfe die „methodische Organisation von Verdrängungen", die das Kino als Institution repräsentiert. Das real existierende Kino ist „ein dringend benötigtes Stilmittel und eine Rosskur, wie man sagt, die während anderthalb Stunden in Form einer ununterbrochenen Hypnose erfolgt. (…) Einer

Dramaturgie, die sich an der Masse orientiert, entspricht notwendigerweise eine Form der Analyse, die nicht der größtmöglichen Vielfalt, sondern der größtmöglichen Übereinstimmung Rechnung trägt. Eine Epoche der allgemeinen Planwirtschaft, der Typisierung von Denkweisen, der methodischen Organisation von Verdrängungen, folglich auch der Verbreitung und Standardisierung psychischer Krankheiten, eine solche Epoche gebietet vehement auch die Verbreitung und Standardisierung des poetischen Gegengiftes, das heißt eine Ausrichtung seiner Wirkkräfte an jener Trieb-Zensur, die das Übel verursacht hat. (…) Die Filme, die im Verlauf eines Jahres am häufigsten verliehen wurden, geben nur den Stand der Neurosen und der kollektiven Innenschau eben dieses Jahres wieder."[48] Zum Vergleich Guy Debord: „Je nachdem wie die Notwendigkeit gesellschaftlich geträumt wird, wird der Traum notwendig. Das Spektakel ist der schlechte Traum der gefesselten, modernen Gesellschaft, der schließlich nur ihren Wunsch zu schlafen ausdrückt. Das Spektakel ist der Wächter dieses Schlafes."[49]

Mit dem Kino hätte sich die Menschheit eines Instruments versichern können, um eine allgemeine Poetik der Bewegung in die Welt zu bringen. Es wäre ein Mittel gewesen, auch die Pforten der Erfahrung weiter zu öffnen. Tatsächlich aber hat sie das Kino nur dazu genutzt, den Blick auf die Flüchtigkeit der Gegenwart auszuprägen. Derzeit muss man annehmen, dass die Menschheit an der grausamen Beschneidung ihrer selbst auch Gefallen gefunden hat, denn immerhin kann sie von nun an, wie André Bazin schreibt, „den Tod jeden Nachmittag bei der Arbeit beobachten"[50]

---

47) „Das Kino erscheint mir wie siamesische Zwillingsbrüder, die am Bauch miteinander verwachsen, das heißt durch die niederen Notwendigkeiten des Überlebens aneinander gefesselt sind, aber mit zwei unterschiedlichen Herzen ausgestattet, also getrennt voneinander, wenn es um die höheren Bereiche der Gefühle geht. Einer dieser Brüder ist die Kunst der Kinematographie, der zweite die Kinoindustrie. Es bedarf eines Chirurgen, der in der Lage ist, die beiden brüderlichen Feinde voneinander zu trennen, ohne sie zu töten, oder eines Psychologen, der fähig ist, die Unvereinbarkeit zwischen diesen beiden Herzen aufzulösen." („Über einige Eigenschaften des Photogénies", 1923/24, Abschnitt aus *Der Ätna, vom Kinematographen her betrachtet,* in: *Écrits sur le cinéma,* Band 1, S. 137. Siehe auch in diesem Band: S. 48ff.)

48) „Ciné-analyse ou poésie en quantité industrielle", Abschnitt aus *Esprit de cinéma,* in: *Écrits sur le cinéma,* Band 2, S. 56f. Siehe auch in diesem Band: S. 114.

49) Guy Debord, *Die Gesellschaft des Spektakels* (Critica Diabolis 65 – Edition Tiamat), aus dem Französischen von Wolfgang Kukulies & Jean-Jacques Raspaud, Berlin 1996, S. 21.

50) André Bazin, „Mort tous les après-midi", in: *Cahiers du cinéma,* Nr. 7, Dezember 1951, S. 65.

Ralph Eue, Peter Nau

Statt eines Nachworts

Ralph Eue: Peter Nau, wie in einer Wiener Zeitschrift zu lesen war, wären Sie gern philosophischer Journalist geworden, wenn es diesen Beruf gäbe. Kann man von Jean Epstein sagen, dass er Filmemacher und philosophischer Schriftsteller war?

Peter Nau: Ja, er ist ein Regisseur des Weltkinos und, das ist mein Eindruck nach der Lektüre seiner Schriften, ein Schriftsteller und Philosoph von gleichem Rang. Wie er zum Beispiel den Ausbruch des Ätna beschreibt: „… ein trockenes Zittern durchlief plötzlich den Erdboden, auf den wir unsere Füße gesetzt hatten …", so sind in seinen Texten immer alle Dinge in lebendiger Bewegung; auch als Philosoph ist er ein Philosoph der Wandlung.

Eue: Großartiger Text: „… der Ätna telegrafiert die Gewalt seines Ausbruchs in die Ferne …" Wie würden Sie die Prosa Epsteins, die mich, was das Absurde, Träumerisch-Eigenwillige bei ihm betrifft, von fern an Buñuel erinnert, charakterisieren?

Nau: Eine der Grundfragen, die mir die Lektüre stellte. Ja, Buñuel, dann fiel mir noch Pierre Prévèrt ein, aber auch der Schriftsteller Emmanuel Bove. Alles was Peter Handke in seinem Nachwort zu *Colette Salmant* schrieb, trifft genauso auf Epstein als Schriftsteller zu. Einen Satz darf ich zitieren: „Er ist nie geschraubt, macht nie Umstände mit seinen Sätzen, sie sind wie Pfeile, gehen immer ins Schwarze."

Eue: Dann wiederum steigt Epstein tief in unser Unterbewusstsein hinab, dessen affektives Gepräge es ihm angetan hat. Er spricht, analog zu Schopenhauer, vom Empfinden unseres Selbst und ist sich mit Proust des hohen ästhetischen Stellenwerts der Erinnerung bewusst.

Nau: Mir fiel da die Melodie in Ulmers *Detour* ein, bei deren Erklingen aus der Jukebox der Held sich erinnert. Noch einmal erlebt er dann alptraumhaft seine Geschichte, und wir folgen ihm, begleitet von seinem inneren Monolog, auf die unselige Reise von New York nach Hollywood. Schön, dass Sie Schopenhauer und Proust nennen, da diese beiden sehr mit Epstein, was dessen Errettung des Irrationalen, Unvernünftigen betrifft, korrespondieren.

Eue: Da sind wir nun an einem ganz zentralen Punkt seiner Schriften: dass er permanent mit dem Rationalismus seiner Epoche im Clinch liegt, dass er aber nicht wie Buñuel einfach sagt: „Ich bin ein Feind der Wissenschaft und ein Freund des Geheimnisses", sondern das Geheimnisvolle, Unbewusste, Verborgene seinerseits wiederum in Worte zu fassen und damit aufzuhellen versucht.

Nau: Das sagt er auch vom Kino: dass es ein rationelles Instrument der Unvernunft sei. Er ist tatsächlich ein Dr. Freud der Kinematographie und wie dieser ein glänzender Schriftsteller. Von der Literatur heißt es bei ihm, dass sie vor allem anderen literarisch sein müsse, so wie der Film vor allem kinematographisch zu sein habe. Und wie er das im Einzelnen auf den Punkt bringt: „Die Laiendarsteller müssen alles erst lernen, brauchen aber nichts zu vergessen wie die Schauspieler." Immerzu lächelte ich beim Lesen.

Eue: „… es war nur ein Lachen, wie man es zu Beginn der Ferienzeit lacht …" Dieser Satz von Epstein fällt mir dazu gerade ein. Welches Bild hatten Sie von Epstein, bevor Sie seine Schriften jetzt lasen?

Nau: Für mich war er Filmgeschichte, französische Avantgarde am Ende der Stummfilmära. Bis ich jetzt, nach der Buchlektüre, seinen Bretagne-Film *Finis terrae* sah. Beide, Buch und Film, haben alles umgestürzt, was ich bis dahin über ihn dachte.

Eue: *Finis terrae* spielt in den klippenreichen Gewässern vor Ouessant, wo später auch Grémillon drehte. Sie waren dort und haben in der *Filmkritik* über die Insel geschrieben, wie hat der Film auf Sie gewirkt?

Nau: Modernes episches Kino, zugleich bewegtes und in sich ruhendes Leben; Augenblicke, in denen, nach dem Maß filmischer Aktion, nichts geschieht, sondern wo der Film Zustand wird. Nur die größten Regisseure können derart die Zügel schleifen lassen, ohne dass das Ganze ihnen entglitte. Sie kennen ja die Geschichte von dem griechischen Philosophen, der einmal dringlich gefragt wurde: ob denn nichts ruhe? Ja, antwortete er, der fliegende Pfeil ruht.

Eue: Ein sehr schönes Gleichnis, passend auch, wie ich meine, für den Denker Jean Epstein, der

ein Dialektiker par excellence ist, Erneuerer und Bewahrer in einem. Erinnern Sie sich an die Stelle, wo er, als Avantgardist wie er im Buche steht, zu bedenken gibt: Das Kino braucht auch eine Nachhut, die Akademie.

Nau: Ja, wenn er für die Gründung einer Akademie des Films plädiert. Man ist daraufhin geneigt, unsere heutigen Institutionen dieser Art in einem milderen Licht zu sehen. Epstein ist weise wie Buñuel und ein poetisch forschender, wissbegieriger Mensch wie Eisenstein.

Eue: Wenn man bedenkt, dass Horkheimers/Adornos *Dialektik der Aufklärung*, 1947 bei Querido in Amsterdam erschienen, sich erst allmählich verbreitete, dann erscheint mir der Philosoph Epstein, dessen Schriften von unzähligen Motiven einer sich selbst kritisch reflektierenden Aufklärung durchzogen sind, ziemlich hellsichtig gewesen zu sein.

Nau: Das ist auch etwas, was mich sehr verblüfft hat. Unermüdlich kreist sein Denken um diesen für ihn zentralen Sachverhalt: Die Vernunft, geblendet vom Erfolg des wissenschaftlich-technischen Fortschritts, wurde unvernünftig; der Prozess der Mobilität macht Bremsen ratsam.

Eue: Als praktischem Philosophen geht es ihm um die Dinge des Lebens; aber auch die sogenannten letzten Dinge lässt er nicht aus: das Wesen, das allen Erscheinungen der Natur zugrunde liegt, die unlösbaren Rätsel.

Nau: Noch dieses Unnennbare versucht er in Worte zu fassen, lässt es aber dann doch, wie Goethe, auf sich beruhen. „Manchmal schließt sich der Kreis, manchmal bleibt er offen. Letzteres ziehe ich vor in der Literatur." (Handke an erwähnter Stelle) – Herrlich, wie Epstein der letzten, göttlichen Wahrheit, die eben noch zum Greifen nah schien, einen halbironischen, resigniert lächelnden Abgesang nachschickt.

Eue: Andererseits sind seine Schriften erfüllt von einer Poesie des Aufbruchs, wie sie ganz und gar dem Pionier angehört, der die Möglichkeiten dessen, was Film sein kann, erforscht und dem es dabei nicht nur um Film, sondern um Welterfahrung, um die Gesellschaft, um ein menschenwürdiges Leben geht. Vielleicht sollten wir an dieser Stelle darüber sprechen, dass Epstein sich am Wendepunkt seiner Laufbahn mehr der Wirklichkeit zuwandte, indem er seinen halbdokumentarischen Zyklus über die Bretagne drehte.

Nau: Damit tendiert Epstein zum Dokumentarischen wie Prousts Roman zur Autobiografie. Das hängt mit dem Willen der Kunst zusammen, sich selbst zu übersteigen. Bemerkenswert ist jedoch, wie Epstein als Artist das Dokumentarische selbst wiederum transzendiert. Zum Beispiel lässt er in *Finis terrae* in einem für die Seeleute höchst gefahrvollen Moment die an einer Klippe sich brechende turmhohe Brandung in fast unmerklicher Verlangsamung durch Zeitlupe wie einen Schauer glänzender, runder Perlen niederfallen.

Eue: Wie es bei ihm geschrieben steht: „Wahre Tragödie verbleibt im Zustand der Schwebe; es gibt keine Geschichten, nur Situationen."

Nau: Worauf er hinauswill, auch mit den vielen Gedanken über Zeit und Raum, die er sich in seinen Aufsätzen macht, ist ja: die Ewigkeit eines solchen Augenblicks, in dem es um Leben und Tod geht, festzuhalten.

Eue: Genau das rühmt er am Kinematographen: dass der (die Apparatur also) dies vermag, während der Mensch immerzu von der Zeit fortgerissen wird. Es gibt da doch diese Stelle bei Epstein, wo er die Art und Weise betont, in welcher der Darsteller Hayakawa ein Zimmer durchquert. Einerseits ist dieses Gehen Teil eines Handlungszusammenhangs, gleichzeitig aber wird es durch die kinematographische Wiedergabe isoliert, sodass es einen Vorgang ganz für sich bildet, den wir in seiner Eigenart wahrnehmen.

Nau: Diese Beobachtung weist schon voraus auf Ophüls und Straub / Huillet, auf die vielen unvergesslichen Wege bei ihnen, die zu Fuß, auf dem zweirädrigen Karren oder im Auto beschritten und befahren werden und die selbst schon das Ziel sind.

Berlin, am 26. November 2007

Herausgegeben und aus dem Französischen übersetzt von

NICOLE BRENEZ Filmtheoretikerin und Kuratorin, unterrichtet Filmwissenschaft an der Universität Paris-1 (Panthéon-Sorbonne). Umfangreiche Publikationstätigkeit. (Ko-)Herausgeberin von *Poétique de la couleur. Une histoire du cinéma expérimental; Jeune, dure et pure. Une histoire du cinéma d'avant-garde et expérimental en France; Cinéma/Politique Série 1; Jean-Luc Godard: Documents* u. a. sowie Autorin zahlreicher Bücher, darunter *„Shadows" de John Cassavetes; De la Figure en général et du Corps en particulier. L'invention figurative au cinéma; Abel Ferrara; Cinémas d'avant-garde.* Seit 1996 Betreuerin der Avantgardeprogramme der Cinémathèque Française. Daneben internationale Tätigkeit als Filmkuratorin u. a. in Buenos Aires, Rio de Janeiro, New York, Tokyo, London, Madrid, Singapur.

RALPH EUE Publizist und Übersetzer. Redakteur der Zeitschrift *Recherche Film und Fernsehen* der Deutschen Kinemathek. Lehrender am Institut für zeitbasierte Medien am Fachbereich Gestaltung der Berliner Universität der Künste, dem Mozarteum in Salzburg und der International Film School in Köln. Kuratorische Beratung für Festivals, Produktionsfirmen und Kulturinstitutionen. Koherausgeber mehrerer Bücher, zuletzt von *Schauplätze-Drehorte-Spielräume. Production Design + Film* (2005) sowie der Monografie *Aki Kaurismäki* (2006). Lebt überwiegend in Berlin.

PETER NAU Autor, lebt in Berlin. Schrieb von 1970 – 1983 in der Zeitschrift *Filmkritik*. Bücher: *Zur Kritik des Politischen Films* (1978), *Spätlese* (1998); im Laufe von 2008 wird bei Stroemfeld/Roter Stern ein neues Filmbuch von ihm erscheinen.

Abbildungsnachweis

Sammlung Nicole und Pierre-Jacques Brenez: Seiten 19, 38, 90
Sammlung Österreichisches Filmmuseum: Seiten 27, 34, 68, 74, 80, 89, 104
Sammlung SYNEMA: Seiten 8, 139
Österreichische Nationalbibliothek: Seite 142

FilmmuseumSynemaPublikationen

Band 1, herausgegeben von
Michael Omasta, Isabella Reicher
CLAIRE DENIS. TROUBLE EVERY DAY

Wien 2005, 160 Seiten, ISBN 3-901644-15-6
Das erste deutschsprachige Buch über die französische
Regisseurin (*Nénette et Boni, Beau travail, L'Intrus*). Mit
Beiträgen von Peter Baxter, Martine Beugnet, Christine N.
Brinckmann, Ralph Eue, Ekkehard Knörer, Jean-Luc Nancy,
Vrääth Öhner, ausführlichem Gespräch und kommentierter
Filmografie. Vorwort von Jim Jarmusch

Band 2, herausgegeben von
Alexander Horwath,
Michael Loebenstein
PETER TSCHERKASSKY

Wien 2005, 256 Seiten, ISBN 3-901644-16-4
Das vielfältige Œuvre von Peter Tscherkassky spielt eine
zentrale Rolle beim international wieder erwachten
Interesse am Avantgardefilm. Ein reich illustriertes Werk-
verzeichnis mit Essays von Alexander Horwath, Drehli
Robnik und Peter Tscherkassky sowie umfassender
Bio-Bibliografie. Text englisch/deutsch

Band 3, herausgegeben von
Michael Omasta, Olaf Möller
JOHN COOK. VIENNESE BY CHOICE,
FILMEMACHER VON BERUF

Wien 2006, 252 Seiten, ISBN 3-901644-17-2
John Cook, ein kanadischer Fotograf und Filmemacher
im Wien der siebziger Jahre, spürte mit unbändiger Lust
am Geschichtenerzählen dem Geschmack des Lebens
nach. Eine Wiederentdeckung in Essays, Gesprächen,
Filmografie sowie durch Cooks hier erstmals veröffentlichte
Autobiografie „The Life".

Band 4, herausgegeben von
Österreichisches Filmmuseum,
Thomas Tode, Barbara Wurm
DZIGA VERTOV. DIE VERTOV-SAMMLUNG
IM ÖSTERREICHISCHEN FILMMUSEUM /
THE VERTOV COLLECTION AT THE AUSTRIAN
FILM MUSEUM

Wien 2006, 288 Seiten, ISBN 3-901644-19-9
In beispielhafter Weise stellt der Band die umfangreiche
Sammlung des Österreichischen Filmmuseums zu dem
russischen Filmemacher und -theoretiker Dziga Vertov
vor: Filme, Fotos, Plakate, Briefe sowie eine Vielzahl
bislang unpublizierter Schriften, Entwürfe und Skizzen.
Text englisch/deutsch

Band 5, herausgegeben von
Alexander Horwath, Michael Omasta
JOSEF VON STERNBERG.
THE CASE OF LENA SMITH

Wien 2007, 304 Seiten, ISBN 978-3-901644-22-1
Entlang hunderter Originalfotos und Dokumente, einer
Reihe literarischer Blitzlichter sowie Essays internationaler
Autoren und Autorinnen rekonstruiert dieser Band Josef
von Sternbergs verlorengegangenes Filmdrama über eine
junge Frau in der Wiener Klassengesellschaft von 1900.
Text englisch/deutsch

Band 6, herausgegeben von
Barbara Pichler, Claudia Slanar
JAMES BENNING

Wien 2007, 264 Seiten, ISBN 978-3-901644-23-8
Die weltweit erste umfassende Würdigung einer der
faszinierendsten Persönlichkeiten des unabhängigen
US-Kinos. Mit Beiträgen von Julie Ault, James Benning,
Sadie Benning, Dick Hebdige, Sharon Lockhart, Scott
MacDonald, Volker Pantenburg, Michael Pisaro, Nils Plath,
Allan Sekula, Amanda Yates. Text englisch